高等学校教师教育创新培养模式“十三五”规划教材

丛书主编◎靖国平

# 新编心理学教程

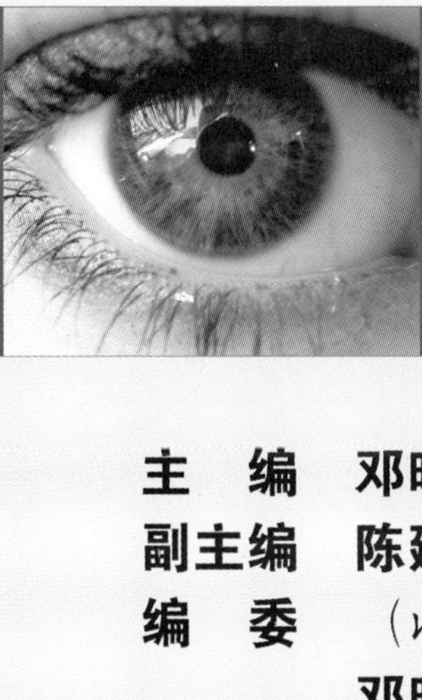

XINBIAN XINLIXUE JIAOCHENG

主　编　邓晓红　董一英
副主编　陈建新　汪　果　鲁　婷
编　委　（以姓氏笔画为序）
邓晓红　吕　莉　刘启珍
纪凌开　杨伟平　吴　鹏
汪　果　张立春　张裕鼎
陈建新　董一英　鲁　婷
谢桂阳

華中科技大學出版社
http://www.hustp.com
中国·武汉

## 内容简介

本书分为绪论、心理的生理学基础、感觉和知觉、注意与意识、学习、记忆、思维、需要与动机、情绪与情感、能力、人格、社会心理、压力与健康、积极心理十四章，不仅系统阐述了心理学的一些基本概念和基本理论，还详细介绍了心理学理论的实际应用，既包括基础心理学的传统主题，也反映了大量的最新研究成果。

本书以培养师范生的能力为目标，介绍的内容涉及心理学的各个领域，注重理论与实践的有机结合，形式活泼，图文并茂，不仅可以作为师范院校本科生和专科生的心理学公共课教材，也适合广大心理学爱好者阅读。

**图书在版编目(CIP)数据**

新编心理学教程/邓晓红，董一英主编. —武汉：华中科技大学出版社，2017.8
ISBN 978-7-5680-3103-5

Ⅰ.①新… Ⅱ.①邓… ②董… Ⅲ.①心理学-高等学校-教材 Ⅳ.①B84

中国版本图书馆 CIP 数据核字(2017)第 168994 号

**新编心理学教程** 邓晓红 董一英 主编
Xinbian Xinlixue Jiaocheng

策划编辑：曾 光
责任编辑：徐桂芹
责任监印：朱 玢
出版发行：华中科技大学出版社(中国·武汉) 电话：(027)81321913
武汉市东湖新技术开发区华工科技园 邮编：430223
录 排：华中科技大学惠友文印中心
印 刷：武汉市籍缘印刷厂
开 本：787mm×1092mm 1/16
印 张：16.75 插页：2
字 数：422 千字
版 次：2018 年 8 月第 1 版第 2 次印刷
定 价：40.00 元

# 前　言

当今世界，综合国力的竞争在于人才和科技的竞争，而这些竞争归根结底是师范生教育的竞争。基础心理学是师范生教育的重要必修课程。当代心理科学的发展日新月异，如何编写一本既能反映最新研究成果，又能满足师范生培养要求的教材，一直是我们关注和思考的问题。本书作为心理学公共课教材，力图体现以下特点。

（1）注重学科体系的完整性。本书以师范生未来的教育实践活动为基础构建内容体系，包括心理学各领域的相关内容，如普通心理学、社会心理学、教育心理学、积极心理学等，不仅系统阐述了心理学的一些基本概念和基本理论，还详细介绍了心理学理论的实际应用，既包括基础心理学的传统主题，也反映了大量的最新研究成果。

（2）体现知识衔接的趣味性。在保证科学性、严谨性的前提下，本书在体例的设计上将案例导入、拓展阅读、课后思考融合在一起，力求做到深入浅出，语言生动活泼，以激发读者的学习兴趣，体现快乐学习的理念。

（3）强调学科知识的应用性。除了第一章外，每章都会介绍心理学理论在社会生活及教育实践中的应用。

本书由邓晓红和董一英担任主编，由陈建新、汪果、鲁婷担任副主编。编委会的教师学术实力雄厚，大部分教师都在国内外著名高校获得了博士学位。

主编邓晓红为湖北大学教育学院副院长，心理学教授，医学博士，美国西北大学和北京大学心理学系访问学者，兼任中国心理学会普通心理与实验心理分会理事、中国社会心理学会理事、湖北省社会心理学会副理事长、湖北省暨武汉心理学会副理事长等。全书分工如下：邓晓红负责本书整体框架的构思，以及全书的统稿和定稿，并负责审核第二章；董一英负责审核第三章、第八章和第十四章；陈建新负责审核第四章、第十章、第十三章；汪果负责审核第一章、第六章、第十一章和第十二章；鲁婷负责审核第五章、第七章和第九章。全书各章的编写人员如下：第一章（湖北大学　邓晓红）、第二章（湖北大学　陈建新）、第三章（湖北大学　杨伟平）、第四章（湖北大学　鲁婷）、第五章（湖北大学　吴鹏）、第六章（湖北大学　张裕鼎）、第七章（黄冈师范学院　董一英）、第八章（湖北大学　刘启珍）、第九章（湖北大学　张立春）、第十章（湖北大学　纪凌开）、第十一章（湖北大学　吕莉）、第十二章（黄冈师范学院　董一英）、第十三章（湖北大学　谢桂阳）、第十四章（湖北大学　汪果）。

本书全部内容已制作了多媒体课件，可免费提供给将本书作为教材或参考书的学校使用，如有需要可发邮件至 xiaohongdeng2001@163.com 索取。

由于时间等方面的限制，本书难免有不足之处，敬请广大读者批评指正并予以谅解。

**编　者**

**2017 年 6 月**

# 前言

2017年6月

# 目　录

# 第一章
# 绪　论

## 案例导入

哈佛大学是美国首屈一指的常青藤名校，学生都是出类拔萃的未来精英。曾有媒体报道，哈佛大学学生选修人数最多的课程是泰勒·本-沙哈尔博士开设的“积极心理学”，曾经一学期有855名学生选修了这门课程，创下了哈佛大学“上座率最高课程”的纪录。的确，越来越多的人开始喜欢心理学，他们希望通过学习心理学了解如何感知世界、沟通、学习、记忆和思考，尝试理解人性等，最终用学到的心理学知识去改变生活，提高生活质量。亲爱的同学们，从本章开始，开启你们对心理学的探索之旅吧。

# 第一节　心理学是什么

心理学的起源最早可追溯到古希腊哲学家对生命的本质的阐述，尤其是亚里士多德的阐述。亚里士多德热衷于研究生命的本质，亚里士多德晚年时常与他的学生讨论哲学，他们是这样讨论生命的本质的：

当你思考死亡之举时，你会明白生命意味着什么。在我死之后，我与现在有何不同？在刚死之时，就身体的肉体而言，它与弥留之际几乎没有什么不同，但是我却不再能动，不再有感觉，不再能说话，不再有感受，不再有担忧，而所有的这一切便是生命。在那一刻，灵魂随着最后的呼吸飞走了。

亚里士多德用灵魂(psyche)这一术语指代生命的本质，这个术语来自希腊语，意思是心智(mind)，它和呼吸(breath)这个词的意义很接近，因为亚里士多德相信，人的灵魂随着临终最后一口气的呼出而消散。同亚里士多德一样，现在的心理学家也对人的行为、思想、情感感兴趣。心理学的英文(psychology)源于亚里士多德的“psyche”(意为精神、灵魂)加上一个希腊词“logos”(意为规律、科学)。

亚里士多德认为，人不能只通过对事物的思考就完全理解事物，还必须去观察自己所研究的对象，即应当去看、去听、去触摸事物等。他对观察的强调是现代心理学科学研究方法的基础。从亚里士多德到现在，心理学科学研究方法的发展在这一理念上并没有根本性的变化，只是陆续开发出一些更有效、更精准的观察方法。亚里士多德发起的对生命的研究最终演变为现代心理科学。[①]

## 一、心理学的定义

从某种意义上说，仍将心理学定义为“对生命的研究”也是正确的，唯一的不妥之处是不够具体，因为无法将心理学与其他研究生命的学科（如生物学）进行区分。因此，我们将心理学定义为行为和心理过程的科学。[②] 这个定义包括三个关键词，即科学、行为和心理过程。首先，心理学是一门科学，心理学的许多结论都建立在通过严谨的科学方法收集到的证据的基础上。其次，行为是指外显的可被直接观察到的所有动作，是个体适应环境的方式，微笑、悲伤、跳跃、抚摸等都是可以观察到的行为，心理学家希望探讨个体在一定的社会或文化环境中做什么、如何做等。再次，心理过程是个体内部的思考、计划、决策、情绪等，不理解心理过程就无法理解人的行为，但这些内部的心理过程无法被直接观察到，需要心理学家设计许多精妙的实验，通过一些研究手段来揭示它们。

## 二、心理学的研究目标

基础心理学家进行研究的目标是描述、解释、预测和控制行为，应用心理学家进行研究的目标是提高人类的生活质量。[③]

### （一）描述

通过科学地收集、研究数据，更准确、更全面地描述心理现象。

### （二）解释

描述必须忠实于可知觉到的信息，解释则可以谨慎地超越能够被观察到的现象。心理学家试图解释心理学许多领域中的行为和心理过程的常规模式，如解释为什么在出现意想不到的情景时，有些人会大笑？为什么有些人会开始抽烟？

由于心理学的研究是无止境的，所以其对行为和心理过程的解释也是暂时的，也就是说，我们目前对一些行为和心理过程的解释并非就是真理，而是一些理论，这些理论是对科学中的事实与关系的暂时性解释，随着研究的深入和科学的进步，或许需要对这些理论进行修正。

### （三）预测

在很多情况下，心理学家能预测未来的行为。例如，心理学家已开发出一些心理测验，可以帮助招聘员工的单位更准确地预测哪些求职者能胜任工作。

---

① Benjamin B. Lahey:《心理学导论》，第 9 版，吴庆麟等译，上海人民出版社，2010 年。

② Benjamin B. Lahey:《心理学导论》，第 9 版，吴庆麟等译，上海人民出版社，2010 年。

③ 理查德·格里格，菲利普·津巴多:《心理学与生活》，第 16 版，王垒，王甦等译，人民邮电出版社，2003 年。

### （四）控制行为

控制行为就是用有效的方式来影响人的行为，使行为发生或不发生。例如，为了帮助有严重心理问题的儿童走出心理阴影，我们可以做些什么？我们该如何帮助父母教育他们处于逆反期的孩子？我们可以采取哪些更好的方法来帮助大学生选择自己的职业？

## 三、现代心理学的流派

在亚里士多德时代及其以后的两千多年里，心理学属于哲学领域，直到 1879 年，冯特在德国的莱比锡大学建立第一个正式的心理学实验室，这一学科才从哲学领域中脱离出来，人们开始了对心理现象的系统的实验室研究。在心理学的发展史上，这个实验室的建立可以被看成心理学走上独立发展道路的标志。

在 19 世纪末至 20 世纪初，心理学拥有众多流派，它们形成了自己独特的研究主题与特有的研究方法。

### （一）构造主义

构造主义的奠基人为德国心理学家冯特（1832—1920）（见图 1-1），著名的代表人物为他的学生铁钦纳（1867—1927）。

受英国经验主义和德国实验生理学的影响，冯特和铁钦纳认为，心理学的研究对象是意识经验。他们主张使用内省法（一种观察自身的意识经验的方法）来分析意识的内容或构造，找出意识的组成部分，同时分析它们如何联结成各种复杂的心理过程。

### （二）机能主义

机能主义的创始人为詹姆斯（1842—1910）（见图 1-2），代表人物为杜威（1859—1952）、安吉尔（1869—1949）等。

**图 1-1　冯特**

**图 1-2　詹姆斯**

受达尔文进化论的影响，詹姆斯认为，思维、情感、学习、记忆等之所以存在是因为其有助于人类生存，例如，由于我们看见老虎会产生恐惧，所以我们才能躲避危险并生存下来。可见，机能主义强调意识的作用与功能。詹姆斯对有意识的知觉、自由意志、习惯以及情感等有重要进化意义的主题特别感兴趣。

机能主义者关注人的意识的功能而非它的结构。他们把人的意识比作一条流动的河流即"意识流",认为如果像构造主义者那样研究河流中的水分子就无法知道河流的用途。由于研究意识的结构无法让我们理解意识是如何帮助人类适应环境的,所以意识的功能才是心理学应该研究的主题。

在研究方法上,机能主义者没有放弃内省法,但随着研究领域的拓宽,他们开始注重使用多种研究方法,如实验法、问卷法、心理测量法等。机能主义推动了美国面向实际生活的应用心理学的发展。

### (三) 行为主义

行为主义的创始人是美国心理学家华生(1878—1958)(见图 1-3)。

图 1-3　华生

当冯特及其追随者研究意识经验的本质,詹姆斯等人考察有意识的心理过程的用途时,巴甫洛夫等另一批心理科学的奠基者也在开展研究,他们受达尔文的影响,主要研究心理过程对生存的重要性,但他们更强调经验学习的重要性。巴甫洛夫认为,研究条件作用是一个重要突破,他也因此获得了诺贝尔奖。尽管巴甫洛夫的研究成果在美国没有被立即认可,但他开展的与条件反射有关的系列研究给华生留下了深刻印象。华生认为,研究人的内部心理过程是不可能的,只有外在的行为才可能被测量并得到科学的解释。

行为主义的基本观点包括以下几个方面。

(1) 心理学的研究对象是行为而不是意识。意识是主观的、不可观察的,不能成为科学研究的对象。心理学只有以客观的、可观察的行为作为研究对象,才能确立它的科学地位。

(2) 心理学的研究目的是揭示刺激和反应之间的确定关系,刺激和反应是构成行为的基本因素。

(3) 主张采用客观的研究方法,如观察法、实验法、口头报告法等,反对内省法。

(4) 个体之间的行为差异与其所处的不同环境有关,而与遗传无关。

行为主义者严格遵循自然科学,将意识完全排除在心理学的研究范围之外,割裂了行为与意识的关系,既受到了一些人的追捧,也遭到了不少人的批评,且批评之声日渐强烈。后来的一些行为主义者不再坚持这种极端的立场,而将意识作为刺激和反应之间的中间环节进行研究,即新行为主义。①

### (四) 格式塔心理学

格式塔心理学(gestalt psychology)又叫完形心理学,其创始人为韦特海默(1880—1943)(见图 1-4)、苛勒(1887—1967)和考夫卡(1886—1941)。

---

① 徐学俊,王文:《心理学教程》,华中科技大学出版社,2010 年。

图 1-4 韦特海默

该学派既反对构造主义心理学的元素主义，也反对行为主义心理学的刺激-反应公式，主张研究直接经验（即意识）和行为，研究方法以格式塔或整体为基础，强调经验和行为的整体性，认为整体大于部分之和。

格式塔心理学家用似动现象来说明整体不同于部分之和。当快速相继呈现两束光时，我们看到的两束光不是静止的，而是看到一束光从一处向另一处运动。很显然，运动并非属于刺激本身，运动只是一种对整体即格式塔的知觉特征。动画片的制作原理就是似动现象，如果以一定的速度在屏幕上相继呈现一系列变化不大的静止画面，画面似乎会动起来。格式塔心理学家认为，知觉之所以有意义，是因为我们将其作为一个整体来看待，而不是像构造主义者所说的它仅是元素的组合。[①]

### （五）精神分析

精神分析既是一种治疗方法，也是一套心理理论。其创始人是奥地利的精神分析学家弗洛伊德（见图 1-5）。

在弗洛伊德理论前期，弗洛伊德认为，人的心理包括意识、前意识和潜意识（无意识）。意识是指可觉察到的心理活动。前意识是指人们能够从潜意识中回忆起来的经验。前意识处于潜意识和意识之间，防止潜意识的本能和欲望随便进入意识之中。潜意识包括原始的本能冲动以及与本能冲动有关的欲望，特别是性的欲望。弗洛伊德把无意识现象及其内容作为精神分析的主要对象。冰山理论如图 1-6 所示。

图 1-5 弗洛伊德

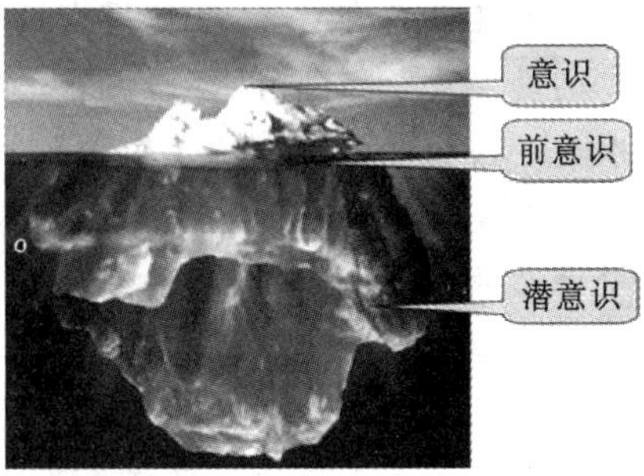


图 1-6 冰山理论

到了弗洛伊德理论后期，弗洛伊德对以三种意识为核心的人格结构学说进行了修订，提出人格由本我、自我和超我组成。本我是指原始的、与生俱来的潜意识的结构部分，其中蕴含着一些本能冲动，按照“快乐原则”行事。自我是意识的结构部分，处于本我和超我之间，

① Benjamin B. Lahey：《心理学导论》，第 9 版，吴庆麟等译，上海人民出版社，2010 年。

按照“现实原则”行事。超我是人格中最道德的部分，代表良心、自我理想，处于人格的最高层，按照“至善原则”行事。

在研究方法上，弗洛伊德采用自由联想（见图 1-7）、对梦的分析和对日常生活的分析来研究潜意识。

图 1-7　自由联想

### 拓展阅读

#### 梦的解释

我们知道，梦中的一部分内容反映了日常生活中的事件，但梦中那些稀奇古怪的、虚幻的景象有何含义呢？对于梦的含义，不同的心理学家有完全不同的看法。有人认为，梦实际上并不意味着什么，但也有人坚信，梦给我们人格中某些隐蔽的方面提供了丰富的信息，而这些方面用其他方法是难以揭示的。

在弗洛伊德的追随者看来，梦是通向潜意识的捷径，它能够让我们深入到无意识心灵之中，窥见被梦的这些征兆所掩盖起来的一些隐藏的冲突和动机。弗洛伊德将梦的内容划分为两个层次，即显性的和潜在的。我们在梦中体验到的事件便是梦的显性的内容，弗洛伊德对这一层次几乎没有兴趣，他觉得有必要透过表面，发现梦的显性内容所象征的意义，即去发现梦的真实含义，抑或潜在的内容。比方说，一位年轻妇女的显性梦境是乘坐火车，并对火车驶进一条隧道感到害怕。从表面上看，这个梦与火车、隧道有关，但梦的这些显性内容象征了什么呢？弗洛伊德也许会把火车看作阴茎的象征，而把隧道视为阴道的象征。因此，这个梦潜在的内容，也许涉及这位年轻妇女在性行为上的冲突。

上述解释听上去挺新奇，也挺有煽动性，但是这个解释真的准确吗？心理学家并不完全认同这个观点。因为人们对某一事情的象征含义可以做出无数种解释，而人们永远无法确信自己的解释就是正确的。也许正是因为这一点，当代大多数心理学家并不像弗洛伊德那样重视对梦境的解释。[①]

## 四、当代心理学的研究取向

心理学建立初期学派纷争的局面到 20 世纪 30 年代基本结束。第二次世界大战后，新

① Benjamin B. Lahey:《心理学导论》，第 9 版，吴庆麟等译，上海人民出版社，2010 年。

的心理学思潮相继产生，这些思潮不是以学派的形式出现的，而是作为一种范式、一种潮流、一种发展方向影响着心理学的各个领域，缓和了各学派之间对峙和分道扬镳的局面，也加强了心理学研究的整合趋势。这种能影响学科发展方向的研究范式被称为研究取向。[①]

## （一）生理心理学的研究取向

用生理心理学的观点和方法研究心理活动、行为活动以及神经活动之间的内在联系，是当代心理学的一个重要的研究取向。现代生理心理学包括生物心理学、行为神经科学、心理生理学、神经心理学以及认知神经科学等。

生理心理学研究手段的进步与人类科学技术的进步同步，所使用的干预和观察手段经历着从简单到复杂、从低分辨率到高分辨率、从宏观到微观再到宏观与微观统一的过程。例如，随着计算机技术、信息科学技术以及视听技术的发展，在视觉和听觉实验中可用虚拟现实的形式呈现实验刺激；对大脑活动的选择性干预手段除了传统的局部损毁、电刺激、微量药物注射外，还出现了经颅磁刺激等方法；人类被试的脑电活动可通过脑电图以及事件相关电位（见图 1-8）等方法记录，伴随神经元活动的电流变化所形成的微弱磁场的变化还能通过脑磁图的方法记录；由于大脑神经活动的变化总是伴随着活动期间或之后的局部代谢活动的改变，所以在人类被试中可以用无创性的单光子发射计算机断层成像、正电子发射断层成像以及功能性磁共振成像（见图 1-9）等方法来记录。[②]

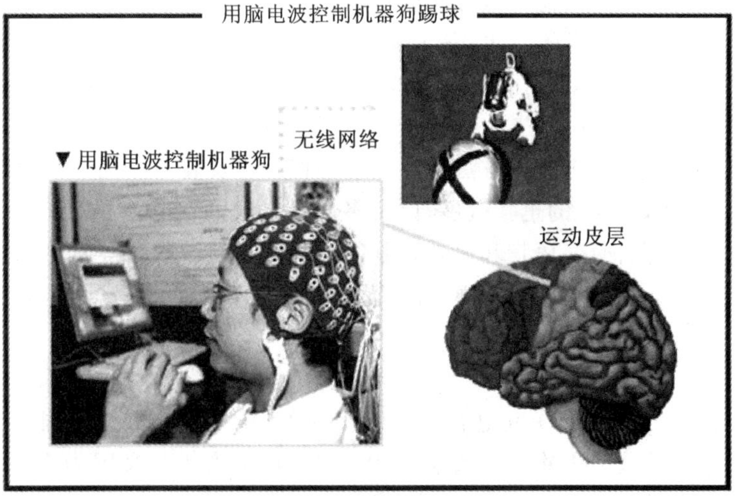


图 1-8　事件相关电位

目前，几乎所有的生理心理学研究者都将自己的研究局限在某些领域内神经机制的研究上，包括激素与行为的关系、感知觉、学习、记忆、语言、情感、人格、运动、生殖行为、基因与行为、本能行为、睡眠与节律行为、精神活性药物对行为的影响、精神依赖行为等。实现这些领域中某种心理和行为神经机制的系统化和综合性解释还需要很长时间的研究。

① 彭聃龄：《普通心理学》，修订版，北京师范大学出版社，2004 年。

② 李量：《生理心理学：一门探索心理活动、行为活动以及神经活动之间交互作用的科学》，《中国科学院院刊》，2012 年第 S1 期。

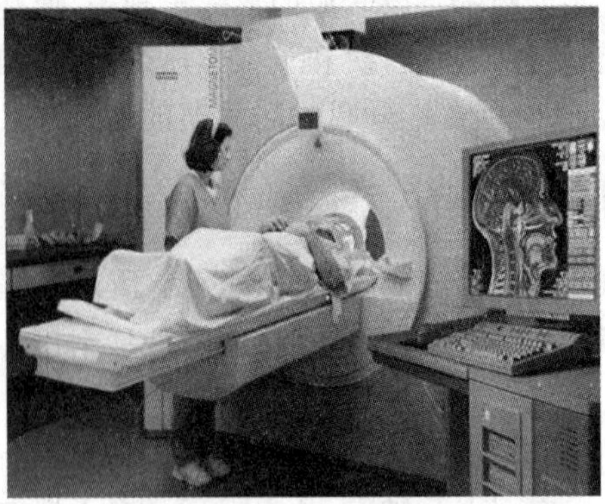

图 1-9　功能性磁共振成像

### （二）认知心理学的研究取向

认知心理学是一门探讨心理活动是如何被组织而产生智能思维，以及这些过程是如何在脑中实现的科学。它形成于 20 世纪 50 年代至 20 世纪 70 年代，它逐渐取代了行为主义，成为心理学的核心领域之一。

促进认知心理学发展的因素主要有以下三个方面：一是第二次世界大战期间快速发展的人类工效学研究；二是与信息处理方法密切相关的计算机科学的发展，尤其是试图使计算机有智能化行为的人工智能的发展；三是研究语言结构的语言学的发展。1967 年 Ulric Neisser 所著的《认知心理学》的出版和 1970 年《认知心理学》杂志的创办，标志着认知心理学的诞生。

认知心理学使用系统、客观的方法探究人的心理过程及其神经机制。近年来，随着计算机科学技术和神经成像技术的迅猛发展，以及多学科之间的交叉渗透，认知心理学在感觉、知觉、注意、意识、学习、记忆、语言和认知控制等主要研究领域均取得了重大突破，体现在新技术和新方法的应用、理论框架的构建、实验范式的创新等方面。[①]

### （三）人本主义心理学的研究取向

人本主义心理学兴起于 20 世纪五六十年代的美国，其创始人为美国心理学家马斯洛(1908—1970)，著名的代表人物为罗杰斯(1902—1987)。人本主义因为产生于行为主义和精神分析之后，所以被称为心理学上的“第三势力”。

人本主义反对行为主义主要以儿童或动物为被试的幼稚心理学，也反对精神分析以心理疾病患者为研究对象的伤残心理学，主张心理学要研究人性的积极方面，如创造、责任、爱、幸福、人生价值、自我实现等人性层面的问题，强调心理学不仅要预测和控制人的行为，治疗各种心理疾病，也要促进人的潜能的发挥和自我价值的实现。

在研究方法上，人本主义者主张以问题为中心而非以方法为中心，方法要服务于所研究的问题。人本主义者虽然注重收集数据并用证据来支持自己的观点，但所使用的方法是否

---

① 方方，蒋毅，李兴珊，刘勋，杨炯炯，周雯：《认知心理学：探索人类的智能》，《中国科学院院刊》，2012 年第 S1 期。

符合严格的自然科学标准他们并不看重。人本主义者更偏好所谓的“现象学方法”，即对主观经验的观察和报告。

人本主义心理学中还有一种存在心理学，其代表人物为罗洛·梅(1909—1994)。他的基本立场与马斯洛和罗杰斯一致，但他认为人性有善有恶，且恶的一面更值得警惕。20世纪90年代末，针对心理学过于关注攻击、抑郁、焦虑等人性消极方面的顽固传统，积极心理学开始兴起并产生了广泛影响。积极心理学强调对主观幸福感、生活满意度、乐观主义、利他主义、创造性等人性积极方面的研究，并使用严格的实验研究和相关研究，使人本主义心理学更富有科学色彩。①

## 第二节　心理学的研究方法及伦理原则

人们可能经常会对人和动物的一些心理和行为提出疑问并渴望得到答案，这一节我们将介绍心理学家解决这些问题时所采用的主要研究方法。

### 一、研究问题的提出

心理学的研究过程通常需要经历两个阶段：形成想法，然后去检验它。研究者的问题主要来源于两个方面：①来源于对环境中的事件、人物和动物的直接观察；②来源于某些领域的传统内容，其中一些问题被看作是从早期学者那里传下来的“伟大的但没有答案的问题”。

一般来讲，心理学理论试图揭示大脑、心理、行为和环境的功能以及它们是如何相互联系的。理论是一个组织起来的概念的集合，可以用来解释一种现象或一系列现象。大多数心理学理论都有一个一般的核心，即决定论的假设。这一假设认为，一切事件(包括物理的、心理的、行为的)都是特定原因因素的结果。这些原因因素被限定在环境或个体之内。研究者还假设，行为和心理过程通过有规律的方式联系，它们的关系和模式可以通过研究被发现和揭示出来。

当一个理论在心理学领域被提出来的时候，人们通常希望它既能解释已有的事实，也能够产生新的想法和假设。假设是对原因和结果的关系的试探性的、可以检验的阐述。一般来说，假设总是被描述为“如果……，那么……”，主要指特定的结果是从特定的条件中得来的。研究用来验证条件和结果之间的联系。理论对形成新的假设起着重要的作用。当科学数据不能证明一个假设的时候，研究者必须重新思考理论的面貌，因此，理论和研究之间发生着连续不断的交互作用。

提出科学问题时，研究者需要具备特别的态度和价值观。科学要求对任何结论都要持有开放的、批评的或怀疑的态度。保持开放性有两个目的：①使真理保持一种暂时性的特点，随时准备接受新的数据的修正；②使研究者愿意去评估一些重要现象，而这些现象是他

---

① 徐学俊，王文：《心理学教程》，华中科技大学出版社，2010年。

们不能相信和接受的(如超感知觉)。[①]

## 二、心理学的研究方法

### (一) 观察法

观察法是指研究者通过感官或借助于辅助工具,在一定时间内有目的、有计划地直接观察客观对象(如人的各种心理活动、行为表现等)并收集研究资料的一种方法。

观察法的主要特点是研究者在不进行任何干预的情况下观察并记录客观发生的事实。观察法原本是人类学家和动物行为学家常用的研究方法,早期的社会心理学家也常采用这种方法。近年来,由于实验室实验法的外部效度较低,辅助观察工具越来越现代化,所以观察法在心理学研究中又重新受到重视。

要想通过观察法取得预期的结果,事先应该有明确的研究目的和要求,并设计好观察程序。科学的观察还应该是在一定的科学理论的指导下进行的。记录的方法有很多种,除了常用的笔记以外,现代的录音、录像等技术都可采用。

观察法包括一般观察法和参与观察法。

(1) 一般观察法。一般观察法是指研究者在不进行任何干预的情况下观察并记录研究对象。

(2) 参与观察法。由于研究的需要,必须对一般观察法进行改进和补充,从而出现了参与观察法。研究者不是在旁边进行观察和记录,而是加入到所研究的群体中去,作为群体的一个普通成员与其他成员一起活动,同时对其他人的活动进行观察和记录。如果其他成员知道他们的行为被观察和记录,就是公开参与观察法;如果其他成员完全不知道他们的行为被观察和记录,就是隐蔽参与观察法。显然,采用隐蔽参与观察法更容易获得有关群体成员活动情况的真实资料,但真正做到隐蔽并不容易,而且隐蔽参与观察还可能涉及研究的伦理问题,所以隐蔽参与观察法的使用有一定的限制。

观察法的主要优点是:通过观察所得到的资料比较真实;在自然状态下观察,能获得生动的资料;具有及时性,能捕捉正在发生的现象;研究可在长时间内进行,能得到有关行为的发生顺序和发展过程的资料。

观察法的主要缺点是:对自变量缺乏控制,难以确定因果关系;受时间限制,某些事件的发生是有时间限制的;受观察者本身限制,例如人的感官是有生理限度的,超出这个限度就很难直接观察到;只能观察表面现象和某些物质的结构,不能观察事物的本质和人们的思想意识;不适合于大面积调查。

**拓展阅读**

**观察者偏见**

观察者偏见是由观察者个人的动机和期望所导致的错误。通常,人们观察到的只是他

---

① 理查德·格里格,菲利普·津巴多:《心理学与生活》,第16版,王垒,王甦等译,人民邮电出版社,2003年。

们所期望的，而不是事实的本来面目。让我们来看一下一个关于观察者偏见的非常极端的例子。20 世纪初，一位重要的心理学家雨果·蒙斯特博格给大量听众（包括很多记者）做过一次关于和平的演讲。事后，他对记者的见闻做了如下总结："这些记者坐在离讲台很近的地方。一个人写道，听众对我的演讲感到非常惊讶，会场上鸦雀无声，另一个人则写道，我经常被掌声打断，在我演讲的最后，掌声持续了几分钟的时间；一个人写道，在我的对手讲话的时候，我经常保持微笑，另一个人则注意到我非常严肃，没有一丝笑容；一个人说我的脸由于激动变得紫红，另一个人则发现我的脸变得惨白。"

回到原始的报纸上，看看记者们如何带着他们的政治观点来做解释是非常有趣的，然后我们可能会理解为什么记者见到了他们所阐释的。①

### （二）相关法

相关法是一种分析两个变量之间的关系的研究方法。

任何能够被量化的事物都能构成变量，比如人的智力水平、创造力水平等。相关系数表示两个变量之间的相关程度和方向，其变化范围为－1.00～1.00。数字越大，表示相关程度越高，相关系数为 0，意味着两个变量之间完全不相关。符号表示两个变量相互关联的方向。正相关指一个变量增加时，另一个变量也增加，如智力水平越高，创造力水平就越高。负相关指一个变量增加时，另一个变量减少，如考前焦虑水平越高，考试成绩越差。从完全员相关到完全正相关的几种情形如图 1-10 所示。

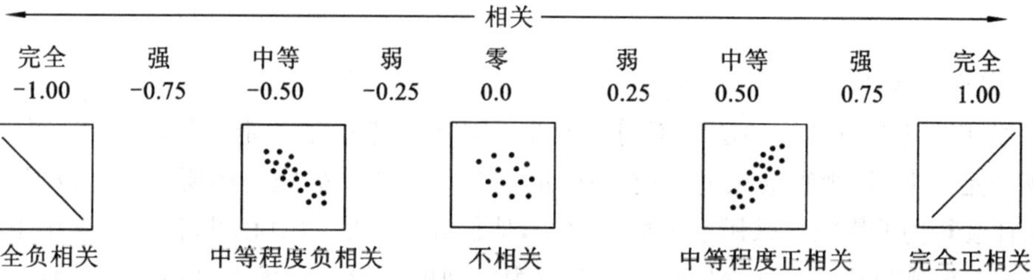


**图 1-10　从完全负相关到完全正相关的几种情形**

相关法具有描述和预测功能。例如，我们采取相关法除了可以描述同卵双生子在智力上的相关性以外，如果相关程度足够高，我们还能从同卵双生子中一个人的智力测验分数推断出另一个人的智力测验分数。

相关法和观察法都是基于描述的科学研究方法，因此，采用相关法从理论上来说也是难以确定因果关系的。但与简单的观察法相比，相关法可以显示变量间的共变关系，从而提醒研究者注意各种现象间可能存在的因果关系。

### （三）实验法

实验法是科学研究中应用最广泛的方法，也是主要的心理学研究方法，在科学心理学方法论体系中处于最核心的地位。实验法是指通过人为地、有目的地控制和改变某些因素（自

① 理查德·格里格，菲利普·津巴多：《心理学与生活》，第 16 版，王垒，王甦等译，人民邮电出版社，2003 年。

变量)，确定这些因素能否影响其他因素(因变量)。实验法的重要特点是对可能影响被试行为表现的其他因素进行了控制，突出了自变量和因变量之间的关系，最大限度地防止了无关因素的干扰。

根据实验场合，以及控制方法和程度的不同，实验法可以分为实验室实验法、自然实验法和现场实验法。

**1. 实验室实验法**

实验室实验法的特点是在特定的实验室条件下进行实验，对所研究的情境给予很大程度的控制，能最大限度地突出重要因素，防止无关因素的干扰，常可明确自变量对因变量的影响。其优点是：实验者能控制实验变量，通过这种控制，可达到消除无关变量的影响的目的；实验者可随机安排被试，使他们的特点(如性别、年龄、职业、受教育程度、有无疾病等)在各种实验条件下相同，从而揭示出自变量和因变量之间的关系。其缺点是：研究的外部效度较低；在实验室环境中难以消除被试的反应倾向性和主试对被试的影响。

**2. 自然实验法**

自然实验法是介于观察法和实验室实验法之间的一种方法。这种方法的特点是所研究的变量不是由实验者操纵的，而是由环境操纵的，实验者只是利用一定的条件进行实验研究，研究情境中的事件是按照自然顺序进行的。其优点是：大大减少了实验室实验法的人为性，既有较高的内部效度，又有较高的外部效度。其缺点是：由于实验控制不严格，所以研究结果难免受某些无关因素的影响；由于研究工作要按照事件发展的本来顺序进行，所以费时较长。

**3. 现场实验法**

现场实验法与自然实验法的不同之处在于对环境进行了一定程度的控制，研究者在现场呈现一定的刺激，观察被试的反应。例如，有些学者为了研究身体所处空间位置的高度对人的亲社会行为的影响就采用了现场实验法，他们在一个购物中心里，让被试乘坐电动扶梯，然后研究被试乘电梯到不同楼层时亲社会行为之间的差异。其优点是：被试不知道自己是被试，不会产生反应偏向；由于控制了自变量，所以可看出需要研究的变量之间的因果关系。

## 拓展阅读

### 实验室研究成果能推广到日常生活中吗?

当你看到或听到心理学研究时，你是否想过通过人在实验室中表现出的行为预测人在真实生活中的行为？例如，考察人们在暗室中探测微弱的红光，是否考虑过将其应用到夜间飞机的驾驶中？在看完色情暴力电影后，性唤醒的男被试更愿意按键对女被试实施电击，这是否说明色情暴力电影会使男性更有可能去虐待女性？

在回答这些问题之前，我们需要明白一点：实验者有意使实验室环境成为一个简化的现实，在其中可以模拟和控制日常生活的重要特征，正如风洞可以让工程师在控制条件下制造气流一样，实验室实验也能让心理学家在控制条件下重演心理因素的力量。

道格拉斯·穆克指出，实验的目的不是要精确地重复日常行为，而是要检验理论原理。当心理学家把关于攻击行为的实验室研究成果运用于真实情境中的暴力行为时，他们运用的是攻击行为的理论原理，这些原理是经过多次实验提炼出来的。同样，运用到夜间飞行等复杂行为的是视觉系统的原理，这些原理也是在人工环境下进行实验总结出来的。许多研究已表明，在实验室中得出的原理通常可以推广到日常生活中。①

## 拓展阅读

### 安慰剂效应与期望效应

一、安慰剂效应

苯丙胺是一种中枢神经兴奋剂，我们用实验来考察苯丙胺会不会影响学习。在学习之前，实验组吃了苯丙胺，控制组什么都没吃，但这样设计实验并不能充分证明苯丙胺对学习是否有影响，因为苯丙胺并不是引起两组产生差异的唯一原因。实验组吃了苯丙胺，而控制组没吃苯丙胺，也没有吃安慰剂，这样就不可能得出苯丙胺是否影响学习的结论。因为如果有差异，也可能是吃了苯丙胺的被试期望自己做得更好，即使没有苯丙胺的化学效应，仅靠学习动机这一点也可以改变他们的学习成绩。

什么是安慰剂？安慰剂是一种假的药丸或针剂。虽然安慰剂几乎没有直接的化学效应，但它们的心理影响却非常大，人们往往相信如果服用了有效的药物，他们的某些行为就会出现变化。

为了控制安慰剂效应，进行药效研究的心理学家可以采用单盲实验。在这种实验中，所有被试都吃药，实验组被试吃的是真药，控制组被试吃的是安慰剂，但是被试不知道自己吃的是真药还是安慰剂，这样，两组的任何差异肯定是由药物引起的。

有时，还需要采用双盲实验。在双盲实验中，被试和实验者都不知道被试吃的是真药还是安慰剂。双盲实验避免了实验者对被试反应的无意识影响。双盲实验的操作方法是，由其他人准备药物，实验者直到做完实验后才知道哪些是真正服药的被试。

二、期望效应

心理学家还面临着一个有趣的问题，即人类被试对研究者的期望十分敏感，这是物理学家或化学家不会遇到的问题。心理学家罗森塔尔给出了一个关于期望影响人的典型例子。美国空军学院预备班的100名学员被随机分配到5个班上数学课，但是老师们不知道分配是随机的，他们被告知学生是根据能力的高低进行分配的。结果发现，“高能力”班的学生的数学成绩比“低能力”班的学生提高得快得多。其实，最初每个班上的学生的能力是差不多的。

很明显，这是因为老师通过语调、身体语言等方式把他们对学生的期望传达给了学生，这对学生产生了影响。在这个例子中，学生们会倾向于表现出老师所期望的样子。虽然教育者对此很了解，但是这种效应仍然影响着许多学生。②

---

① 戴维·迈尔斯：《心理学精要》，第5版，黄希庭等译，人民邮电出版社，2009年。

② Dennis Coon：《心理学导论——思想与行为的认识之路》，第9版，郑钢等译，中国轻工业出版社，2004年。

### （四）调查法

调查法是根据研究者预先拟订的调查提纲或一系列要了解的问题，让被调查者回答这些问题，然后整理所获得的资料，从中得出结论的方法。

调查法分为访谈法和问卷法。访谈法是以口头方式进行调查来了解被调查者的心理活动，问卷法则以书面方式进行调查并分析被调查者的心理活动。在调查过程中，通常将访谈调查和问卷调查结合使用。访谈调查是面对面进行的，虽然访谈对象不可能很多，但是可以了解得比较深入。问卷调查既可以获得大样本数据，时间和经济成本也比较低廉。

使用调查法时要注意以下问题。

(1) 样本选取的代表性。由于难以对研究所涉及的每一个对象进行调查，所以通常的做法是从总体中选取样本进行调查。这样，样本选取的代表性就会直接影响结论的可靠性，故选取样本时务必遵循科学抽样的原则。有这样一个例子：在 1936 年的美国总统竞选中，某著名杂志根据民意调查结果预测兰登将会以绝对优势击败罗斯福，但结果却是罗斯福以绝对优势战胜了兰登。预测失败的原因是进行民意调查时样本选择有误。进行民意调查时，主要是通过电话与被调查者联系，而 1936 年美国正处于经济萧条时期，只有富人家才有电话，而富人都支持兰登。

(2) 语言表达的恰当性。如果语言表达不清晰、太过专业或存在歧义，就会导致难以回答或随意回答。

(3) 问题本身的敏感性。涉及个人隐私或个人试图回避的问题，被调查者可能会虚伪作答；涉及道德评价的问题，被调查者可能会按社会所赞许的行为进行回答。因此，在调查的指导语中，通过保密等承诺打消被调查者的顾虑是十分有必要的。[①]

### （五）个案研究法

个案研究法是对单一个体的行为进行详尽描述与分析的研究方法。个案研究获得数据的方法多种多样，包括自然观察、访谈、心理测验等。

个案研究法具有以下优点。

(1) 个案研究有利于研究者提出新的观点和假设，能够为新的治疗技术和罕见现象的研究提供机会。

(2) 当单个被试的行为与科学理论相悖时，说明科学理论受到了挑战；同时，科学理论也可以从来自个案研究的证据中获得一些初步的支持。

(3) 个人特质研究（研究个体的独特性）是对常规研究（研究群体的特性）的一个补充。

个案研究法具有以下缺点。

(1) 研究者不能根据个案研究的结果进行有效的因果推论，因为个案研究没有对无关变量进行控制。

(2) 观察者偏见和在收集数据时的偏差可能会导致对个案研究结果的不正确解释。

(3) 一个个案研究的结论能否被推广取决于个案所属总体的变异情况，一些特征（如人

① 徐学俊，王文：《心理学教程》，华中科技大学出版社，2010 年。

格)要比另外一些特征(如视敏度)在个体间的变异更大。①

## 三、心理学研究中应遵循的伦理原则

### (一) 对人进行研究应遵循的伦理原则

许多心理学研究以人为被试,尽管研究者有通过研究来收集有意义的信息的责任,但同时也有责任对研究的风险做出判断,并保障被试的利益。以人为被试进行研究时,必须遵循如下伦理原则。

**1. 非胁迫原则**

胁迫被试参与实验是不道德的。例如,不能要求学生必须参与某项实验。同样,对参与心理学研究的犯人给予特殊照顾也是不道德的,因为特殊照顾的承诺可能会迫使犯人参与他们原本不愿参与的实验。

**2. 知情同意原则**

在绝大多数情况下,研究者在要求潜在被试参与实验前,必须用他们能理解的语言详细介绍研究的程序、风险等。让被试参与某项实验但不告知他们会处于何种境地是不道德的。另外,实验开始后,必须清楚地告诉被试他们可随时退出实验,并且不会受到任何惩罚。

**3. 有限欺骗原则**

研究者经常需要在被试不知道研究的真正目的的情况下开展研究。例如,进行测谎研究时,有时需要被试相信正在进行的研究只是为了检测其记忆能力,不让他们知道研究的真正目的是检测其是否在说谎。显然,这样会欺骗被试。那么,这是否是道德的?目前的准则认为,只有在满足以下两个条件时,才可认为欺骗对参与实验的被试是道德的:①告知潜在被试他们希望知道的所有情况,以便他们决定是否参与研究;②研究结束后,立即将真相告知被试。

**4. 充分报告原则**

参与实验的被试有了解实验结果的权利。

**5. 保密原则**

研究者有将自己对参与实验的被试所了解的一切情况进行保密的义务,例如公开发表论文时,必须保证被试是匿名的。

### (二) 对动物进行研究应遵循的伦理原则

按照美国心理学会的标准,以动物为被试进行研究时,必须遵循以下伦理原则。

**1. 必要性**

只有当研究能够明显促进对人或动物的行为和心理过程的认识时,利用动物进行研究

---

① 约翰·肖内西,尤金·泽克迈斯特,珍妮·泽克迈斯特:《心理学研究方法》,第 7 版,张明等译,人民邮电出版社,2010 年。

才是道德的。

**2. 健康**

所有动物被试必须得到妥善的照料，以保证其有良好的健康状况。

**3. 人道待遇**

研究者必须尽力使动物被试的痛苦最小化，进行必要的外科手术时必须对动物进行麻醉，处死动物时也必须尽量让其无痛苦。对于一些会让动物遭受痛苦或产生紧张情绪的研究，只有当研究对实现科学目标真正有价值时才被认为是道德的。

## 第三节　心理学的研究领域

法国作家雨果说："世界上最广阔的是海洋，比海洋更广阔的是天空，比天空更广阔的是人的心灵。"

心理学的研究领域非常广泛，当代心理学的多样性在于学科的专业化，虽然心理学工作者共享着一些基本的核心知识，但他们的兴趣和专长仍然有所区别。例如，研究味觉的心理学工作者与从事临床心理咨询的心理学工作者的兴趣和专长明显不同。当代心理学工作者的研究领域大致可分为两类：基础心理学和应用心理学。

### 一、基础心理学

在基础心理学领域工作的心理学工作者约占全部心理学工作者的1/5，他们主要研究感觉、知觉、记忆、思维、学习、情绪、偏见、性别认同等问题。他们中的大多数人在高校工作，也有一部分人在研究所、政府机关或其他部门工作。基础心理学领域主要包括以下几个比较有影响力的研究方向。

(1) 生物心理学：研究行为及心理现象背后的神经机制、动物的行为等。

(2) 感觉与知觉：关注感觉器官如何工作，以及在知觉过程中如何解释输入的感觉信息。

(3) 学习与记忆：研究学习与记忆新的信息、新的技能的方式，以及与其他人联系的新方式。

(4) 发展心理学：关注人在一生中所发生的心理变化。

(5) 动机与情绪：研究激活与引导人的行为的各种状态及需求，如饥饿、渴、性、获得成功的需要，以及与他人建立感情的需要等。

(6) 人格：关注与我们的行为方式具有一致性的个性特征。

(7) 社会心理学：研究个体和群体的社会心理现象。

(8) 社会文化心理学：关注民族与文化因素、性别认同、性取向等问题。

### 二、应用心理学

应用心理学工作者主要是运用已有的研究成果来预防和解决一些重要问题，如情绪问题、亲密关系问题、学业困难问题、工作压力问题等。他们约占全部心理学工作者的 4/5。他们中的一部分人在高校工作，但大部分人在心理健康中心、企业、医疗系统等工作。应用心理学领域主要包括以下几个研究方向。

(1) 临床心理学：试图理解与治疗严重的情绪问题，并矫正变态的行为。

(2) 咨询心理学：帮助个人进行职业选择等。

(3) 教育心理学：教育心理学工作者与教师共同讨论学生的学习或行为问题，对儿童进行测试，并确定这些儿童是否需要学习特殊教育课程。

(4) 工业与组织心理学：关注员工的培训与激励、员工工作满意度的提升及员工良好人际关系的建立等。

(5) 健康心理学：研究心理压力、心理冲突等对身体健康造成的不良影响，告诉人们如何通过放松、锻炼、控制饮食、戒烟等来预防高血压、心脏病等疾病。

## 拓展阅读

**心理学问题的多样性**

| 问　题 | 谁来回答这个问题？ |
|---|---|
| 人们如何更好地处理日常问题？ | 临床心理学家、咨询心理学家、大众心理学家、心理治疗师 |
| 记忆是怎样存储在大脑中的？ | 生物心理学家、精神药理学家 |
| 如何教一条狗听从命令？ | 实验心理学家 |
| 为什么不能总是回忆起我确信自己知道的信息？ | 认知心理学家、认知科学家 |
| 是什么使人们彼此有所不同？ | 人格心理学家、行为遗传学家 |
| “同辈压力”是如何起作用的？ | 社会心理学家 |
| 关于世界，婴儿知道些什么？ | 发展心理学家 |
| 为什么我的工作使我这么沮丧？ | 工业心理学家 |
| 老师应该如何对待爱捣乱的学生？ | 教育心理学家、学校心理学家 |
| 为什么我在每次考试之前都生病？ | 健康心理学家 |
| 被告在犯罪的时候是精神失常的吗？ | 司法心理学家 |
| 为什么我在重要的篮球赛上总是呼吸困难？ | 运动心理学家 |

## 【课后思考】

1. 什么是心理学？心理学的研究目标是什么？
2. 现代心理学的流派有哪些？当代心理学的研究取向有哪些？
3. 如何提出心理学的研究问题？
4. 心理学的研究方法有哪些？各自的优、缺点是什么？

5. 心理学研究中应遵循哪些伦理原则?

6. 心理学家都研究些什么? 你对心理学哪些领域的研究感兴趣?

7. 学习心理学有什么意义?

# 第二章

# 心理的生理学基础

**案例导入**

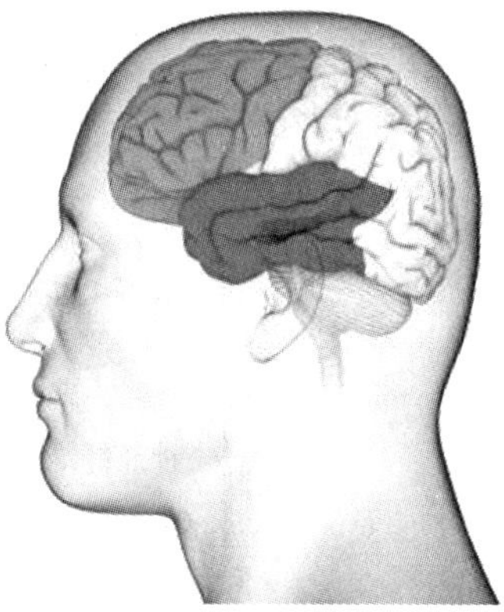

加拿大的潘菲尔德是一名享誉世界的脑外科专家。一天，他和他的同事在为处于清醒状态的一位60多岁的老年病人实施脑外科手术时，用微弱的电流刺激该病人大脑的不同部位，当刺激到病人颞叶的深处时，发现病人突然开口说话了："噢，大夫，真奇怪，我仿佛回到数年前的一段生活经历中去了。"接着更令人吃惊的是这位病人居然像孩子一样唱起一首已在加拿大失传多年的儿歌，并说起他童年住处的情景。当微弱电流刺激停止时，病人立即停止唱歌和说话，并且不记得刚才唱了什么，说了什么。

这个故事说明，人类有着丰富多彩的记忆，这与我们有一个健康的大脑是密不可分的。我们的大脑可以将我们每个人所经历的一切事情全部记录下来，不论我们主观上是否意识到这种记忆的发生，它总是客观地记录着所有事情。

不仅仅是记忆，感觉、知觉、思维、情感、意志和性格等所有心理现象都依赖于体内多种生理过程的整合，这种整合离不开神经系统（主要是大脑）以及内分泌系统的相互作用，同时与遗传也有着密切的关系。因此，我们要理解人类的心理现象，就必须掌握一些基本的生理学知识，如人类的神经系统、内分泌系统和遗传机制，以及它们与人类的心理现象的关系。

# 第一节　心理的神经学基础

神经系统是产生心理活动和行为的物质基础。神经系统的基本结构和功能单位称为神经元。神经系统有中枢神经系统和外周神经系统之分。中枢神经系统由脑和脊髓组成；外周神经系统包括脑神经、脊神经和植物性神经。

## 一、神经元

神经元由细胞体和细胞突起构成。细胞突起分为树突和轴突。神经元的细胞体是神经元的代谢和营养中心。神经元的树突是从细胞体发出的一个或多个树枝状突起，树突的功能一般是感受体内、外的各种刺激。神经元的轴突是从细胞体发出的一个细而长的突起，轴突的主要功能是将信息传导到其他神经元或效应器。神经元模式图如图2-1所示。

神经元受到刺激后会从较安静的状态转向较活跃的状态，这种现象就是神经冲动。神经冲动沿着神经元的轴突进行传递或者从一个神经元向邻近的一个或多个神经元传递，这就是神经冲动的传导。

当神经冲动传递到神经末梢时，它又是如何从一个神经元传递到另一个神经元的呢？

这里就涉及两个神经元之间的结构——突触以及一种特殊的化学物质——神经递质，只有通过突触和神经递质才能实现神经冲动从一个神经元到另一个神经元的传递。

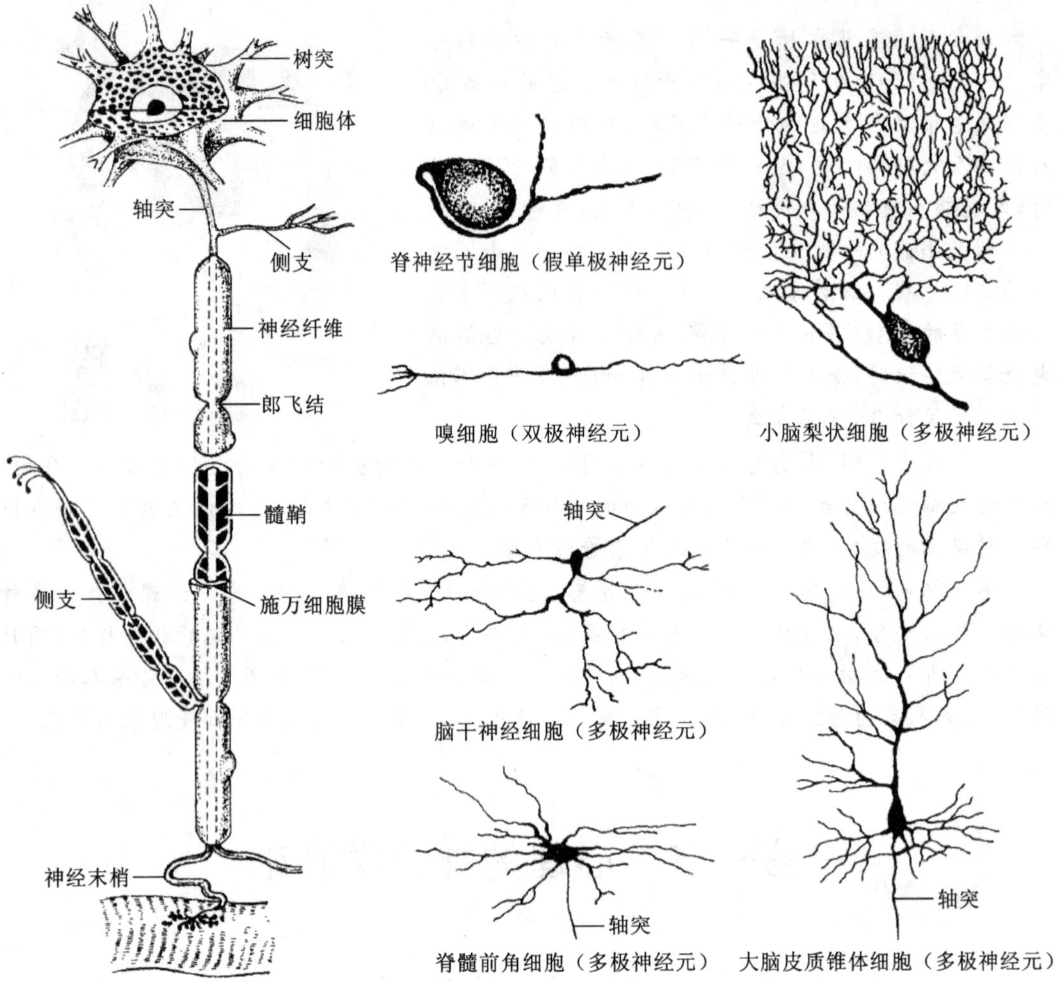


**图 2-1　神经元模式图**①

## 二、神经系统

### （一）中枢神经系统

中枢神经系统包括脊髓和脑两大部分。

**1. 脊髓**

脊髓位于椎管内，上端与延髓相连，下至第一和第二腰椎之间，全长 40～50 厘米。脊髓呈圆柱形，前后扁平，分为颈、胸、腰、骶、圆锥及终丝（终丝是脊髓终了之后，软膜的延续部

① 徐学俊，王文：《心理学教程》，华中科技大学出版社，2010 年。

分)几个部分,每个部分的粗细、圆扁程度不同,颈部及腰部特别膨大,分别称为颈膨大及腰膨大,从腰膨大往下,逐渐变得细小,形成圆锥,最后为终丝。

在脊髓的横切面上,可看到中间部分呈蝴蝶状,这个部分称为灰质。灰质主要由神经元细胞体组成。灰质的周围是白质,白质由具有一定功能的上、下行神经纤维束组成。脊髓的内部结构如图 2-2 所示。

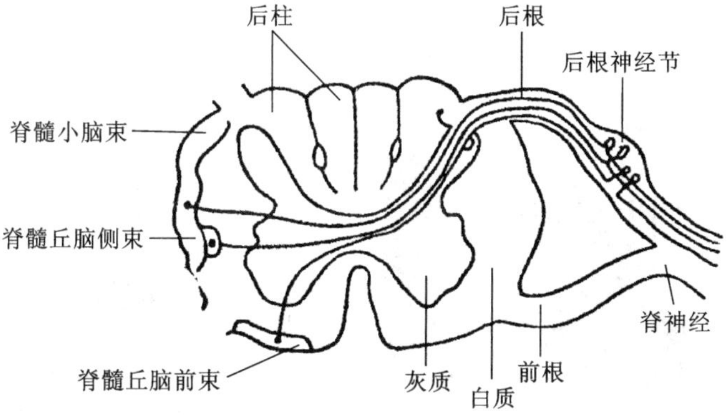


**图 2-2　脊髓的内部结构**①

脊髓是中枢神经系统的低级中枢,能完成一些低级的反射活动,如膝跳反射的中枢调节就在脊髓。脊髓也是脑和外周神经联系的中介,来自外周神经的各种刺激只有通过脊髓才能到达脑,而由脑发出的指令,也只有通过脊髓才能到达相应的肌肉和腺体。但是在正常情况下,脊髓的活动受高级中枢(脑)的调节。

**2. 脑**

脑是中枢神经系统的高级中枢,位于颅腔内,在枕骨大孔处向下与脊髓相连。脑由脑干、间脑、小脑及大脑组成。

脑干是脊髓向颅腔内延伸的部分,自下而上依次为延髓、脑桥和中脑。脑干具有许多重要的中枢,具有调节呼吸、消化、心血管活动的功能,因此也叫"生命中枢"。如果这些中枢被损坏,将危及机体的生命。

间脑位于中脑之上,它包括丘脑、丘脑上部(上丘脑)、丘脑下部(下丘脑)和丘脑底部(底丘脑)。丘脑是皮层下感觉中枢,除嗅觉外,各种感觉传导束都要先在丘脑内转换神经元,然后才能投射到大脑皮层的特定部位。下丘脑是植物性神经的较高级中枢,与内脏活动,以及机体的多种生理功能和情绪等均有密切关系。

## 拓展阅读

### 情绪中枢与下丘脑

1954 年,美国某学校年轻的生物学家欧兹及米勒在老鼠下丘脑的不同区域进行了一系列实验。他们在老鼠下丘脑的背部埋上电极,另一端与连接电源开关的杠杆相连,老鼠只要

① 全国十二所重点师范大学:《心理学基础》,第 2 版,教育科学出版社,2008 年。

按压杠杆，电源就会接通，埋电极的脑部就会受到微弱的电刺激。实验原理图如图 2-3 所示。实验结果令人难以置信！老鼠不仅很快就学会了通过按压杠杆获得电刺激，而且老鼠每小时按压杠杆的次数可达到 8000 多次，并且能持续 15～20 小时，直至过度疲劳而倒下。然而，当老鼠醒来后，又会立即投入到“工作”中。老鼠为什么会这么疯狂地按压杠杆呢？这种行为能引起老鼠的快乐和满足吗？带着这样的疑问，研究者在下丘脑以外的其他部位埋上电极，并没有出现上述情形。

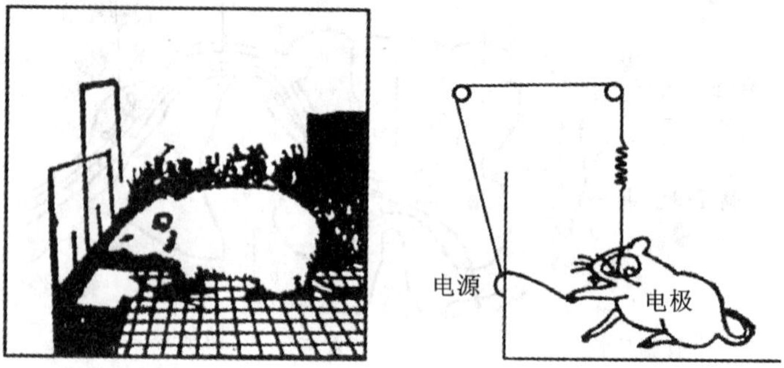


**图 2-3　实验原理图**①

研究者推测在老鼠的下丘脑中存在着快乐中枢，他们用同样的方法找到了痛苦中枢。这一实验结果立即在社会上引起轰动。人们不禁要问：“人的下丘脑中有快乐中枢和痛苦中枢吗？”

20 世纪 60 年代，美国医生扎克布森和汤尔可逊大胆地进行了尝试，用电极刺激病人下丘脑的有关部位。他们惊讶地看到被刺激的病人面带微笑，并表示感觉良好。但是，此结果并不能充分证明在人的下丘脑中存在快乐中枢。

小脑位于延髓和脑桥的背侧，两侧膨起的部分称为小脑半球，连接两小脑半球的狭窄的中间部分称为蚓部。小脑的主要功能是协调躯体肌肉的运动和维持平衡。小脑发生疾病时，闭眼直立时站不稳，走路时歪歪斜斜，运动不准确、不协调，不能完成精细的动作。

大脑主要包括左、右大脑半球，它是中枢神经系统的最高级中枢，是心理活动的主要器官，也是脑组织的最大部分。从外观上看，大脑几乎遮盖了脑组织的全部其他结构，它的表面高度卷曲，形成许多的沟、裂、回。大脑半球的内面是大量神经纤维的髓质，即白质。白质负责大脑回间、叶间、两半球间，以及皮层与皮下组织间的联系。其中特别重要的横行联络纤维叫胼胝体，它在大脑半球底部，对两半球的协同活动有重要作用。在大脑半球的内侧面，与脑干相连接并围绕着脑干的一些神经结构称为边缘叶。边缘叶包括嗅旁回、胼胝体下回、扣带回、海马回、齿状回等，它们与附近的一些皮层及皮层下的结构有着密切的神经联系，从而构成一个统一的机能系统，即边缘系统。边缘系统的机能与一系列的躯体、内脏活动有密切的关系，边缘系统是许多初级中枢活动的调节者。实验证明，边缘系统与动物的觅食、生殖性活动、植物性神经系统的功能，以及情绪、情感、学习、记忆等较高级的心理活动均有密切关系。

① 彭聃龄：《普通心理学》，修订版，北京师范大学出版社，2004 年。

## 拓展阅读

### 海马与顺行性遗忘症

有一位病人患有顽固性癫痫，服用了大量抗癫痫药物后，不但没有效果，癫痫反而发作得更加频繁。为了不再让癫痫发作，1953 年 8 月 23 日，对该病人进行了手术，切除了大脑半球内侧的颞叶和海马。手术后，该病人智力测验成绩正常；对手术前的事情记忆良好；能与人交谈，虽然说话的语调平淡，但词汇的使用、句子的表达和发音都很准确；对别人说的话，甚至笑话都能正确理解。但是有一个很突出的问题：难以形成新的长时记忆。对他来说，每天的每件事都与过去无关。例如：让他阅读一段惊险的故事，每天重复读一遍，他都感到格外新奇；每天重复做一个游戏，他总是觉得十分好玩，并总说过去从未玩过；对一些重大事情，必须经过多次重复，方可形成一种似是而非的记忆。在手术后的 13 年中，他的母亲一直形影不离地照料他。1966 年，他的母亲因病住院治疗，他的父亲连续多日带他去医院看望母亲。事后，他的父亲问他为什么他的母亲不照料他时，他竟说不清楚原因，他把去医院看望母亲的事忘得一干二净。经再三追问，他才说可能是母亲发生了什么事，否则不会不在他身边。1967 年，他的父亲突然去世，当时他很悲哀，但两个月后再问起他父亲，他首先感到奇怪，然后自言自语地说：“是啊！父亲去哪了？好像是病故了吧。”[①]

**3. 大脑皮层的结构与机能**

大脑皮层（见图 2-4）有严密的形态结构。从外观上看，大脑由左、右两个大致对称的半球构成。两个半球的外层就是大脑皮层。人类的大脑皮层有许多沟、回和裂。根据这些沟、回和裂，可把大脑皮层分为额叶、顶叶、枕叶和颞叶。额叶与顶叶被中央沟分开，颞叶与枕叶和顶叶相连。

大脑皮层不同的区域有不同的机能，大致可以分为四个机能区：感觉区、运动区、语言区和联合区。

1）感觉区

感觉区包括视觉区、听觉区和躯体感觉区，它们分别接受来自眼睛的光刺激、来自耳朵的声音刺激，以及来自皮肤表面和内脏的各种刺激。它们是接受和加工外界信息的区域。

视觉区位于枕叶，是视觉的最高级中枢。它接受在光刺激的作用下由眼睛传入的神经冲动，产生初级形式的视觉，如对光的觉察等。若视觉区被破坏，即使眼睛的功能正常，人也将完全丧失视觉而成为全盲。

听觉区位于颞上回，是听觉的最高级中枢。它接受在声音刺激的作用下由耳朵传入的神经冲动，产生初级形式的听觉，如对声音的觉察等。若听觉区被破坏，即使双耳的功能正常，人也将完全丧失听觉而成为全聋。

躯体感觉区位于顶叶中央沟后面的中央后回，这里主管着热、冷、触、痛等所有来自躯体的感觉。躯体特定部位的感觉在躯体感觉区有一定的机能定位，其定位有如下特点：①颈部以下的躯体感觉有对侧性，即左（右）侧的躯体信息投射在右（左）侧皮层；②整个躯体感觉的机能定位是上下倒置的，即来自躯体上部的信息投射在躯体感觉区下部，来自躯体下部的信

① 邵郊：《生理心理学》，人民教育出版社，1999 年。

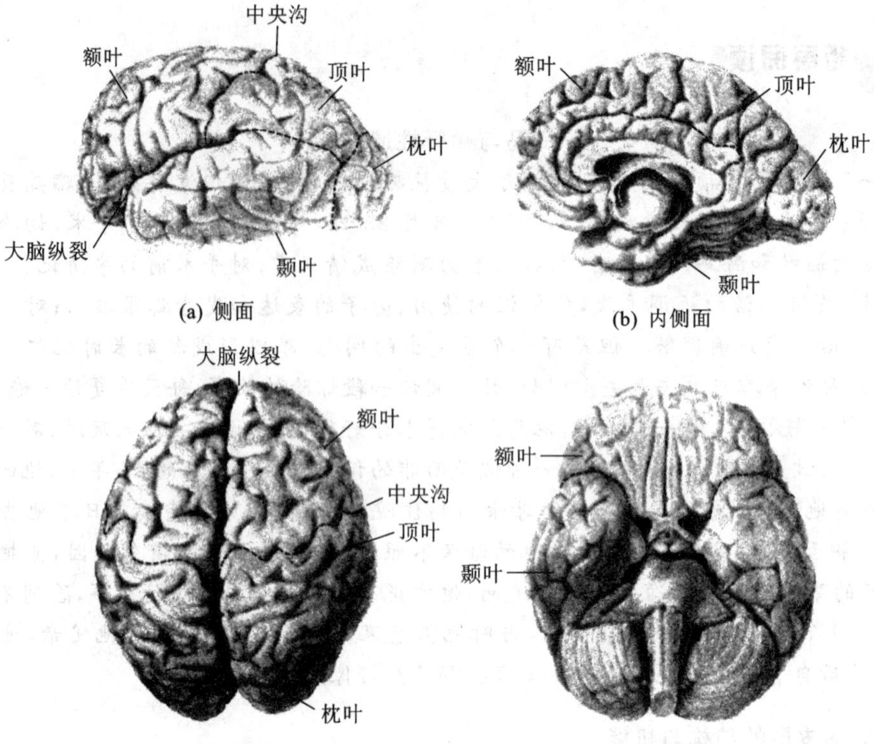


(a) 侧面　(b) 内侧面

(c) 背面　(d) 腹面

**图 2-4　大脑皮层**

息投射在躯体感觉区上部；③皮层投射区域的大小与躯体器官的大小无关，而与器官感觉的精细和复杂程度有关，如口部感觉精细，内涵丰富，因此，其在皮层上占有极大的投射区域。躯体感觉区定位示意图如图 2-5 所示。

2）运动区

运动区位于中央沟前面的中央前回。它的主要功能是发出动作指令，支配和调节身体在空间的位置、姿势及身体各部分的运动。运动区与躯干、四肢运动的关系也是左右交叉、上下倒置的。中央前回最上部的细胞与下肢肌肉的运动有关，其余区域的细胞与上肢肌肉的运动有关。运动区和头部运动的关系是正且直的，即上部的细胞与额、眼睑和眼球的运动有关，下部的细胞与舌的运动、吞咽运动等有关。同样，身体各部位在运动区的投射区域的大小不是取决于各部位的实际大小，而是取决于它们在机能方面的重要程度。动作越精细，越复杂，其在皮层的投射区域越大。运动区定位示意图如图 2-6 所示。

3）语言区

对于大多数人来说，语言区主要位于大脑左半球。若语言区被破坏，将引起各种形式的失语症。在大脑左半球额叶的后下方，靠近外侧裂处，有一个语言运动区，亦称为布洛卡区，它通过邻近的运动区控制说话时舌和腭的运动。这个区域受损会引起运动性失语症。在颞叶上方、靠近枕叶处，有一个语言听觉区，也称为威尔尼克区，它与理解口头语言有关。这个区域受损将引起听觉性失语症，即不能理解别人所说的话，不能重复刚刚听到的句子，也不能完成听写活动。在顶叶和枕叶交界处，还有语言视觉区，这个区域受损将引起视觉性失语症或失读症，即不能理解书面语言，看不懂文字材料。

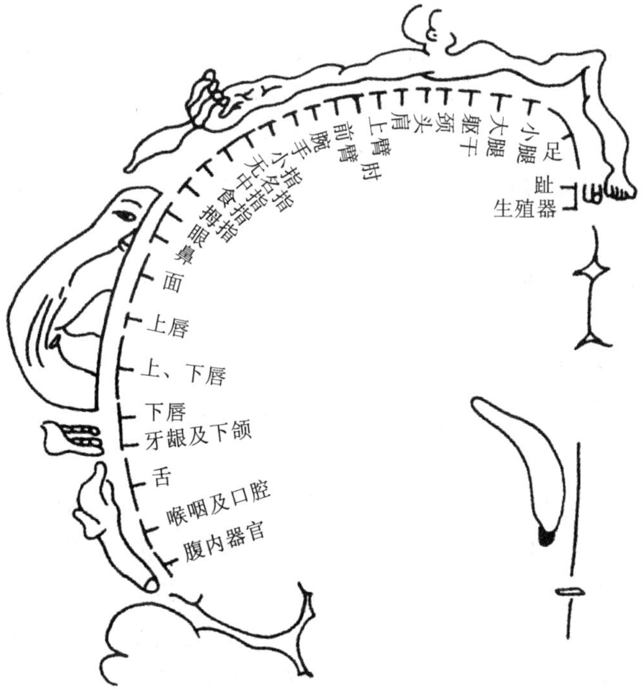


图 2-5　躯体感觉区定位示意图①

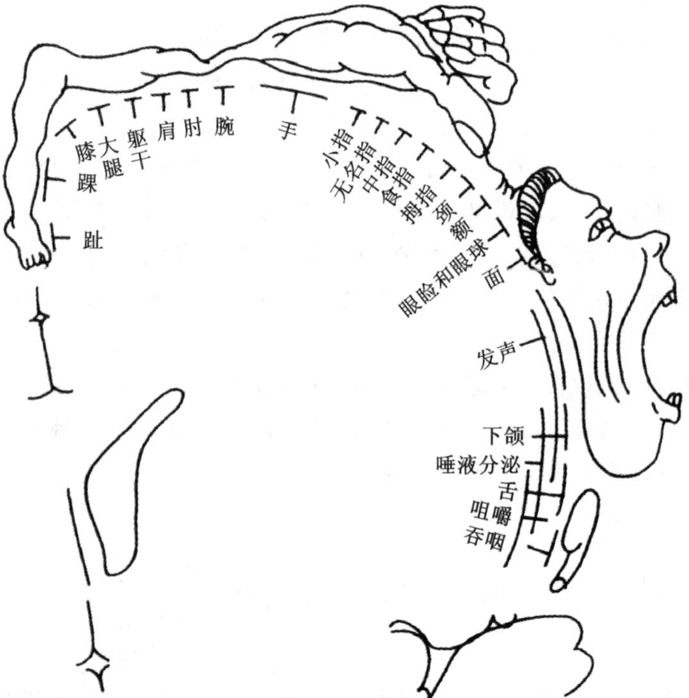


图 2-6　运动区定位示意图②

① 蒋文华:《神经解剖学》,复旦大学出版社,2002 年。

② 蒋文华:《神经解剖学》,复旦大学出版社,2002 年。

4）联合区

大脑皮层中具有起着联络、综合作用的结构和机能系统，称为联合区。联合区是大脑皮层执行高级心理功能的部位。对于人类，除了上述感觉区、运动区、语言区以外的区域均为联合区，它占据了整个大脑皮层4/5左右的位置。

联合区不直接与感觉过程和运动过程相联系，它的主要功能是整合来自各感觉通道的信息，对输入的信息进行分析、加工和存储。它支配、组织人的语言和思维，规划人的目的行为，调整人的意志活动，确保人主动而有条理地行动。因此，它是整合、支配人的高级心理活动、进行复杂信息加工的神经结构。

**4. 大脑左、右半球功能的差异**

从外表来看，大脑的左、右半球非常相似，但实际上，它们在结构和功能上都有明显的差异。

从结构上来说，人的大脑右半球略大于、重于左半球，但左半球的灰质多于右半球；左、右半球的颞叶具有明显的不对称性；左、右半球中各种神经递质的分布也是不平衡的。

从功能上来说，在正常情况下，大脑左、右半球是协同活动的，进入大脑任何一侧的信息会迅速地经过胼胝体传达到另一侧，做出统一的反应。近些年来，许多研究者都在进行割裂脑的研究，提供了在切断胼胝体的情况下，分别对大脑左、右半球的功能进行研究的重要资料。切断胼胝体一般是为了防止癫痫病的恶化，使病变不致由大脑的一侧蔓延到另一侧。由于胼胝体被切断，大脑的两个半球也被人为地分开了，每个半球只对来自身体对侧的刺激做出反应，并调节对侧身体的运动。这样，人们就可以分别研究两个半球的不同功能。研究发现，手术后大脑左、右半球被分割的病人，其视力、听力和运动能力都正常，而命名、知觉物体的空间关系、理解语言的能力等都出现选择性的障碍。如果将“铅”和“笔”两个字分别放在病人左、右眼视野内，病人能说出“笔”，不能说出“铅”，这是因为“笔”投射在左半球，所以病人能用语言描述，而“铅”投射在右半球，因此病人不能用语言描述。如果把一支铅笔放在病人的左手上，他可以用动作表示铅笔的用途，但不能用语言描述它。如果把铅笔换到右手上，病人马上就能用语言描述它。

以上研究说明，大脑左、右半球具有不同的功能，如图2-7所示。语言功能主要定位于大脑左半球，该半球主要负责语言、写作、数学运算和逻辑推理等。知觉物体的空间关系、欣赏音乐和艺术等功能则定位于大脑右半球。

### （二）外周神经系统

外周神经系统包括脑神经、脊神经以及植物性神经。

**1. 脑神经**

脑神经共有12对，分别为嗅神经、视神经、动眼神经、滑车神经、三叉神经、外展神经、面神经、听神经、舌咽神经、迷走神经、副神经和舌下神经。在这12对脑神经中，第1、2、8对是感觉神经，第3、4、6、11、12对是运动神经，第5、7、9、10对是混合神经。这12对脑神经的名称是有序的，每一对脑神经都有固定的编号和特定的功能。

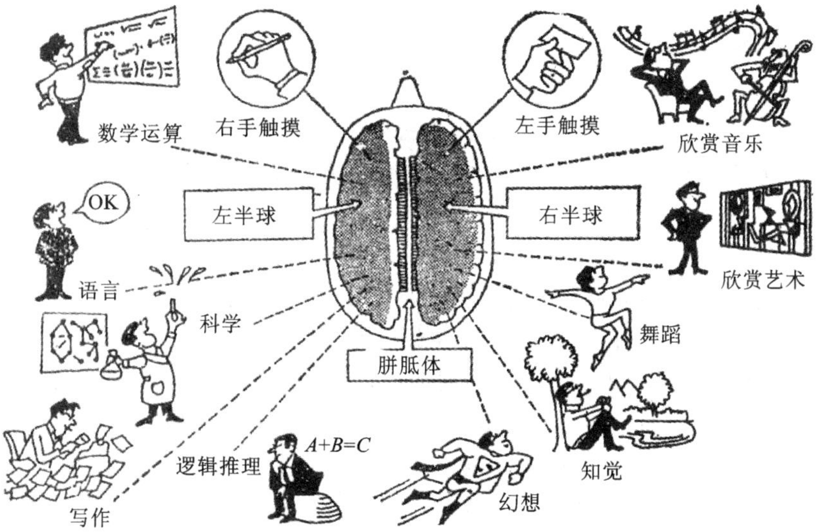


**图 2-7　大脑左、右半球的功能**①

### 2. 脊神经

脊神经与脊髓相连，共有 31 对：颈神经 8 对；胸神经 12 对；腰神经 5 对；骶神经 5 对；尾神经 1 对。每一对脊神经由前根和后根在椎间孔处合并而成。前根由脊髓前角运动神经元的轴突，以及侧角的交感或副交感神经元的轴突组成。后根由脊神经节内的感觉神经元的轴突组成，感觉神经元的树突组成脊神经的一部分，终止于各种感觉神经末梢。

脊神经的分布是有节段性的，一个节段的脊神经支配着身体一定节段的皮肤感觉和肌肉运动，因此，临床上根据出现障碍的皮肤节段，可以进行脊神经或脊髓损伤的定位诊断。

### 3. 植物性神经

植物性神经是指控制内脏活动的传出神经。植物性神经包括交感神经及副交感神经两部分。交感神经与副交感神经的作用往往具有拮抗性质，如图 2-8 所示。一般来讲，人们把交感神经看作机体应付紧急情况的机构。当人们感觉恐惧或愤怒时，交感神经会马上发挥作用，使心脏加速跳动，并命令肝脏释放更多的血糖，同时减缓消化器官的活动，从而动员全身力量以应付紧急情况。副交感神经则相反，它起着平衡作用，保证体内的各器官不会过度兴奋。

植物性神经与我们的情绪活动有着密切的关系。一般而言，交感神经引起兴奋活动，副交感神经则引起抑制活动。当我们感到恐惧、愤怒时，交感神经开始发挥作用，这时肾上腺素和去甲肾上腺素分泌增多，心血管系统发生一系列的变化，如心跳加快、血压升高、瞳孔放大等，机体处于唤醒状态。情绪活动结束后，副交感神经开始发挥作用，心跳减慢，血压降低，瞳孔缩小，机体逐渐恢复到之前的平静状态。在这个过程中，血管中的肾上腺素和去甲肾上腺素的水平逐渐降低，情绪的强度也随之逐渐降低。

① 彭聃龄：《普通心理学》，修订版，北京师范大学出版社，2004 年。

**拓展阅读**

## 愤怒情绪与去甲肾上腺素

1953 年，美国华盛顿大学精神病学专家阿兹克斯做了一个实验。他以广告的方式招募了几十名健康男女，告知他们要进行有关血压方面的生理研究，以打消他们参加实验的顾虑。正式开始实验前，研究者在这些人全身许多部位都安放了各种测量用的电极，并特别在小指尖处安放了一个极小的电极。待实验对象的情绪完全稳定后，研究者通过小指尖上的电极一点点加压。当实验对象表现出不舒服时，研究者就在他们耳边制造电流火花，然后假装惊慌地叫道："不好了，通上高压电了"，使实验对象极度恐惧。稍后，研究者又假装悄悄地说："这都是技术员的责任。"当实验对象对技术员充满敌意时，技术员盛气凌人地出场了。这时，实验对象的情绪由极度恐惧变为勃然大怒……测量显示，实验对象的愤怒情绪占主导地位时，其体内的去甲肾上腺素的含量非常高。[①]

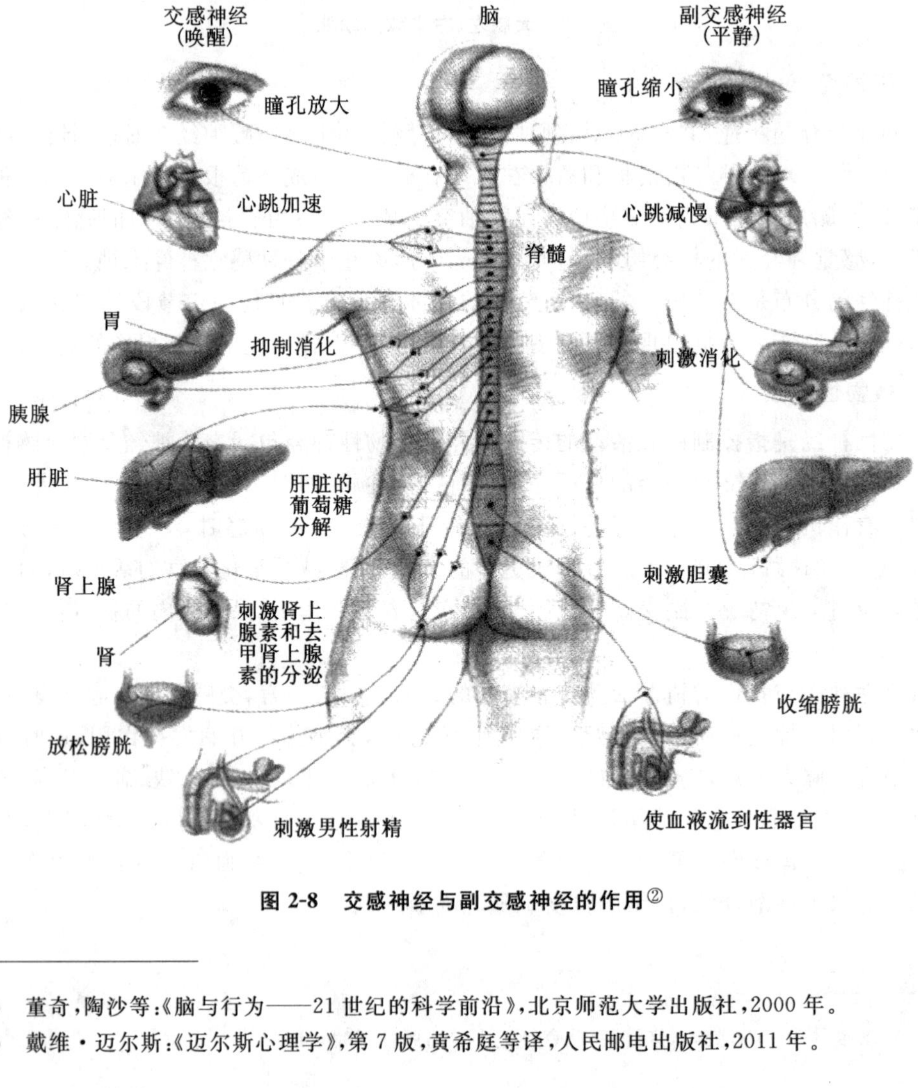


图 2-8　交感神经与副交感神经的作用[②]

① 董奇，陶沙等：《脑与行为——21 世纪的科学前沿》，北京师范大学出版社，2000 年。

② 戴维·迈尔斯：《迈尔斯心理学》，第 7 版，黄希庭等译，人民邮电出版社，2011 年。

## 三、大脑的潜能

### 1. 大脑潜能的开发有无限的空间

大脑与我们的智力有着密切的关系。大脑的表层，即大脑皮层，大约有2毫米厚，其上布满了向下凹的沟和向上凸的回，如果全部展开，其面积大约为2600平方厘米，相当于一张普通报纸的面积。大脑皮层上密密麻麻地分布着140亿个以上的神经细胞，每个神经细胞都像章鱼一样，由一个中心向外伸出数万条细小的触须(树突和轴突)，每条触须上都附着有许多细小的结节(突触)。不同的神经细胞通过结节联系在一起。在这些神经细胞周围还有1000亿个以上的神经胶质细胞，为它们提供养分和能量。每个神经细胞就其本身来讲就像一台计算机，在其细胞体及突触上，每时每刻都在不断地存储信息，并通过轴突以100米/秒的速度不断地与其他神经细胞交换信息。这样，我们的大脑就形成了一个极其庞大的"计算机"网络。如果我们能够在所有神经细胞的结节之间建立联系，那么这个"计算机"网络的通道数量将会是一个非常大的数据。

正因为如此，大脑所具有的能力简直令人难以置信。如果我们遇到一位朋友，并与他寒暄了一会儿，在这期间，我们的大脑都做了些什么呢？首先，它会在几百分之一秒的时间内，接受通过视神经传来的朋友面孔的信息，并在1/4秒的时间内，对它进行分析，综合成一个整体，然后，它会在自己的"记忆库"中搜寻有关这张面孔的信息，同时，它还会提取出种种相关的信息，如这位朋友的性格特点、兴趣爱好、思想观念，接着，我们的大脑会马上做出判断，确定下一步的行动，如露出微笑、上前握手等。在接下来的时间内，我们的大脑会不断地根据朋友的语言、神态、身体姿势等多种信息调整我们的行为，直到与朋友握手告别。所有这些活动都是在瞬间完成的。大脑处理信息的速度如此之快，即使是大型计算机也望尘莫及。

不仅如此，大脑的信息存储量也相当惊人。据专家估计，人类大脑在一生中可以存储的信息的量，相当于美国国会图书馆藏书量的50倍。

科学研究已经向人们展示：大脑的潜能具有超乎想象的可开发性。据大脑研究方面的专家估计，人类只利用了大脑不到1%的功能。这说明对于大多数人来说，大脑功能的很大部分还未来得及发挥。有人指出，如果我们能使我们的大脑发挥其一半的功能，我们就可以轻而易举地学会40种语言，将一本大百科全书背得滚瓜烂熟，还能够学完数十所大学的课程。

有一位心理学家曾这样说过："任何一个大脑健康的人与伟大的科学家之间并没有不可跨越的鸿沟，他们的差别只是用脑的程度和方式不同，这个鸿沟不但可以填平，还可以跨越，因为从理论上讲，大脑的潜能几乎是无穷无尽的。"

### 2. 大脑的开发

数千年前，古希腊最伟大的哲学家亚里士多德曾经提出这样的问题："人只有一个心脏，为什么有两个脑呢?"这个问题直到20世纪50年代才有了初步的答案。美国科学家斯佩里等人通过对裂脑人进行研究，成功地回答了这个问题：左、右脑分别以不同的方式进行思考，却又在精神活动中互相协作。

这项研究在当时产生了非常大的影响。在以后的数十年中，开发右脑的浪潮席卷了整个世界。人们认为，左脑主要负责语言、逻辑推理、数学运算等，右脑则主要负责欣赏音乐、幻想等。在日常生活中,我们更多使用的是与左脑有关的功能,右脑的功能远远没有得到充分的发挥,这就是造成我们难以全面发挥大脑功能的主要原因。

在这种情况下,人们开始采用各种办法来促进右脑功能的发挥。有人通过音乐、催眠等促进右脑功能的发挥;有人受到东方哲学的启示,采用瑜伽、气功、静坐、冥想、打禅等方法促进右脑工作;还有人发明了各种仪器,如神经电刺激仪、脑力激发器等开发右脑的潜能。

**拓展阅读**

**开发右脑的启示**

1974 年,美国的一位网球教练写了一本书《网球的内部游戏》,这本书后来引起了巨大反响。在书中,作者指出,不少运动员在练习网球时,总是没完没了地在心里对自己说话,如"跳起来接球""眼睛盯住球"等。但是,他们越这样想,实际发挥得就越差。他的解决办法是让运动员分心,即让运动员把自己的每一个动作都喊出来,比如,挥拍击球时喊"打回去",球弹回来时喊"弹回来"。采用这种办法后,许多人的球技都迅速提高了。这种办法的科学依据是摒除左脑思维的影响,从而让右脑聚精会神地工作。因为运动是右脑的基本功能,当运动员在球场上不停地思考时,实际上是以左脑的功能妨碍了右脑的工作。采取分心的办法后,可以让左脑没有时间进行思考,从而为右脑打开一条通畅的道路。

事实上,很多时候,左脑和右脑可以根据工作任务的性质轮流占据支配地位。所有训练,并不是单独针对右脑,而是通过各种手段,帮助人们更好地进行自我调节,让左、右脑都积极地工作起来。

大脑工作不仅依赖于养分的供给、能量的补充和信息的输入,还需要一定的条件。

科学家们早已发现,大脑工作的效率会受到外界环境的影响。过高或过低的气温、过大的噪声、过强的电磁波、城市废气、过暗或过亮的光线等都会对大脑工作造成不良的影响。良好的环境,尤其是自然环境,如森林、草原、海洋等,可在一定程度上有效地促进大脑工作。另外,大脑使用时间过长也会使大脑的工作效率降低。

大脑在不同的学习内容、学习方式和情绪状态下也会表现出不同的特点。有科学家发现,当我们比较两个数字的大小和进行数的运算时,大脑的活动区域会有很大的不同。当我们通过听觉和视觉进行学习时,大脑的工作状态也会有非常大的差别。当我们处于焦虑、抑郁等情绪状态时,大脑很难正常地处理信息。

如何适应大脑的工作方式,更好地利用大脑的潜能,已成为目前科学家们高度关注的问题。以计算机为核心的信息技术的兴起,为我们开发大脑的潜能指明了一条新的道路。

# 第二节　心理的内分泌学基础

## 一、内分泌系统与激素

除神经系统对机体起支配和调节作用外,还有一个重要的系统,即内分泌系统,通过分泌一些特殊的化学物质来实现对机体的控制和调节。

机体内有两种腺体:有导管的腺体和无导管的腺体。前者的分泌物通过导管流入其他导管或排出体外,此为外分泌腺,如汗腺等。后者的分泌物直接渗入血液和淋巴,进而扩散到整个机体,影响其他器官的功能,此为内分泌腺,它的分泌物称为激素。

内分泌系统对机体行为的调节与神经系统对机体行为的调节有所不同,前者作用范围广,见效慢,但效果持久,后者作用范围定位清晰,作用快且精确。机体的正常活动和内分泌系统的正常调节是密不可分的。某种内分泌腺的机能不足或亢进,分泌激素过少或过多,都会引起生理或心理活动的异常。同时,内分泌系统和神经系统的活动又是相互联系的,所有的内分泌腺的活动都会受到神经系统的控制与调节。神经系统一方面直接调节各种器官的活动,另一方面通过内分泌腺分泌的激素影响各种器官的活动,形成神经-体液调节。

内分泌系统是由许多内分泌腺组成的。人体主要的内分泌腺有垂体腺、甲状腺、胰岛、肾上腺和性腺等(见图 2-9)。内分泌系统对人体的生长、生理平衡的维持和某些心理活动起着重要的作用。

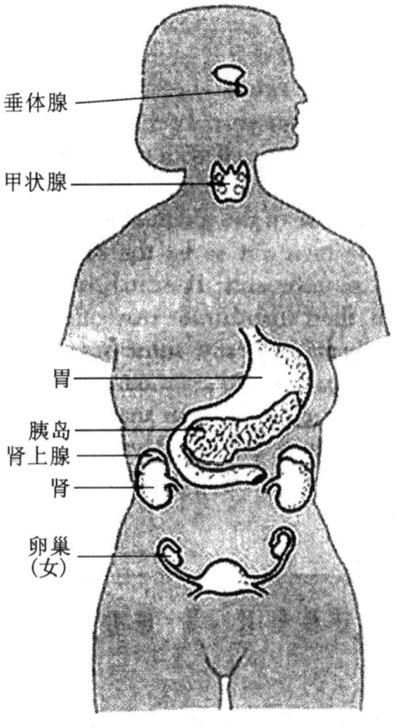


**图 2-9　人体主要的内分泌腺的分布**①

**1. 垂体腺**

垂体腺也称为脑垂体。这是因为在脑结构中,它的名称是脑垂体,后来人们发现它也是一种内分泌腺,它分泌的激素会参与到其他腺体的活动中去,因此又被称为垂体腺。

垂体腺是两个分开而又紧密靠着的腺体,分别称为垂体前叶和垂体后叶。

垂体后叶完全由下丘脑控制,它所分泌的抗利尿激素可以控制尿的分泌速度和分泌量。

① 彭聃龄:《普通心理学》,修订版,北京师范大学出版社,2004 年。

它还可以间接控制血压，并影响分娩和乳汁的分泌。由于下丘脑的作用，在一定的情绪的影响下，排尿、血压均会发生变化。分娩和乳汁的分泌也会受到情绪的影响。

垂体前叶可以分泌多种激素，也由下丘脑控制。垂体前叶分泌的一种激素有直接效应，它可以直接影响身体生长的速度和持续时间，分泌过少会引起侏儒症，分泌过多则会引起巨人症。垂体前叶分泌的其他激素则通过触发其他内分泌腺的活动，影响与那些腺体有关的生理活动。

**2. 甲状腺**

甲状腺位于气管下端两侧，左、右各一个。它所分泌的激素为甲状腺素。这种激素能促进机体的新陈代谢。甲状腺功能亢进，会使人胃口大增，病人狂吃、狂喝，但体重不增加，他们会变得十分敏感、紧张。相反，甲状腺机能不足，则使人反应迟钝，记忆力减退，容易疲劳。如果儿童甲状腺机能不足，会使发育停滞，骨骼和神经系统发育不全，表现为呆小症，患者身材矮小，智力水平较低，记忆和思维的发展不及正常的儿童。

**3. 副甲状腺**

副甲状腺为甲状腺包囊内四个卵圆形的小体。它所分泌的激素为副甲状腺激素，对保持血液和细胞内钙的浓度有重要作用。副甲状腺机能不足，会使人反应迟钝，肢体的运动不协调。

**4. 胰岛**

胰岛是胰内具有内分泌机能的结构，可以分泌胰岛素。胰岛素可以调节体内糖、蛋白质和脂肪的代谢，使体内的血糖维持在正常水平。

**5. 肾上腺**

肾上腺位于肾脏的上部，由肾上腺髓质和肾上腺皮质两部分组成。肾上腺对机体的应激状态、行为和情绪有重要的影响。

1）肾上腺髓质

肾上腺髓质分泌肾上腺素和去甲肾上腺素。

肾上腺素与植物性神经系统中的交感神经系统的活动紧密联系，它能激活机体使其处于准备应急的状态，引起出汗、心跳加快、外周血管舒张、胃肠血管收缩等现象。肾上腺素还可以作用于网状结构的某些部位，从而激活交感神经系统，再次激活肾上腺髓质分泌肾上腺素，由此形成一个循环。这就是在刺激因素消失后，情绪激动状态会持续一段时间而不能立刻消失的原因。

去甲肾上腺素具有与肾上腺素类似的作用。由于去甲肾上腺素是交感神经系统中的神经递质，所以它可以直接促进交感神经系统的活动。

2）肾上腺皮质

肾上腺皮质分泌肾上腺类固醇。它直接受垂体腺的调节。垂体前叶可以分泌促肾上腺皮质激素，在环境刺激因素的作用下，通过促肾上腺皮质激素的分泌控制肾上腺皮质活动，肾上腺皮质分泌的肾上腺类固醇在血液中的含量又会反馈到神经中枢和垂体腺，从而调节促肾上腺皮质激素的分泌。

**6. 性腺**

男性的性腺叫睾丸，女性的性腺叫卵巢，它们分泌不同的性激素。卵巢分泌雌性激素和孕激素，分别控制排卵和怀孕。睾丸分泌睾丸激素，刺激精子的产生。性腺还可以促进第二性征的发育，如乳房的发育、音调的变化等。

### 二、内分泌系统与行为

由于内分泌系统是通过分泌激素来对个体的行为进行调节和控制的，所以介绍内分泌系统与行为的关系实际上是介绍激素与行为的关系。

激素的分泌受神经系统的调节和控制，而体内激素的水平又会反过来影响神经系统，这种相互制约的关系，使得体内某些激素的分泌被控制在一个稳定的水平上。

在一个个体中，激素的分泌影响着自身的行为，而行为变化也会反过来影响激素的分泌。在不同个体之间，某一个个体的行为变化会影响另一个个体的激素分泌，这种激素分泌水平的变化又会影响它们之间的行为关系。

**拓展阅读**

**啮齿动物的交配和妊娠行为**

雄鼠与雌鼠交配的开始，是雄鼠试探雌鼠，特别是雌鼠的肛区，然后试着去骑它。雌鼠则调情式地突然从雄鼠面前跑开，然后突然停下来略将头抬起，这一动作会引起雄鼠的追逐。最后，雌鼠脊柱前凸以便于雄鼠爬背，在雄鼠爬背 8～15 次并将阴茎插入雌鼠的阴道后，雄鼠才会射精，完成交配。这种交配行为的产生，性激素是必需的，一只没有睾丸的雄鼠和一只没有卵巢的雌鼠，是不可能产生交配行为的。

另外，雄鼠在完成交配之前，必须要从雌鼠的背上下来、上去几次做阴茎的抽出和插入动作，这种行为模式对妊娠具有重要的生理意义，因为雌鼠的发情周期短，只有在雄鼠多次的爬背和插入行为提供对雌鼠下丘脑的刺激，促使其卵巢分泌足够的雌性激素后，才能使妊娠成为可能。科学家曾经做过这样的实验来证实这个问题：他们将有接纳性的雌鼠分为两组，一组与雄鼠进行正常的交配，结果大约有 90％的雌鼠怀孕了，而另一组雌鼠在交配时则限制雄鼠阴茎的插入次数仅为正常交配时插入次数的一半，结果只有 20％的雌鼠怀孕了。这说明足够的插入次数对雌鼠怀孕是必需的。这种插入的另一个作用是使精子通过子宫颈以达到受精的目的。[①]

## 第三节　心理的遗传学基础

为了理解心理的生理学基础，我们需要懂得有关遗传学的一些问题。我们知道，许多身体特征，如身高、骨骼结构，以及头发和眼睛的颜色等，都是可以遗传的。许多心理学家对心理特征的遗传非常感兴趣。

---

① 匡培梓：《生理心理学》，科学出版社，1987 年。

所有的心理特征都依赖于遗传和环境的相互作用。古老的关于遗传与环境的争论已无意义，取而代之的是探寻遗传如何影响个体的潜力，以及有利的或不利的环境因素能改变遗传潜力的程度。

## 一、染色体和基因

我们从父母那儿接受然后又传递给我们的子女的遗传单位是通过极微小的粒子携带的，这种微小的粒子称为染色体。染色体存在于人体内的细胞核中。大多数细胞核中含有46个染色体，一般来说，从父亲的精子中接受23个染色体，从母亲的卵子中接受23个染色体，这46个染色体形成23对(见图2-10)。每个染色体由许多称为基因的单个遗传单位组成。基因也是成对的，一个来自精子，一个来自卵子。我们没有办法准确计算基因的个数，因为基因与染色体不同，它们不能作为分离的粒子在显微镜下显现出来。由于基因的数量非常多，所以两个人不太可能具有相同的遗传因素。同卵双胞胎是一种例外，因为他们是由同一个受精卵发育而来的，所以他们会具有相同的染色体和基因。

基因的一种重要属性是显性或隐性。如果一对基因中的两个都是显性的，个体将显现出由显性基因所决定的特性。如果一个基因是显性的，而另一个基因是隐性的，个体将显现出由显性基因所决定的特性，隐性基因所决定的特性可能会在后代中显现出来。只有父母所给的基因都是隐性基因，子女才会表现出由隐性基因所决定的特性。

不是所有成对的基因都遵循显性-隐性的模式，人的大多数特性取决于许多基因的相互作用，而不是由单一的一对基因所决定的。

用显微镜观察时，除了第23对染色体——性染色体以外，其余的染色体，男性和女性都是一样的。第23对染色体决定个体的性别，并且带有伴性基因。正常女性的第23对染色体是两个外观相同的染色体，称为X染色体。正常男性的第23对染色体中有一个X染色体和一个与X染色体有点不同的Y染色体。正常女性的第23对染色体用符号XX来表示，正常男性的第23对染色体用符号XY来表示。

大多数细胞繁殖时，产生的细胞具有与母细胞相同数目的染色体(46个)。然而，精细胞和卵细胞却只有23个染色体，并且只能存活几天，除非精细胞与卵细胞结合。

每一个卵细胞有一个X染色体，每一个精细胞有一个X染色体或一个Y染色体。如果带有X染色体的精子与卵子结合，受精卵将带有XX染色体，这个孩子将是女性。如果带有Y染色体的精子与卵子结合，这个孩子将是男性。因此，决定孩子性别的是父亲。

## 二、染色体异常

在细胞分裂期间，有时会失去一些染色体。染色体丧失通常会导致发育着的有机体死亡，但是也有例外。例如，有些女性可能出生时只带有一个X染色体，而不是一般的XX。这种情况下，她在发育过程中可能会表现出某些特殊的认知缺陷。

有时，第23对染色体分裂时会出现异常，会产生一个额外的X或Y染色体。例如，有些男性的第23对染色体为XXY，他们虽然有阴茎和睾丸，但却带有明显的女性特征。他们的乳房大，睾丸小，并且不产生精子。

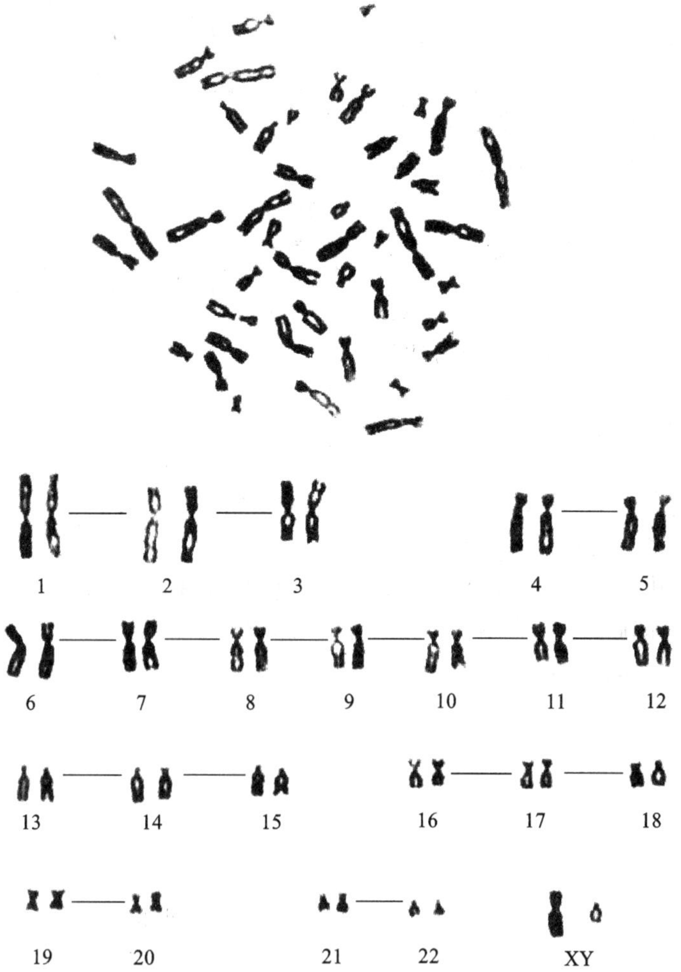


**图 2-10　人类的染色体(男)**①

除了性染色体外,其他成对染色体的数目也有可能偏离正常数目。例如,在第 21 对染色体中额外增加一个染色体,将会引起一种智力缺陷,一般称为 Down 综合征。

## 三、遗传和环境的相互作用

遗传和环境对人的心理特征都很重要,两者相互交织,相互影响。设想有两个婴儿,其中一个在遗传上更有吸引力,更合群,更随和,而另一个在这些方面不及前者。再进一步设想,第一个婴儿比第二个婴儿得到了更多的关爱和照顾,因此,第一个婴儿会成长为一个更热情、友善的人。随着两个孩子渐渐长大,第一个孩子会更多地参与各种活动并结交朋友,因此,他会比第二个孩子更自信。

是什么导致他们具有这样的差异呢? 我们不能简单地说人的心理特征百分之几取决于遗传,百分之几取决于环境,因为遗传和环境都不能单独起作用。受遗传影响的特质会引起

① 左伋:《医学遗传学》,第 4 版,人民卫生出版社,2006 年。

其他的显著反应。例如，一个具有攻击性的孩子可能会遭到老师的呵斥，而该老师与这个孩子同班同学中的模范生谈话时则会非常亲切、热情。这也有助于解释为什么在不同家庭中长大的同卵双胞胎在回忆幼年生活时会非常相似，就像他们是在同一个家庭中长大一样，而异卵双生子在回忆幼年生活时则会差异很大，哪怕他们是在同一个家庭中长大的。孩子对幼年生活会产生不同的感受，这取决于孩子本身的特质。

人是遗传和环境相互作用的产物。遗传会影响他人对我们做出反应的方式和对我们产生影响的方式。要问遗传和环境哪一个更重要，就像是在问开车时发动机和方向盘哪一个更重要一样。因此，请不要认为天性与教养互不相容，我们要记住，教养要通过天性得以实现。

## 【课后思考】

1. 解释下列名词：神经元、边缘系统、激素、染色体。
2. 中枢神经系统包括哪两大部分？
3. 大脑皮层中有哪些重要的机能区？它们各自的机能是什么？
4. 外周神经系统的结构有哪些？各有什么特点？
5. 如何开发大脑的潜能？

# 第三章

## 感觉和知觉

## 案例导入

2015 年 3 月，一张裙子的图片火遍全球，关于该裙子到底是“蓝黑色”还是“白金色”的争论持续了很长时间。为何同样一张图片在不同的人的眼里是完全不一样的颜色呢？学习完本章的内容，你将会知道答案。

# 第一节　感　　觉

## 一、感觉的概念

感觉是人对直接作用于感觉器官的客观事物的个别属性的认识。例如：我们可以通过眼睛看物体的颜色，这属于视觉（图 3-1 所示为草莓，在日常生活中，我们可以通过眼睛看到草莓的颜色为红色）；通过耳朵听物体发出的声音，这属于听觉；通过鼻子闻物体散发出的气味，这属于嗅觉。感觉的特点为：感觉反映的是当前直接作用于感觉器官的客观事物，而不是过去的或间接的事物；感觉反映的是客观事物的个别属性，而不是事物的整体属性。

图 3-1　草莓

感觉是一切较高级、较复杂的认识活动的基础，也是人的全部心理现象的基础。人的记忆、思维等复杂的认识活动，必须借助于感觉提供的原始资料。人的情绪体验，也必须依靠人对环境和身体内部状态的感觉。总之，没有感觉，一切较复杂、较高级的心理现象就无从产生。感觉是神经系统对外界刺激的反应，它和一切心理现象一样，具有反射的性质。感觉包含了感受器和效应器的活动。感受器与效应器的活动是紧密联系在一起的。

感受器能接受体内、外的各种刺激,并将其转变为神经冲动,传达到神经中枢。效应器不仅执行神经中枢发出的指令,产生各种应答性活动,而且参与获得信息的过程。它加强信息的输入,使感觉过程更合理、更有效。以视觉为例,为了得到清晰而稳定的视觉映象,不仅需要由视觉感受器提供正确的信息,而且需要神经中枢在对输入的信息进行分析后,对感受器做出反射性的调整。当观察角度、照明条件等发生变化时,神经中枢对感受器的自动化调节对保证正确地感觉外界事物有着重要的意义。

**拓展阅读**

**感觉剥夺实验**

1954 年,Bexton,Heron 和 Scott 开展了感觉剥夺实验。在实验中,主试要求被试安静地躺在实验室的一张舒适的床上,实验室内非常安静,听不到一点声音;一片漆黑,看不见任何东西;被试的两只手都被戴上了手套,吃喝都由主试事先安排好了,不需要被试移动手脚。总之,被试来自外界的刺激几乎都被剥夺了。实验开始时,被试还能安静地睡觉,但一会儿后,被试开始变得焦躁不安,觉得很不舒服,老想活动。实验中被试每天可以得到 20 美元的报酬。但即使这样,也难以让他们坚持 3 天以上。这个实验说明,来自外界的刺激对维持人的正常生存是十分重要的。

## 二、感觉的分类

根据感受器所处的位置和适宜刺激的来源,我们可以把感觉分为两大类:外部感觉和内部感觉。外部感觉的感受器位于人体的表面或接近表面的地方,主要接受来自体外的适宜刺激,反映体外事物的个别属性,主要有视觉、听觉、嗅觉、味觉等。在这些感觉中,视觉对人的认识活动的作用最大,在人接受的外部信息中,80%～90%都是通过视觉获得的,听觉次之。内部感觉的感受器位于机体的内部,主要接受机体内部的适宜刺激,反映自身的位置、运动和内脏器官的不同状态,包括运动觉(动觉)、平衡觉(静觉)和机体觉。

## 三、感觉的测量

感觉是刺激直接作用于某一感觉器官引起的,但是并不是所有刺激都能引起我们的感觉,能引起感觉的刺激是具有适当的强度的。例如,380～780 纳米范围以外的电磁波是不可见的,20～20 000 赫兹范围以外的声波是听不见的。感觉强度和刺激强度之间存在依存关系,心理学上用感受性和感觉阈限来说明这种关系。

### (一) 感受性和感觉阈限

感觉器官对适宜刺激的感觉能力叫感受性。感受性是人的感觉系统机能的基本指标。感受性的大小是用感觉阈限来衡量的。感觉阈限是指人感觉到某个刺激的存在或者变化的量。感觉阈限和感受性二者在数值上成反比关系,也就是说,感觉阈限越小,感受性越大;感觉阈限越大,感受性越小。感觉阈限是用刚刚能够引起感觉或者差别感觉的刺激量的大小来表示的。感觉阈限可以分为绝对感觉阈限和差别感觉阈限,它们分别与绝对感受性和差别感受性相对应。

### （二）绝对感受性和绝对感觉阈限

凡是达不到最小刺激量的刺激物，其刺激强度都在阈值以下，不能引起感觉，随着刺激强度的增加，人们就会产生感觉。刚刚能够引起感觉的最小刺激量称为绝对感觉阈限，对这种最小刺激量的感觉能力称为绝对感受性。绝对感受性用绝对感觉阈限来衡量，绝对感觉阈限越大，即能够引起感觉所需要的刺激量越大，绝对感受性越小；绝对感觉阈限越小，即能够引起感觉所需要的刺激量越小，绝对感受性越大。绝对感受性和绝对感觉阈限在数值上成反比关系，可用公式表示为 $E=I/R$，式中，$E$ 为绝对感受性，$I$ 为标准刺激的强度，$R$ 为绝对感觉阈限。

过去，人们曾经把绝对感觉阈限理解为一个固定的刺激量，超过这个数量，就能引起人的感觉；低于这个数量，人就不能察觉到刺激的存在，也就不会对它有任何反应。实际上，绝对感觉阈限不是绝对不变的，在不同条件下，同一感觉的绝对感觉阈限可能会因为受到的刺激的强度和持续时间的不同，以及个体注意力和年龄的不同而存在差异。

### （三）差别感受性和差别感觉阈限

刺激物的刺激强度会发生变化，但是并不是任何变化都能够被感觉到，只有当刺激变化到一定量时，我们才能感觉到差别。能引起差别的刺激的最小变化量称为差别感觉阈限，对差别感觉阈限的感觉能力称为差别感受性，二者在数值上也成反比关系。

### （四）信号检测论

信号检测论（signal detection theory，SDT）是针对反应偏差问题的一种系统研究方法。信号检测论并不严格地关注感觉过程，而是强调刺激事件出现与否的判断决策过程。尽管经典心理物理学提出了单一的绝对感觉阈限的概念，但是信号检测论区分出了两个独立的过程：①最初的感觉过程，反映观察者对刺激强度的感受性；②随后独立的决策过程，反映观察者的反应偏差。

## 四、感受性的变化规律

### （一）感觉适应

同一感受器在刺激物的持续作用下，其感受性发生变化的现象叫感觉适应，如明适应（如从电影院出来时，开始会觉得光线很刺眼，但很快就恢复正常了）、暗适应（如从阳光照射的室外走入电影院，或在夜晚从明亮的室内走到室外时，都会发生暗适应）等。在各种感觉中，视觉、嗅觉、味觉适应特别显著。

### （二）感觉对比

同一感受器由于受到不同的刺激而使感受性发生变化的现象叫作感觉对比。感觉对比有同时对比和先后对比两种。同一感受器同时接受两种刺激的作用而产生的对比叫作同时对比。一般情况下，同一种颜色被放在较暗的背景上时看起来亮一些，被放在较亮的背景上时看起来暗一些(见图 3-2),而怀特效应描述的情况则刚好相反(见图 3-3)。先后对比是指同一感受器先后接受不同刺激的作用而产生的对比。例如,刚喝过糖水再吃西瓜就会觉得西瓜不怎么甜。

图 3-2　一般情况下的明暗对比

图 3-3　怀特效应

**拓展阅读**

### 怀特效应

1979 年,迈克尔·怀特发现了一种错觉现象。如图 3-3 所示,左侧灰条的亮度看起来超过右侧灰条的亮度,实际上,所有灰条的亮度都是一样的。在图 3-3 中,被白色包围的灰条看上去更亮,被黑色包围的灰条看上去更暗。迄今为止,怀特效应背后的大脑机制仍旧是一个谜。

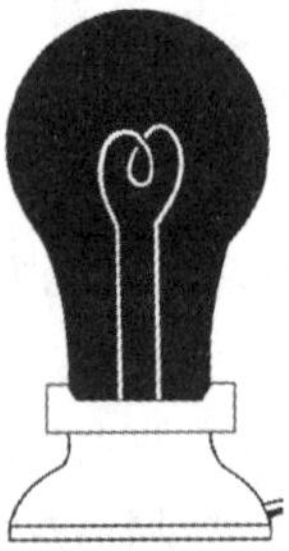

图 3-4　灯泡

### (三) 感觉后效

刺激物对感受器的作用停止后,感觉现象并不会立即消失,而是会保留短暂的时间,这种现象称为感觉后效。例如,注视图 3-4 所示的灯泡 30 秒以上,然后看白色背景,会看到一个发亮的灯泡。各种感觉后效中,痛觉后效特别显著,视觉后效也很显著。视觉后效也叫后像,后像有正负之分,与刺激物的品质相同的后像叫正后像,与刺激物的品质相反的后像叫负后像。

### (四) 闪光融合

闪光融合是与视觉后效相联系的一种视觉现象,是指当持续作用的光刺激达到一定频率时,感觉到的不再是断续刺激而是连续刺激。例如,使用交流电的日光灯,虽然每秒钟闪很多次,但我们并没有感觉到光是断断续续的。又如,电影院放映的电影是以极快的速度放映一张张图片,由于闪光融合,我们感觉到这些画面是连续的。

### (五) 不同感觉的相互作用

感觉并不是孤立的,感觉之间相互影响,相互作用。不同感觉之间的相互作用是指一种感觉器官受到刺激而引起另一种感觉器官产生感觉或者感受性发生变化的现象。通常的情况是对一种感觉的弱刺激会提高另一种感觉的感受性,而对一种感觉的强刺激会降低另一种感觉的感受性,如弱光刺激可以提高听觉感受性。极端的表现是感觉补偿。感觉补偿是指人的某种感觉能力丧失后,为了适应生活的需要,其他感觉能力会得到特别的发展。例如，盲人虽然丧失了视觉能力，但其听觉能力和触觉能力得到了特别的发展。

对一种感觉器官的刺激作用触发另一种感觉的现象，在心理学上被称为联觉。最常见的联觉是色-听联觉，即对色彩的感觉能引起相应的听觉。色觉又兼有温度感觉。例如：红色、橙色、黄色会使人感到温暖，因此这些颜色被称为暖色；蓝色、青色、绿色会使人感到寒冷，因此这些颜色被称为冷色。语-色联觉是指某些词汇能引起相应的色觉。人们在绘画、建筑、环境布置、图案设计等活动中经常利用联觉现象以增强相应的效果。

**拓展阅读**

**多感觉整合**

在日常生活中，我们利用多种感觉信息(如视觉信息、听觉信息、嗅觉信息、触觉信息等)对外部世界进行感知。例如，一列火车从我们身边驶过时，不仅会传递视觉信息、听觉信息，而且会通过带动空气运动传递触觉信息。人们在对复杂的外部环境进行感知时，各种感觉器官都会接收到大量的信息，包括视觉信息、听觉信息、嗅觉信息、触觉信息等。虽然人们接收到的是不同信息源从不同的感觉通道输入的信息，但是并没有将世界感知为支离破碎的各种形状、颜色、方向、距离、声音、气味和材质。这些从不同的感觉通道输入的信息，似乎是冗余的。然而，大量的行为研究结果却显示，对于同时呈现的多种感觉信息的判断更准确，响应更快速。这种将来自多种感觉通道的冗余信息有效地整合为统一、连贯、稳定的知觉信息的现象，称为多感觉整合。未来的研究应致力于建立更加合理的实验范式和数据分析方法来探讨整合加工的脑区机制，把多感觉整合研究进一步延伸到更加复杂的领域。

# 第二节　知　觉

## 一、知觉的概念

上一节我们讨论了感觉。感觉是指人对事物的个别属性的认识。但是，在我们的日常生活中，要完整地认识事物，仅靠个别属性是不可能完成的，我们不仅要认识事物的个别属性，还要认识事物的整体，了解它的意义。比如，我们在认识一个苹果时，单单通过个别属性，比如红色的外表或者甜甜的味道，我们无法判断它是苹果，因为红色的外表也可能是气球，甜甜的味道也可能是糖。所以，我们只有将一些个别属性整合起来，并结合过去的经验，才能形成对事物的准确认识。

简单来说，人通过感官得到了外部世界的信息。这些信息经过人脑的加工(综合与解释)，使人产生了对事物的整体认识，并了解了它的意义，这就是知觉。换句话说，知觉是人对直接作用于感觉器官的客观事物的各个部分和属性的整体认识。例如，看到一张桌子，听到一首乐曲，闻到一种菜肴的芳香，并知道这些事物的意义就是知觉现象。又如之前提到的苹果，感觉到苹果的颜色、香味、硬度和甜味等个别属性后，再对感觉到的个别属性信息进行综合，加上知识、经验的参与就形成了对苹果的整体认识，这种信息整合的过程就是知觉。整体性和意义性是知觉的两个重要特性。

知觉是在感觉的基础上产生的，它是对感觉信息的整体反映，但它不是个别感觉信息的简单加和。例如，当我们看到一个正方形时，我们看到的是四条直线，但是，我们把对四条直线的感觉信息加在一起，并不等于知觉到一个正方形。知觉是按一定方式来整合个别的感觉信息，形成一定的结构，并根据个体的经验来解释由感觉提供的信息。它比个别感觉信息的简单相加要复杂得多。我们平常看到的不是个别的光点、色调或线段，也不是一大堆杂乱无章的刺激特性，而是由这些特性组成的有结构的整体，如房屋、树木、花草、人物等，刺激物的属性或特性，总是作为一定的事物的属性或特性而存在。这些属性或特性与一定的客体相联系，并具有一定的意义。

知觉和感觉的另一个不同之处是，知觉不仅受感觉系统生理因素的影响，而且极大地依赖于一个人过去的知识和经验，受人的各种心理特点，如兴趣、需要、动机、情绪等的制约。知觉是在人的实践活动中发展起来的，因此，知觉的产生不仅需要具体的客观对象的刺激作用，还需要借助于过去的经验和知识的帮助。

知觉之所以不同于感觉并高于感觉，还在于知觉一般需要各种感觉系统的联合活动。现代神经心理学的研究表明，知觉过程是一个复杂的机能系统，这个系统依赖于许多皮层区域的完整复合体的协同活动。

知觉作为一种活动过程，包含了互相联系的几种作用：觉察、分辨、确认。觉察是指发现事物存在，但尚未搞清楚它是什么；分辨是指区分事物的属性；确认是指利用已有的知识、经验和当前获取的信息，确定知觉的对象是什么，并将其纳入一定的范畴。

## 二、知觉的加工方式

知觉的加工方式有两种：自下而上加工和自上而下加工。

自下而上加工指对来自具体刺激的材料进行加工，也称为数据驱动加工，即知觉依赖于直接作用于感官的刺激物的特性。例如：形状知觉依赖于物体的原始特征和线条朝向；颜色和明度知觉依赖于光的波长与强度。

自上而下加工指人在从事知觉活动时运用已有的知识和经验对当前的信息进行加工，也称为概念驱动加工。知觉者对事物的需要、兴趣和爱好，对活动的预先准备状态和期待，以及过去的知识和经验都会在一定程度上影响知觉的过程和结果。

## 三、知觉的分类

根据知觉过程中起主导作用的感觉，可以把知觉分为视知觉、听知觉、肤知觉、嗅知觉、味知觉等。例如：对物体的形状、大小、距离和运动的知觉属于视知觉；对声音的方向、节奏、韵律的知觉属于听知觉。在这些知觉中，除了起主导作用的感觉以外，还有其他感觉成分的参与。例如：在物体形状和大小的知觉中，常常有触觉成分的参与；在声音的知觉中，常常有视觉成分的参与。

根据知觉过程中意识的参与程度，可以将知觉分为阈上知觉和阈下知觉。研究发现，当刺激没有被个体意识察觉时，也能对个体的行为产生影响，即个体可以在低于知觉阈限的情况下对刺激进行加工。盲视是阈下知觉的一个实例。盲视病人认为自己什么都看不见，但是如果强迫他们指出视野中的一个光源，他们通常能很准确地指出来，这说明他们能利用残余的视觉系统定位，但是他们丧失了对视觉经验的知觉能力。

目前对于知觉的比较全面的分类，是根据人脑所认识的事物的特性，把知觉分为空间知觉、时间知觉和运动知觉。

### （一）空间知觉

空间知觉是对物体的形状、大小、远近、方位等空间特性的知觉。它是多种分析器协同活动的产物。

**拓展阅读**

#### 蝙蝠的回声定位

蝙蝠的回声定位是自然界的一大奇迹。蝙蝠发出声音，声音冲击着环境中的物体，然后弹回给蝙蝠，借助于回声所提供的信息，蝙蝠能避开飞行途中的障碍，并能鉴别和捕获猎物。研究发现，蝙蝠发出声音和接受回声可能是它们形成飞行技巧的基础。实验者所探测到的声音，只是蝙蝠发出的一种微弱的咔嗒声，这种声音，人们几乎是听不到的，这种声音却有足够的力量来冲击环境中的物体，并提供信息使蝙蝠灵巧地活动。

我们的双眼如同照相机，投射在视网膜上的映象是倒置的，但是我们并不感到外部的世界是一个颠倒的世界，这是为什么呢？19 世纪末，施特拉顿做了一个著名的实验。他设计了一种能将映象旋转 180°的眼镜。戴上眼镜后，外界的一切事物都颠倒了。开始，他非常不适应这种情景，视觉和触觉、动觉之间发生了矛盾。例如：想拿上方的东西，手却伸向下方；想拿左边的东西，手却伸向右边；写字时不能依靠视觉而只能依靠触觉和记忆来写。这种异常的体验，还使他感到头痛、恶心。但是 8 天以后，视觉逐渐与触觉、动觉协调起来，他不再感到外部的世界是一个颠倒的世界，他能够比较好地适应新的空间关系，周围的景象看起来也正常了。但是摘掉眼镜后，他又重新经历了适应空间关系的过程。实验表明，对客观世界的空间知觉并不是天生就有的，而是通过后天的学习获得的，是对许多通过感觉器官所得到的信息，如视觉信息、触觉信息、动觉信息等，进行综合分析以后产生的。在空间知觉中，视觉起主要作用。

**拓展阅读**

#### 线条透视与距离知觉

当我们观察被摄对象时，对象的轮廓线条或许多物体纵向排列形成的线条，越远越集中，最后消失在地平线上，这种现象叫作线条透视。线条透视能帮助我们知觉对象的距离。如图 3-5 所示，我们可以通过线条透视现象知觉火车的距离。

### （二）时间知觉

时间是物质现象延续性和顺序性的表现。时间知觉正是人脑对这种延续性和顺序性的

图 3-5 线条透视与距离知觉

反映。时间知觉包括四个方面的因素：时间确认、时间分辨、时间预测、持续时间的估量。影响时间知觉的因素主要是感觉通道的性质、一定时间内事件发生的数量和性质、人的态度和兴趣等。

时间知觉通常是通过某种媒介进行的，要借助于一定的线索来实现。例如：依靠时钟和日历来判断时间；在没有计时工具的情况下，根据自然界的周期现象，如昼夜的循环交替、季节的变化等来估计时间；在不具备上述条件的情况下，依靠体内的生物钟来估计时间。人体内部的生物钟以及自然界中的各种节律性的变化都是由宇宙节律所决定的，可以说宇宙间万物的变化都是有节律的，这些节律性的变化时刻都在影响着人们，成为人们估计时间的依据。人对时间的估计，即对时间长短的判断可以分为两种，一种是直接靠知觉对"现在"时间间隔的判断，一种是靠回忆对过去持续时间的估计。所谓"现在"，指的是人在主观上感知到的一种心理上的时间，由于物理上继起的几个事件可以在心理上被感知为是同时发生的，所以它们在心理上被认为是现在发生的一个事件，这种心理体验上的时间就是心理上的"现在"。这种心理上的"现在"的时间长度一般为 1/6～3 秒，短于 1/6 秒的时间，人们感知不到它的长度，被称为"瞬间"，长于 3 秒的时间，人们一般要靠回忆来估计它的长短。

### （三）运动知觉

运动知觉是对空间中的物体的运动特性的知觉。它与物体运动的速度、运动物体离观察者的距离，以及观察者本身的状态等有关。运动知觉与时间知觉和空间知觉有着不可分割的关系。

我们周围的事物是在不断运动着的，例如，鸟在飞，鱼在游，火车在行驶，河水在流动等。物体的运动特性直接作用于大脑，为人们所认识，这就是运动知觉。运动知觉对动物和人的适应性行为有重要意义。有些动物（如青蛙）只能知觉运动的物体，它们对静止的东西没有反应。运动知觉为动物提供了猎物和天敌来临的信号。山鹰捕兔、巨蟒吞鼠等捕食活动不仅依赖于对猎物的形状、方向、距离的感知，而且依赖于对猎物的运动速度的正确知觉。正确地估计物体的运动及运动速度，也是人类生活和工作的重要条件。行人在过马路时，既要估计来往车辆的距离，也要估计它们行驶的速度。运动员在球场上传球和接球，也离不开对球的运动速度的正确估计。

运动知觉是十分复杂的，实际运动的物体可以被知觉为不动的，实际不动的物体也可以被知觉为运动的，所以一般按照人所知觉到的各种运动现象的形成条件，将运动知觉分为真动知觉、似动知觉等。

**1. 真动知觉**

真动知觉是观察者处于静止状态时，物体的实际运动连续刺激视网膜上的各点所产生的物体在运动的知觉。它是由真正运动的物体引起的知觉。

**2. 似动知觉**

似动知觉是指在一定的条件下，人们把客观静止的物体看成是运动的，或者把客观上不连续的运动看成是连续的运动。似动知觉是一种错觉性的运动知觉。

## 四、知觉的规律

人对客观事物的知觉，受主观和客观条件的影响，有其特殊的规律。知觉过程的心理规律可以归纳为知觉的四个基本特性，即知觉的整体性、知觉的选择性、知觉的理解性和知觉的恒常性，它们保证了人们对客观事物的认识。

### （一）知觉的整体性

知觉的整体性是指人们根据自己的知识和经验把直接作用于感官的客观事物的多种属性整合为一个统一的整体。

知觉是在知识和经验的基础上对感觉信息的整合过程。当我们感知一个熟悉的对象时，只要感觉了它的个别属性或主要特征，就可以根据以前的经验知道它的其他属性和特征，从而从整体上知觉它。如图 3-6 所示，人们很容易知觉出三角形和四边形，即知觉的对象具有不同的属性，由不同的部分组成，人们在知觉的过程中并不是把对象感知为个别的孤立的部分，而是把零散的对象知觉为一个整体。如果感知的对象是不熟悉的，人们就会以感知对象的特点为转移，将它组织成具有一定结构的整体。这种现象叫作知觉的整体性或知觉的组织化。它具体表现在以下几个方面。

**图 3-6　左侧三个点，右侧四个点**

**1. 整体优先的知觉原则**

进行如下实验：向被试短暂地呈现由许多小字母“H”和“S”组成的大字母“H”和“S”（见图 3-7），被试的反应分为局部反应和整体反应。在局部反应中，要求被试判断小字母；在整体反应中，要求被试判断大字母。结果发现，当被试判断小字母时，如果小字母与大字母不一致，被试的反应时将变长；相反，当被试判断大字母时，被试的反应时不受组成大字母的小字母的影响。勒温将这种现象称为整体优先，即整体水平的加工优先于局部水平的加工。可见，在提取事物的细节信息之前，我们对事物的整体可能已经有了粗略的了解。

**2. 部分依赖于整体**

人对事物部分的知觉依赖于人对事物整体的知觉，部分在整体中才有确定的含义。如

图 3-8 所示，中间的图形如果处在数字序列中，就会被知觉成“13”；如果处在字母序列中，就会被知觉成“B”。

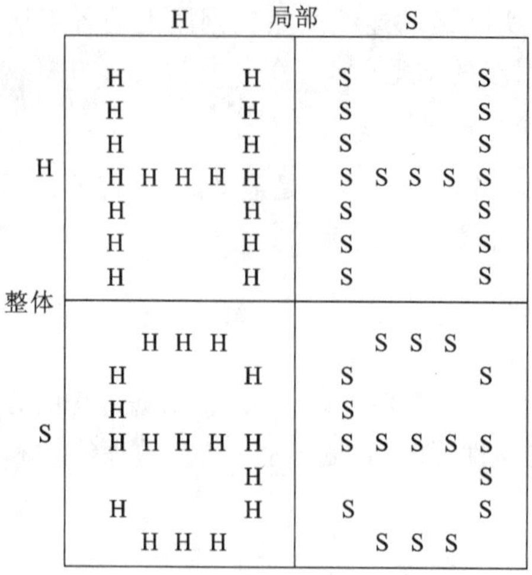


图 3-7　整体与局部的实验

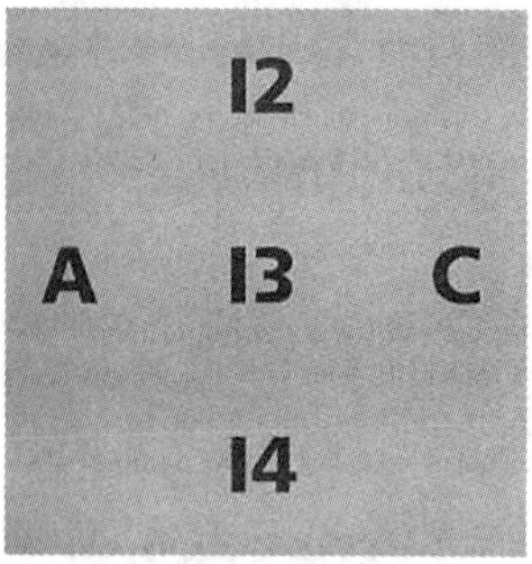


图 3-8　部分依赖于整体

**3. 整体大于部分之和**

当你驾车经过一个十字路口，看到一个被树木挡住的不完整的标志时，你能否立刻知道它的含义？回答是肯定的。在整体知觉中，刺激物各组成部分之间的关系起着重要的作用。有时，刺激物的个别部分改变了，但各部分之间的关系不变，仍能保持整体的知觉。知觉的整体性不仅与客观事物本身的特性密切相关，而且与知觉者的主观状态有关，特别是一个人的知识和经验，可以为当前的知觉活动提供补充信息。尽管有些刺激物在客观上是不完整的，但是人能从主观上全面地知觉它，即客观上的缺失，能在人的主观上弥补起来。

### （二）知觉的选择性

观察图 3-9，你能看到少女还是老妇？观察图 3-10，你能看到花瓶还是侧影？知觉的选择性是指人们根据当前的需要，将客观刺激物有选择地作为知觉对象进行加工的过程。人们在知觉客观世界时，总是有选择地把少数事物当成知觉对象，而把其他事物当成知觉背景。例如，在课堂上，教师的声音成为学生的知觉对象，而周围环境中的其他声音便成为知觉背景。知觉对象和知觉背景之间的关系是相对而言的，也就是说，知觉对象并不是一成不变地固定在某些知觉背景上，知觉对象和知觉背景之间不断地发生着转换，以保证有意义的事物成为知觉对象。知觉对象与知觉背景不仅相互转换，而且相互依赖。人知觉某一对象，不仅受对象本身的特点的影响，而且受对象所处的背景的影响。这一点对了解知觉过程有重要意义。如果教室内很安静，那么即使教师用很小的声音讲课，学生也能听清楚；相反，如果教室内的噪声很大，那么教师用相同大小的声音讲课，学生就听不清了。可见，在不同的知觉背景下，人们对同一对象的知觉可能是不同的。人们的知觉是由知觉对象和知觉背景的相互关系来决定的。

一般来说，知觉对象的选择与下列因素有关。

（1）客观刺激物本身的特点。强度大、对比明显的客观刺激物，容易成为知觉对象；在

图 3-9　少女还是老妇？

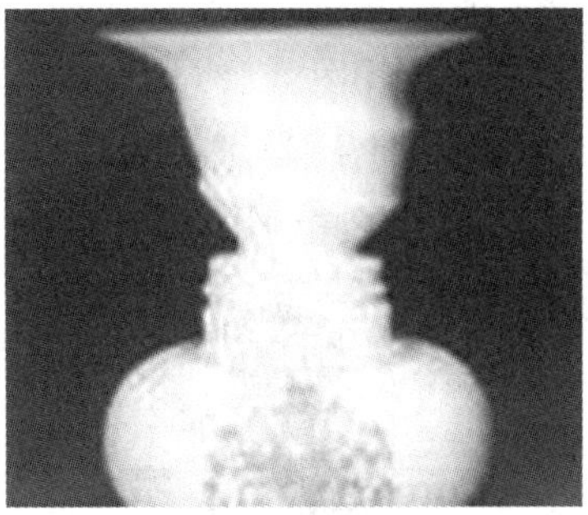

图 3-10　花瓶还是侧影？

空间上接近、在形状上相似的客观刺激物容易成为知觉对象；在相对静止的背景上，运动着的客观事物容易成为知觉对象。

(2) 知觉者的主观因素。知觉者的需要与动机、愿望与要求、目的、任务、兴趣、爱好、已有的知识和经验等，都是将对象从背景中区分出来的重要主观条件。例如，“樵夫进山只见柴草，猎人进山只见禽兽”就形象地说明了主体的需要对知觉选择性的影响。

知觉的选择性在我们的生活中也时常可以遇到。例如，某人早晨起床后发现眼皮跳得厉害，于是判断今天可能会发生一些不顺心的事情。一天下来，他碰到了十件事，有三件事是不太顺心的，于是，他便认为自己真的今天运气不好。他没有认识到今天还有七件比较顺心的事，是因为他早上的判断使他只会选择在意那些不顺心的事。

### (三) 知觉的理解性

知觉的理解性是指人们以知识、经验为基础对感知的事物进行加工和处理，并用语言加以概括且赋予其意义的加工过程。知觉的这一特性可以用图 3-11 所示的隐匿图形来解释，当人们第一眼看到这张图片时，他们不是仅仅观看图片上的这些黑白斑点，而是力求理解这些斑点的关系，提出种种假设，并对它做出合理的解释。例如：“这是一片雪地吗？”“雪地上有什么？”“这里好像有一只动物。”“它是什么？”“是熊吗？”“不是。”“是狼吗？”“不是。”“是狗吗？”“哦！我想起来了，它是一只生活在北极的狗。”在这里，知觉的理解过程是非常明显的。人们根据知觉对象提供的线索，提出假设，检验假设，最后做出合理的解释。当知觉的对象是我们熟悉的事物时，我们就会把它纳入一定的范畴之内。

图 3-11　隐匿图形

知觉者在知觉一个事物时，与该事物有关的知识和经验越丰富，对它的知觉就越迅速、越准确，对它的认识就越深刻、越完善。研究表明，知觉者对知觉对象的理解受到以下因素的影响。

(1) 语言的指导作用。在环境复杂、对象特征不明显时，语言可以唤起人的经验，帮助人理解。例如，在旅游时，一些自然景物一旦被赋予名称，人们就会觉得越看越像。

(2) 个人的知识和经验。知识和经验不同,对知觉对象的理解也不同。例如:如果先看图 3-12(a),再看图 3-12(b),则容易将图 3-12(b)理解成一个萨克斯吹奏者;如果先看图 3-12(c),再看图 3-12(b),则容易将图 3-12(b)理解成一位妇女的面孔。知识和经验越丰富,理解就越深刻,对事物的知觉也就越完整、准确。

(a) (b) (c)

图 3-12 萨克斯吹奏者与妇女的面孔

(四) 知觉的恒常性

知觉的恒常性是指人们的知觉映象在一定范围内不随知觉条件的改变而变化,而是保持相对稳定的特性,包括形状的恒常性、大小的恒常性、明度的恒常性和颜色的恒常性。由于知觉对象的形状、大小、明度、颜色等特性的主观映象与对象本身的关系并不完全服从物理学的规律,而是在经验的影响下保持一定的稳定性,所以知觉映象往往不受观察条件,如角度、距离等的影响。这种稳定性可以使人们在不同的情况下始终按事物的真实面貌来反映事物,从而可以保证人们根据客观事物的实际意义来适应环境。

**1. 形状的恒常性**

当我们从不同的角度观察同一物体时,物体在视网膜上投射的形状是不同的,但是,我们知觉到的物体的形状并没有发生很大的变化,这就是形状的恒常性。如图 3-13 所示,在这扇窗从关闭到打开的过程中,尽管这扇窗在我们视网膜上投射的形状各不相同,但是我们始终觉得它是长方形的。

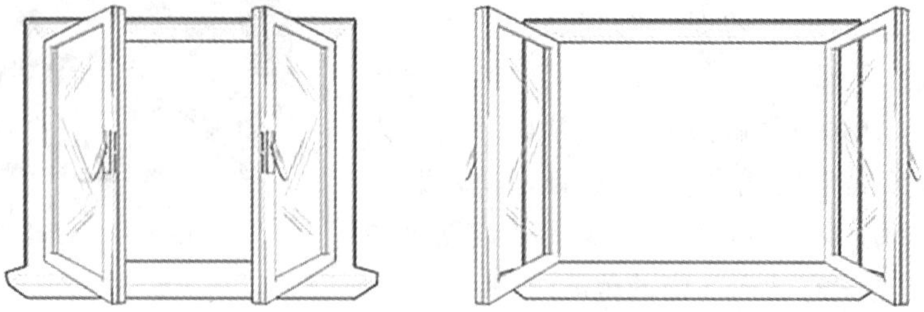

图 3-13 从关闭到打开的窗

**2. 大小的恒常性**

当我们在不同距离处观察同一物体时,物体在视网膜上投射的大小是不同的,但是在实际生活中,我们知觉到的物体的大小并没有发生很大的变化,这就是大小的恒常性。如图

3-14 所示，当我们观察远近不同的同一个苹果时，尽管它在我们视网膜上投射的大小会发生变化，但是我们对它的知觉映象并不会跟着发生变化。

图 3-14　远近不同的同一个苹果

**3. 明度和颜色的恒常性**

当照明条件改变时，人们知觉到的物体的相对明度和颜色保持不变的特性，叫明度和颜色的恒常性。例如，人们无论是在阳光下还是在月色下看白墙，都会把白墙知觉为白色的。

## 第三节　感知规律在教学中的应用

感知规律可以被广泛地应用于建筑、艺术设计、市场营销、医疗、教育等领域，这里重点介绍其在教学过程中的应用。

### 一、目的律

在知觉活动发生前以简练的语言或其他方式使学生明确知觉的任务、要求、目的，可以帮助学生迅速完成知觉定向，形成心理期待，增强求知欲，这对激发学生更高级的心理活动（如记忆、思维等）起着导向的作用。老师在教学过程中，可以采取以下方法。

（1）每节课开始前，向学生阐释本节课所讲授的知识的意义与价值，并提出明确、具体的目的、任务、要求。

（2）运用实物演示、动手操作、创设情境等方法激发学生的学习兴趣。

（3）运用小故事、寓言、笑话、亲身经历等手段设置悬念，让学生产生“欲罢不能，非知不可”的求知状态。

（4）一般，学生熟悉、喜欢、热爱的事物更易触动学生的情感。老师在课堂上所列举的事例应尽量贴近学生的生活实际，并且应当是学生感兴趣的。

### 二、强度律

刺激物是产生感知的动因，而刺激物成为动因的条件之一是具有适当的强度。刺激物只有达到适当的强度（物理强度和生理强度），才能被人们感知到。因此，在教学中，无论是挂图还是教师的声音，都不能太小，一定要让全班学生都能看清楚、听明白。

由于感知对象各要素的强度不同，所以各要素的感知效果存在差异。强度较大的要素可以掩盖那些强度较小的要素，因此，在教学过程中，老师要注意突出那些强度较小但是很重要的要素。除了刺激物的绝对强度外，刺激物的相对强度也会影响感知效果。例如，在喧闹的教室里，老师即使用很大的声音讲课也不会引起学生的注意，而在安静的课堂上，老师即使用很小的声音讲课，学生也能听得很清楚。因此，老师要注意课堂纪律，使课堂保持必要的安静。

## 三、差异律

被感知的事物，必须与它的背景有所区别。一般来说，差异性越大，对象就越容易被感知到。如图 3-15 所示，晴朗夜空中的月亮比多云夜空中的月亮更容易被人们感知到。老师在批改作业时用红笔，其目的就是使感知对象更突出，增强感知效果。根据这一规律，教师在讲课时不能平铺直叙，要重点突出，声音要有变化，在朗读时声音要有起伏，必要时甚至可以突然停下来，在写板书时可用不同的字体或彩色粉笔将主要内容标示出来，以引起学生的注意。

图 3-15　晴朗夜空中的月亮与多云夜空中的月亮

对于差异律在教学中的运用，要注意以下几个问题：第一，应增强感知对象与感知背景之间的对比，以增强感知效果；第二，要贯彻独占原则，以避免无关要素的干扰；第三，要根据需要增强感知对象的活动与变化，以避免单调的刺激使感官的反应性降低。

## 四、组合律

刺激物的不同组合会产生不同的感知效果。一般来说，接近的、相似的、闭合的、连续的刺激物的组合更容易形成整体的知觉。在教学过程中，在空间上接近就是要做到事先妥善设计板书的位置、顺序、式样等，使学生一目了然；在内容上接近就是要做到讲课条理清楚、层次分明，注意归纳和总结；相似是指讲课和写板书时应该类别清楚；闭合是指讲课时要注意范围，不能无边无际；连续是指讲课时要有系统性。

## 五、协同律

由于客观事物常常是具有多种属性的复合刺激物，因此，我们对客观事物的感知常常是通过多种分析器协同活动实现的。研究表明，在接受知识方面，看到的比听到的印象更深。

单纯靠听觉，一般只能记住15%；单纯靠视觉，一般能记住25%；若是又听又看，则能记住65%；如果在此基础上再加上其他分析器的作用，则效果会更好。

在教学过程中，老师应注意让学生同时或交替使用多种感官感知对象，要求学生不仅要用心听，还要用眼看，用手触摸，用头脑思考，也就是平常所说的眼到、耳到、口到、手到、心到，如图3-16所示。好的多媒体课件图文并茂、声音悦耳、色彩鲜艳、画面活泼，容易吸引学生，激发他们的求知欲，从而产生良好的感知效果。

图3-16 使用多种感官感知对象

## 六、活动律

由于活动、变化的刺激物，比不活动、无变化的刺激物更容易引起人们的注意，所以在相对静止的背景上，恰当地使刺激物呈现出活动、变化的状态，可以增强感知效果。在教学中注意使用活动性教具，讲课和朗读时注意声调的抑扬顿挫，并配合适当的手势和动作，可以达到增强感知效果的目的。当然，这并不是说讲课时活动的要素越多越好，活动的要素太多，会分散学生的注意力，对教学起消极作用。

## 七、新奇律

新奇的东西容易被选择为感知对象，因此在教学中要尽量避免出现与教学内容和教学方法无关的新奇刺激，防止分散学生的注意力。例如，教室里不宜张贴过多的画片，教师的穿着不能过于奇异，上课开始不应该把直观教具摆在讲台上或挂在黑板上。同时，要创造条件，使与教学有关的刺激尽量新奇，例如，教学内容要新奇，教学方法要多样。当然，正确反映客观现实的科学和艺术本身就是很生动的，不论是内容还是方法，都不能为新奇而新奇，而应该围绕着有助于完成教学任务、达到教学目的这一中心创设新奇的情境。

## 八、变式律

变式律是指不断变换感性材料的呈现形式，使感知对象的本质属性不变而非本质属性不断变化，以便排除非本质属性的干扰，从而更好地突出感知对象的本质属性。知觉映象不会随知觉条件的改变而变化，而是会保持相对稳定。这可能是有利的，也可能是不利的。为了避免形成错误的知觉定式，应尽可能在一定范围内提供多样化的感性材料，丰富知觉映象。

将这一规律运用到教学中，就是不仅要让学生感知感性材料的标准形式，而且要让学生感知感性材料的变式，特别要注意让他们利用变式进一步认识所学内容的本质属性，从而为后面知识的理解提供可靠的依据。

对于变式律在教学中的运用，应注意以下事项：第一，把握好利用变式的时机——概念基本形成之后，教师在刚刚讲授某一概念时，不应马上利用变式，因为那样会对学生产生干扰，影响正确概念的形成；第二，将课本知识生活化。

## 【课后思考】

1. 感受性的变化规律有哪些？
2. 知觉的规律有哪些？
3. 举例说明知觉的基本特征。
4. 举例说明感知规律在生活中的运用。

# 第四章

## 注意与意识

### 案例导入

在生活中，我们可能都有过这样的经历：专心致志地学习，完全没注意到窗外发生了什么；眼睛盯着黑板，心里却想着两天前的春游；从奇怪的梦中醒来后，为梦中的情绪所困扰；在睡梦和清醒之间，我们甚至怀疑哪个才是真实的世界；跟着瑜伽老师练习冥想，好像自己的内心慢慢变得平静……这些都是我们在日常生活中可能会经历的意识状态。我们该如何解释它们呢？

# 第一节　注意概述

## 一、注意的概念

注意是人的心理活动对一定事物的指向和集中。它不是一个独立的心理过程，而是伴随着其他心理过程（如感知觉、记忆、思维、想象等）而产生的一种心理现象。

注意具有两个基本特征：指向性和集中性。注意的指向性是指由于感觉器官容量的限制，心理活动只能选择某些对象进行注意，而忽略其他对象。例如，学生注意听讲时，其心理活动指向教师讲课的内容与活动，并不指向教室内、外的其他对象。人的心理活动有选择地朝向一定的刺激物，而同时离开其余刺激物的特点就是注意的指向性，也就是说，注意的指向性所反映的是心理活动的对象和范围。注意的集中性是指人们将心理活动维持在某一对象上，使心理活动不断地深入下去。人的心理活动不仅可以有选择地指向特定的对象，而且可以在这个对象上保持相当长的时间。注意的集中性使人的心理活动离开其他无关的事物与活动，从而集中到某一特定的对象上，并对其他有妨碍的活动产生抑制。正是由于注意集中于某一特定对象，才使这一对象得到鲜明而清晰的反映，而其他事物由于处于注意的范围之外，所以对其的反映会比较模糊。由此可知，注意的集中性所反映的是心理活动的水平和强度。

注意的指向性和集中性是同一注意状态的两个方面，它们既紧密联系，又有区别。一方面，当人的心理活动指向某一对象时，同时也就集中于这一对象。没有指向性，也就没有集中性，而指向性又是通过集中性表现出来的。可见，指向性是集中性的前提和基础，集中性是指向性的体现和发展。另一方面，它们又是有区别的，指向性主要是指选择一定范围内的对象而忽略其他对象，集中性是指对一定范围内的对象反映得清晰、完善、深刻，并对其他事物的各种干扰进行抑制。

注意在人的心理活动中起着积极的维持和组织作用,对于提高心理活动的效率具有重要的意义。在人的社会生活实践中,只有高度集中注意力,才能保证清晰、准确、及时、完善地反映客观事物,顺利地完成各种心理活动。

## 二、注意的外部表现

人在注意某个对象时,常常伴随着特定的外部表现。

### (一)适应性运动

人们在注意某一事物时,对感官进行的适当的调整性运动称为适应性运动。例如:注意看时,将视线集中在某一物体上,举目凝视;注意听时,将耳朵转向声源,侧耳倾听;注意思考问题时,常常双眉紧皱,凝神沉思。举目凝视、侧耳倾听、凝神沉思都是注意的适应性运动。

### (二)无关运动的停止

注意力高度集中时,一些与活动任务无关的动作会自然而然地停下来,使人的外部动作常常表现为静止状态。比如,学生听课听得入神时,会抬起头一动不动地望着老师。

### (三)呼吸变得轻微而缓慢

人在集中注意力时,呼吸会变得格外轻微、缓慢,呼与吸的时间比例也会发生显著的变化。当注意力高度集中时,甚至会出现呼吸暂时停止的现象。此外,在非常强烈的注意状态下,还会出现心脏跳动加速、牙关紧闭、握紧拳头等现象。

一般来说,注意的外部表现和注意的真实情况是一致的,根据注意的外部表现,可以了解人的内心状态。但在特定条件下,人可以通过假象来掩盖注意的真实情况,出现貌似注意实际上不注意或貌似不注意实际上注意的现象。因此,在判断一个人的注意状态时,必须进行多方面的观察和了解。

## 三、注意的功能

### (一)选择功能

注意的基本功能是对信息进行选择。同一时间在我们周围存在着大量信息,但我们只需要选择其中一部分信息进行加工。我们通常会选择那些与我们当前的活动任务相关的信息,而忽略其他无关紧要的信息,这样可以保证我们的生活和工作能够有条不紊地进行下去。

### (二)保持功能

注意的保持功能是指将注意对象的部分内容保持在意识中,一直到完成相应的任务。例如,我们在背诵一首古诗时,需要将这首古诗的内容保持在意识中,直至完全背诵下来。这就是注意的保持功能在记忆这一活动中的体现。如果选择的注意对象转瞬即逝,心理活动就无法开展,也就无法正常学习和工作。

### （三）调节、监督功能

注意的调节、监督功能是指在注意状态下，人们可以有效地监控自己的行为。例如，在集中注意力的情况下，我们答题的准确性和速度会提高。注意可以使我们对事物有更清晰的认识，对自己的行为进行更有效的监控，这些可以保证活动的顺利进行。

## 四、注意的分类

根据注意过程中是否有预定目的和是否需要意志努力，可以把注意分为无意注意、有意注意和有意后注意。

### （一）无意注意

无意注意是指没有预定目的，也不需要意志努力的注意。无意注意是一种被动的注意，它往往在周围环境发生变化时产生，表现为人不由自主地把感觉器官朝向这些刺激物。例如，你在安静地看书，突然听到身后有鸟叫声，这时你会回头去寻找这个声音，同时产生对这个不速之客的注意。因此，这种注意一般都能导致探索行为的出现，有利于人们正确地认识周围环境，但也容易使人分心。

这种注意的引起和维持不需要意志努力，它取决于刺激物的特点和人的主观因素。

**1. 刺激物的特点**

1）刺激物的强度

任何强烈的刺激都会引起人的无意注意。例如，一声巨响、一道强光、一种鲜艳的颜色都会立刻引起我们的注意。一般来说，刺激物的强度越大，越容易引起人的无意注意。不过在很多情况下，起决定作用的并不是绝对强度，而是相对强度。例如，在房间很安静的时候，很轻的脚步声也能引起人们的注意，但在喧闹的时候，人们就很难注意到这个脚步声了。

2）刺激物的新颖性

一般来说，新颖的刺激物容易引起人们的注意，而普通的事物则不易引起人们的注意。例如，某位同学忽然改变了着装风格，就会很容易引起大家的注意。

3）刺激物之间的对比关系

刺激物之间的差异越显著，对比越明显，越容易引起人们的注意。例如，一串英文字母中的一个汉字、一堆绿叶中的一朵红花，就很容易引起人们的注意。

4）刺激物运动状态的变化

在静止的背景上，运动的刺激物容易引起人们的注意，例如，闪耀的霓虹灯很容易引起人们的注意；反之，在运动的背景上，静止的刺激物也容易引起人们的注意，例如，在讲课的过程中，老师突然停了下来，会引起思想开小差的同学的注意。

**2. 人的主观因素**

1）人的需要和兴趣

凡是能满足人的需要，符合人的兴趣，与个人的情感有关的事物，都容易引起人们的注意。例如，不同的人看报，他们所注意的消息往往有所不同，从事教育工作的人会更多地注意教育方面的报道，爱好时尚的人总是更容易注意到时尚方面的资讯。

2）已有的知识和经验

和已有的知识、经验相联系并且能增加新知识的事物，容易引起人们的注意；人们觉得十分陌生的事物，以及人们已经非常熟悉而又不能增加新知识的事物，不容易引起人们的注意，即使引起了注意，也不能维持很长时间。例如，正在研究某一问题的学生，会很容易注意到那些与问题相关的信息。

3）人对事物的期待

当人们期待某件事发生时，就很容易注意到相关信息。例如，章回体小说中常用“欲知后事如何，且听下回分解”作为每一回的结尾，使读者形成一种期待心理，令读者欲罢不能，一回回地读下去。

4）人的身心状态

身心健康状况，在很大程度上影响着一个人的无意注意。一般来说，在心情愉快、精神饱满的情况下，平时不太容易引起注意的事物，这时也容易引起注意，而在心情烦闷、身体不适、精神过度疲劳时，无意注意的范围较窄，许多平时感兴趣的事情也不能引起注意。

### （二）有意注意

有意注意是指有预定目的，并且需要一定的意志努力的注意。由于有意注意是受意识的调节和支配的，所以有意注意又叫随意注意。例如，你在专心看书的时候，突然听见有人谈到你感兴趣的话题，你的注意会不由自主地转向他们谈话的内容，这是无意注意；但如果当时你想到必须坚持学习，经过一定的意志努力后，你将注意仍然集中到书本上，这就是有意注意。有意注意如图 4-1 所示。

**图 4-1　有意注意**

有意注意显示了人的心理活动的主动性、积极性，所以，人们又把它称为积极的注意。有意注意是人向自己提出一定的任务，自觉地把某些刺激物区分出来作为注意的对象。正因为有这种自觉的目的性，才能产生排除一切干扰，使注意得以维持的意志力量。这种注意不仅指向个人乐意要做的事情，而且指向他应当做的事情。有意注意的集中和保持，不仅在没有干扰、没有任何无关的事物妨碍正在进行的活动的情况下是可能的，而且在有干扰的情况下也是可能的。在生活中，我们经常需要完成某些任务，有些甚至是我们不太感兴趣的任务，这时就需要有意注意来进行监督和调节。

要想引起和维持有意注意，应注意以下几点。

（1）明确目标与任务。有意注意是一种有预定目的的注意，活动的目的越明确，越容易引起和维持有意注意。例如，有些老师在每节课的开始，都会明确提出本节课的教学目标和应掌握的知识点，这是为了让学生了解学习的目标，从而更有效地维持有意注意。

（2）培养间接兴趣。兴趣可以分为直接兴趣和间接兴趣两种，直接兴趣是对事物或活动本身感兴趣，间接兴趣是对活动的结果感兴趣。间接兴趣对有意注意的产生和维持起着重要作用。例如，有些同学觉得学习英语很枯燥，但当其认识到学好英语就有机会到世界各地去游学之后，就对英语产生了间接兴趣，就能克服困难，努力学好英语了。

（3）合理组织活动。有良好的工作和生活习惯的人，更容易保持良好的有意注意。例如，有些同学很善于对学习活动进行计划和组织，他们对于在各个时间段应该处理什么问题都有很合理的安排，这就使得他们在处理问题时能够保持良好的有意注意。

（4）具备相关的知识和经验。当面对某项任务，而个体不具备相关的知识和经验时，要维持有意注意就会非常困难。例如，在听讲座的时候，如果所讲的内容和主题对你来说太陌生，那么你要想集中注意力就会比较困难。

（5）具有坚毅的性格。当需要达到某一目标时，具有坚毅性格的人更容易使自己的注意力集中并维持在这一活动上。因此，我们要努力培养自己坚强的意志，这样我们才能克服各种干扰，保持良好的有意注意。

无意注意和有意注意虽然有区别，但在具体活动中往往很难将两者截然分开。因为任何一种具体活动都需要这两种注意的参与。在工作中，如果只有无意注意，就会显得杂乱无章，一遇到困难或干扰，注意力就会分散，使工作不能顺利地进行下去。相反，如果只有有意注意，也会感到难以维持，因为长时间的意志努力，会使人感到疲劳，影响工作效率。

无意注意和有意注意可以相互转化。例如，一个最初只凭兴趣学习弹奏乐器的学生，后来认识到弹奏乐器对身心健康有很大益处，于是认真地钻研，克服各种困难，从而有目的地保持对这项活动的注意。这是无意注意转化为有意注意的情况。

两种注意的相互转化，有的是自然而然地完成的，有的则需要外力的帮助。无意注意如果不能根据需要及时地转化为有意注意，就会导致分心；有意注意如果不能适时地转化为无意注意，则会引起疲劳。

### （三）有意后注意

有意后注意是指有预定目的，但是不需要意志努力的注意。它通常是有意注意发展到一定程度之后所产生的注意。例如，在学习一门新语言的时候，陌生的单词和句式往往会让人觉得很困难，这时就需要一定的意志努力才能将注意维持在这项活动上，随着学习的进步，个体逐渐掌握了这门语言，可以轻松地阅读了，不需要意志努力也能将注意维持在这项活动上，这时有意注意就转化成了有意后注意。

有意后注意是在有意注意的基础上产生的，是由有意注意升华而来的更高级的注意。在有意注意条件下，人对客体的注意要服从于主体自觉确定的目的。主体要维持这种注意需要一定的意志努力，并且受间接兴趣的制约。但在主体逐渐熟悉这项活动后，主体不仅对活动结果感兴趣，而且对活动本身也产生了兴趣，活动中的困难或被克服，或由于直接兴趣的产生，主体对困难的承受程度也随之提高了，因而主体不再感到困难，在维持这种注意时也不再需要特别的意志努力了。这就使得有意注意转化为了有意后注意。

培养有意后注意的关键在于培养个体对活动本身的兴趣，即直接兴趣。有意后注意既能保证个体达到活动目的，又能节省意志努力，对于完成长期而艰巨的任务非常有利。这也是学生在学习过程中应该努力达到的一种状态。

## 五、注意的品质

### （一）注意的稳定性

注意的稳定性是指注意在同一对象或活动上所保持的时间的长短。学生在一堂课的时间内，使自己的注意保持在与教学活动有关的对象上；医生在进行手术时，要连续几小时紧张地工作；教师在讲课的过程中思想高度集中，这些都是注意稳定性的表现。注意集中的持续时间越长，注意的稳定性越高。注意的稳定性反映的是注意品质的时间特性。

注意的稳定性对于我们的工作、学习具有重要意义。学生只有保持稳定的注意，才能取得良好的学习效果；医生在手术过程中只有全神贯注，才能保证顺利完成手术；运动员只有保持高度稳定的注意，才能完成一系列的高难度动作。

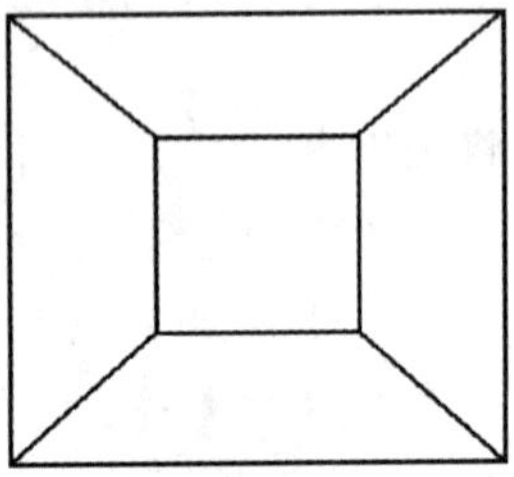

图 4-2　注意的起伏现象

人们在集中注意力感知某一事物时，很难长时间保持不变。如图 4-2 所示，当人们全神贯注地持续观看该图形时，会发现该图形中的小方块时而向前凸出，时而向后凹进。这种现象就是注意的起伏现象。它是一种经常发生的，受神经活动本身的特点影响的正常的心理现象。

与注意的稳定性相反的现象是注意的分散，也就是我们常说的分心。注意的分散是指由于单调刺激持续作用或由于外界刺激干扰，使得个体的心理活动偏离注意对象。保持稳定的注意在实践中具有重要意义，许多工作都需要有高度稳定的注意，即使短时间的注意分散，也会严重影响工作质量。要想保持高度稳定的注意，要注意以下几点。

(1) 注意对象丰富多变。如果注意对象内容丰富，复杂多变，注意就容易稳定。反之，对于那些内容贫乏、单调的对象，人们就难以保持稳定的注意。例如，我们看单调、静止的简单图像(如一张照片)时的注意远不如看内容丰富多变的复杂图像(如一部电影)时的注意那样稳定。

(2) 合理安排活动内容。在复杂且持续时间长的活动中，必须适当变化活动的内容和方式，只有这样才能保持稳定的注意。例如：如果整个上午只给初中学生安排一门功课的教学，长时间单调的刺激就会引起他们的大脑皮层的抑制，使注意不稳定；如果在这段时间内安排几门功课的教学，将性质不同的学科及难易程度不同的内容穿插安排，学生就容易保持稳定的注意。

(3) 保持积极的状态。一个意志坚强、善于控制自己、对事物持有积极的态度、对活动内容有着浓厚的兴趣、对目的和任务非常明确的人，能和各种干扰做斗争，保持稳定的注意。

### （二）注意的广度

注意的广度是指个体在同一时间内能清楚地感知到的对象的数量。人们常说的“眼观六路，耳听八方”“一目十行”就是注意的广度的体现。注意的广度反映的是注意品质的空间特性。

最早研究注意的广度的心理学家是汉密尔顿。他在地上撒了一把石子，然后观察人们在同一时间内能看到多少颗石子。结果发现，人们在同一时间内最多能看到六颗石子。当他把几颗石子堆成一堆时，人们在同一时间内最多能看到六堆。现在一般用速示器来测量注意的广度。测量结果显示，成人在 0.1 秒内一般能注意到 8～9 个黑色圆点或 4～6 个没有联系的字母。

注意的广度受下列因素的影响。

（1）注意对象的特点。一般来说，注意对象的排列越有规律，个体注意的范围就越大。因此，相对于大小不一、排列无序的对象，人们更容易准确把握大小一致、排列规则的对象。

（2）活动任务。活动任务不同，个体注意的广度也不同。例如，用速示器呈现一些英文字母，其中有些英文字母存在书写错误，要求第一组学生判断哪些字母书写有误，并报告字母的数量，要求第二组学生报告字母的数量，结果，前者报告的字母数量比后者报告的字母数量少得多。

（3）个体的知识和经验。一般来说，对于特定的任务，个体的知识和经验越丰富，注意的范围就越大。例如，专家在阅读专业资料时可以做到"一目十行"，而普通人则往往需要逐字逐句地阅读才能理解。

### （三）注意的分配

注意的分配是指个体的注意同时指向不同的对象。在日常生活中，我们经常会看到注意的分配现象，例如，学生一边听课一边记笔记，司机一边开车一边观察路面情况等。

在日常生活中，尽管我们常常一心多用，但大多数人可能并不具备同时处理好多项任务的能力。在一项实验中，被试一边在路况复杂的马路上开车，一边接听电话回答一连串的问题，结果显示，被试的表现显著低于他们自己的预期。这就表明，并不是在任何情况下，人都能同时圆满地完成两项任务。

注意的分配与下列三个因素有关。

（1）人对活动的熟练程度。人们对一种活动非常熟练时，就可以集中大部分精力去关注比较生疏的活动，保证几项活动同时进行。我们可以做到边听报告边记笔记，是因为我们对写字已经达到了熟练的程度。

（2）活动的性质。如果同时进行的是两种动作技能的活动，注意的分配就比较容易；如果同时进行的是两种智力活动，注意的分配就比较困难。例如，一边看电视，一边织毛衣比较容易，左手画圆，右手画方（见图 4-3）则很困难。

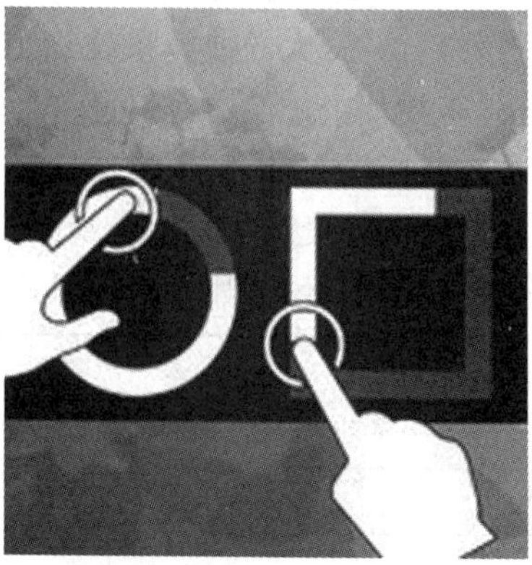
图 4-3 左手画圆，右手画方

（3）活动的内在联系。有内在联系的活动有利于实现注意的分配。这是因为不同活动之间的内在联系有利于形成固定的反应模式，经过训练可以使人们掌握这种反应模式，同时完成几项活动。例如，有些人自弹自唱同一首歌，就是借助于活动间的内在联系实现了注意的分配。

### （四）注意的转移

注意的转移是指根据任务的要求，有目的地将注意从一个对象或一项活动转移到另一个对象或另一项活动上去。例如，课堂上，大家先阅读完一段材料，然后听老师讲解，在这个过程中，大家的注意就从阅读材料转移到了老师身上。

注意的转移不同于注意的分散。注意的转移是根据任务的需要，有目的地将注意转向新的对象，主动使一种活动为另一种活动所代替，这样能保证更高效地完成活动；注意的分散则是个体的注意离开需要稳定注意的对象，不自觉地转移到与当前活动无关的对象上，这样会使活动效率显著下降。

# 第二节　注意理论

注意是认知心理学领域研究的重点之一。以信息加工观点研究认知过程的心理学家认为，人脑是一个类似于计算机的信息加工系统，人的认知（包括注意、记忆、思维等）过程就是一个信息加工过程。在此基础上，认知心理学家进行了大量研究，并提出了一系列理论。

## 一、选择性理论

注意的选择性理论认为，由于人的信息加工系统结构的限制，人不可能注意到作用于自身的所有刺激信息，在信息加工系统中存在着一种类似于过滤器的装置，它以某种方式对外界的刺激信息进行选择，一些信息能通过过滤器，其余的信息则会被阻挡在外。不过，对于过滤器所处的位置、过滤器的数量、选择信息的原则等问题，不同心理学家有着不同的解释，从而形成了许多种不同的理论。

### （一）过滤器理论

1958年，英国心理学家布罗德本特在双耳分听实验的基础上提出了注意的过滤器理论。该理论认为，人的神经系统加工信息的容量是有限的，它不可能对所有的信息进行加工，这就需要一个过滤器对信息进行选择，只选择较少的信息进入高级的分析阶段，其他信息则被完全阻挡在外，即过滤器按照“全或无”的方式工作。

布罗德本特设计了一个实验来验证自己的理论。他采用双耳分听技术向被试的两耳同时呈现一定的刺激，例如：

| 左耳 | 右耳 |
|---|---|
| 6 | 5 |
| 7 | 3 |
| 2 | 9 |

每秒钟呈现2个数字，数字呈现完后，要求被试以下面两种方式再现。

（1）以耳朵为单位分别再现两耳听到的信息，如 6-7-2、5-3-9。

（2）以接收信息的顺序成对地再现，如 6-5、7-3、2-9。

结果发现，以第一种方式再现时，正确率为 65%；以第二种方式再现时，正确率为 20%。如果事先不规定再现方式，多数被试会采用第一种方式再现。对此，布罗德本特认为，每只耳朵相当于刺激信息输入的一个通道，而过滤器只允许一个通道的刺激信息单独通过。

彻里的实验结果也验证了这一观点。彻里向被试的双耳同时呈现一定的刺激，要求被试大声复述其中一只耳朵（追随耳）听到的材料，并检查被试从另一只耳朵（非追随耳）所获得的信息。结果发现，被试从非追随耳得到的信息很少，甚至当非追随耳的刺激由法语变为英语、德语时，他们都不能察觉。彻里认为，这是因为从追随耳进入的信息由于受到注意，得到了进一步的加工处理，而从非追随耳进入的信息由于没有受到注意，没有得到进一步的加工处理，被拒绝在信息加工系统之外。

**拓展阅读**

### 搞笑诺贝尔心理学奖：看不见的“大猩猩”

搞笑诺贝尔奖是对诺贝尔奖的有趣模仿，其目的是选出那些“乍一看令人发笑，之后发人深省”的研究。2004 年，获得搞笑诺贝尔心理学奖的是伊利诺斯州立大学的 Daniel Simons 和哈佛大学的 Christopher Chabris。他们发现，许多人在专注于某件事的时候，会对眼前发生的事情视而不见。

他们做了这样一个实验：他们组织了一群志愿者观看一段录像，录像中有几个穿着白色或黑色衣服的运动员在不停地传球。他们要求志愿者仔细观看录像，并计算穿白色衣服的运动员互相传了几次球。那些运动员在传球时，一个打扮成大猩猩模样的人走到了他们中间，捶打胸膛，9 秒后退出。观看完录像后，一半志愿者没看见“大猩猩”上场。当他们再看一遍录像的时候，他们都不敢相信自己的眼睛。而那些看到“大猩猩”的人，他们数传球次数的正确率明显比没有看到“大猩猩”的人要低。

从这个实验我们可以看到，当人专注于某件事时，往往会忽视旁边的某些事物，即使这些事物十分显眼或者十分重要。这是因为注意是具有选择性的，当我们很认真地在做一件事时，我们会将其他干扰物“过滤”掉。

### （二）衰减理论

1964 年，特瑞斯曼基于对日常生活的观察和实验研究的结果，提出了注意的衰减理论。他认为，有机体总的加工能力是有限的，在信息加工系统中存在着某种过滤器，这种过滤器不是按“全或无”的方式工作，而是按衰减的方式工作。

特瑞斯曼也采用了双耳分听技术进行实验，他向被试呈现的刺激如下。

左耳（追随耳）：There is a house understand the word.

右耳（非追随耳）：Knowledge of on a hill.

结果，被试都报告他们听到的是“There is a house on a hill”，并表示这是从一只耳朵听到的。这表明，当主试将有意义的材料分别呈现给追随耳和非追随耳时，被试会不顾实验的要求（复述追随耳听到的内容）去追随有意义的东西。

这种现象只有在过滤器允许两只耳朵听到的信息都通过的前提下才能出现，因此，特瑞斯曼认为，神经系统加工信息的容量是有限的，必须由过滤器加以调节，这种过滤器既允许追随耳听到的信息通过，也允许非追随耳听到的信息通过，只不过非追随耳听到的信息的强度会衰减，但其中一些信息仍然可以得到进一步的加工处理。

特瑞斯曼还指出，不同类型的信息的激活阈限是不同的，对个体有重要意义的信息（如自己的名字、危险信号等）的激活阈限较低，因此这种信息容易被激活，从而得到进一步的加工处理。

#### （三）晚期选择理论

20 世纪 60 年代，德尤奇和诺曼提出了注意的晚期选择理论。他们认为，人的信息加工系统中确实存在过滤器，但过滤器的作用不是选择输入的刺激信息，而是选择对刺激信息的反应。其选择的标准是刺激信息对人的重要性，即人们只会对重要的刺激信息做出反应，对于不重要的刺激信息，人们不会做出反应。因为这一理论认为注意是对反应的选择，所以也被称为反应选择理论。

#### （四）多阶段选择理论

20 世纪 70 年代，约翰斯顿等人提出了注意的多阶段选择理论。多阶段选择理论认为，选择过程在不同的加工阶段都有可能发生，而不像过滤器理论、衰减理论、晚期选择理论所说的那样，选择过程发生在信息加工的某个特定阶段。多阶段选择理论有两个假设：①在进行选择之前的加工阶段越多，所需要的认知加工资源就越多；②选择发生的阶段取决于当前的任务要求。多阶段选择理论是对前面三种理论的综合，它强调选择发生的阶段取决于具体的任务要求，因此更具有灵活性。

### 二、认知资源理论

注意的选择性理论的提出者都以认知系统的加工能力有限作为出发点进行研究，从 20 世纪 70 年代开始，一些认知心理学家开始避开过滤器这一思路，提出了一些新的理论。

#### （一）资源限制理论

1973 年，卡尼曼提出了注意的资源限制理论，它与注意的选择性理论不同。选择性理论都假设注意是一个容量有限的通道，刺激信息必须经过它才能得到进一步的加工。资源限制理论着重考虑注意如何协调不同的认知活动。它把注意看成是对刺激信息进行识别和加工的认知资源，其容量或能量在数量上是有限的。每一项认知活动都需要占用一定的认知资源，认知活动越复杂，占用的认知资源就越多。当认知资源完全被占用时，新的刺激信息将得不到注意。当人同时进行两种以上的活动时，就会有多项认知活动同时竞争有限的认知资源。只有当这些认知活动需要的认知资源之和不超过人的认知资源的总量时，它们才能同时进行。

该理论还认为，认知资源的分配机制是主动而灵活的，人们能根据实际需要调整认知资源的分配，优先加工更为重要的信息。例如，两个骑自行车的人可以一边骑车一边谈话，但当他们行驶到交通拥挤的十字路口时，他们往往会终止谈话，将更多的认知资源分配到路口的车辆和行人上，以保证自己和他人的安全。

资源限制理论不涉及信息加工阶段的分析，不需要像选择性理论那样考虑过滤器的位置，而且能解释许多实验结果。但是这一理论没有具体说明人的认知资源的总量以及如何分配认知资源等问题。

#### （二）双重加工理论

1977 年，在资源限制理论的基础上，谢夫林等人进一步提出了双重加工理论。该理论认为，人类加工信息的方式有两种：自动加工和控制加工。

自动加工是由刺激自动引发的无意识的加工过程，不需要有意注意，不受认知资源的限制。自动加工过程由适当的刺激引发，发生的速度很快，并且不占用认知资源，所以不影响其他的加工过程。

控制加工是受意识控制的加工过程，它需要有意注意的积极参与，要占用认知资源。和自动加工相比，控制加工更主动、灵活，它可以随客观情况的变化不断调整认知资源分配的策略。控制加工经过充分的练习之后，有可能转化为自动加工。熟练的技能的形成过程，就是动作信息由控制加工向自动加工转化的过程。

双重加工理论是对资源限制理论的有益补充，它们共同解释了为什么人们有时候能同时做好几件事。因为人类的认知资源是有限的，所以人们在同时进行两项以上的活动任务时，往往会觉得比较困难，但当其中的一项或几项活动任务的加工已经变成自动化的过程时，就不需要占用认知资源，人们就可以将更多的认知资源分配到其他的认知活动上。

上述理论都可以解释许多实验结果。但是，注意的机制是十分复杂的。目前，许多认知心理学家都采用标准化的实验程序来研究注意，这些实验结果往往与生活实践中的注意现象有一定的差距。对注意的机制进行综合研究，同时将实验室中的研究与生活实践中的研究结合起来进行考察，可能更有利于从理论上揭示注意的本质。

## 第三节　意识状态

### 一、意识

#### （一）意识的概念

在科学心理学诞生之初，心理学就是一门对意识状态进行描述和解释的学科。但是，由于很难采用科学的方法对意识进行研究，所以随着心理学中行为主义的兴起，意识逐渐被排除在心理学的研究之外。直至 1960 年，心理学家开始关注睡眠、梦等特殊的意识状态与大脑活动的关系，意识才重新进入心理学的研究领域。

对心理学家而言，意识到目前为止还是一个不完整的、模糊的概念。现在大多数心理学家认为，意识是我们对自己和环境的知觉。在我们的一生中，我们会经历各种各样的意识状态，如清醒、睡眠、梦、催眠、冥想等。

### （二）意识、前意识和潜意识

对于我们常说的意识，詹姆斯有一个很形象的比喻。他将意识比作一条承载着感觉、知觉、思维、记忆、情感、动机和欲望的河流，这条河流中既包含着我们对自己的意识和对外界环境的意识，也包含着饥饿、疼痛、愉悦等感觉。

图 4-4　弗洛伊德的冰山理论

弗洛伊德则把意识比作冰山一角。弗洛伊德的冰山理论如图 4-4 所示。他认为，人们能感知的仅仅是很小的一部分，还有很大一部分隐藏在人们的视野之外，他将这一部分称为潜意识。潜意识像一只无形的手，在人的背后操纵着人的活动。很多时候，人只知道自己在做什么，却不知道自己为什么这样做，这就是潜意识在起作用。还有一部分叫作前意识。前意识是指本来没有出现在意识中，但通过回忆可以出现在意识中的部分。如图 4-4 所示，前意识是意识和潜意识交界的部分，它可以在水面处上下浮动。

### （三）意识与注意的关系

意识和注意既有区别又有联系。首先，注意是一种心理活动，而意识主要是一种心理内容或体验。注意决定什么东西可以成为意识的内容，因为只有被注意到的刺激才能被个体察觉，进而产生意识。其次，注意和意识密不可分。在可控制的意识状态下，人的注意能维持在当前有意义的事物上，从而得到比较清晰、深刻的认识，当人处于睡眠状态时，人处于一种无意识状态，注意基本上停止了活动。

## 二、几种特殊的意识状态

在我们的一生中，我们会经历各种不同的意识状态，除了典型的清醒的意识状态外，还包括一些特殊的意识状态，如睡眠、梦、催眠、冥想等。

### （一）睡眠与梦

人的一生中有大约三分之一的时间是在睡眠中度过的。对于睡眠，我们每个人都非常熟悉，但实际上，我们可能并不是真正地了解睡眠。这一领域有很多有意思的问题值得我们去探究，例如：人为什么需要睡眠？人在睡眠中会发生什么？梦是怎么回事？人为什么会失眠？

**1. 人为什么需要睡眠？**

人们经常说，每个人每天需要睡 8 个小时，但实际上，新生儿每天大约有 2/3 的时间都是在睡眠中度过的，而对于成人来说，有些人每晚只需要睡 6 个小时，但有些人需要睡足 9 个小时才行。为什么每个人的睡眠模式不太一样呢？有研究者提出，这可能与遗传有关。

为什么我们都需要睡眠呢？

首先，睡眠具有保护功能。我们的祖先习惯于日出而作，日落而息，这是因为当夜幕降临时，外出打猎或采集食物会非常危险，而最好的躲避危险的方法就是在山洞中睡觉。因此，为了适应生存的环境，他们需要睡眠。

其次，睡眠可以帮助我们恢复身体机能。当我们睡觉时，大脑不再思考，而是利用这个机会修复和重组自己，并重组记忆。有研究者提出，对于大多数人来说，如果每晚不被打扰地睡 9 个小时，那么和那些睡得少的人相比，他们的精力更充沛，心情更好，工作能力也更强。如果我们长期睡眠不足，我们的状态会变得非常糟糕。斯坦福大学的研究者德门特曾指出，睡眠剥夺会导致学习困难、创造力降低、易犯错、易怒和疲劳，大量的睡眠剥夺则会使人变笨。

再次，睡眠对我们的成长起着很大的作用。在深度睡眠中，脑垂体会分泌生长激素。当我们成年后，随着年龄的增长，生长激素的分泌会越来越少，深度睡眠的时间也会越来越短。

最后，睡眠在一定程度上是为了记忆。有研究者要求被试完成一定的记忆任务，其中一部分人学习完就睡，另一部分人学习完后不允许睡觉。结果显示，被剥夺慢波睡眠和快速眼动睡眠的人没有学习完就睡的人完成得好(经过两个晚上的睡眠恢复也于事无补)。

**2. 睡眠的五个阶段**

人们之所以对睡眠缺乏了解，是因为睡眠中的人处于不清醒或者无意识状态，他们无法感知到睡眠中所发生的事情。直到人们把相关技术用于对睡眠和梦的研究，人们才开始真正了解睡眠与梦。

跟心电图一样，将许多电极放置在头皮表面可以记录大脑活动产生的电信号，我们称之为脑电图。脑电波可以分为四种类型，详述如下。

(1) α 波，一般在人们处于清醒状态或快速眼动睡眠状态时出现。

(2) β 波，通常在人们非常紧张或者注意力高度集中的时候出现。

(3) θ 波，出现在浅睡眠阶段。

(4) δ 波，出现在深睡眠和重度深睡眠阶段。

研究者通过观察人们在入睡后的脑电图发现，人们在入睡后 90～100 分钟内会经历一个由五个阶段组成的睡眠周期，如图 4-5 所示。

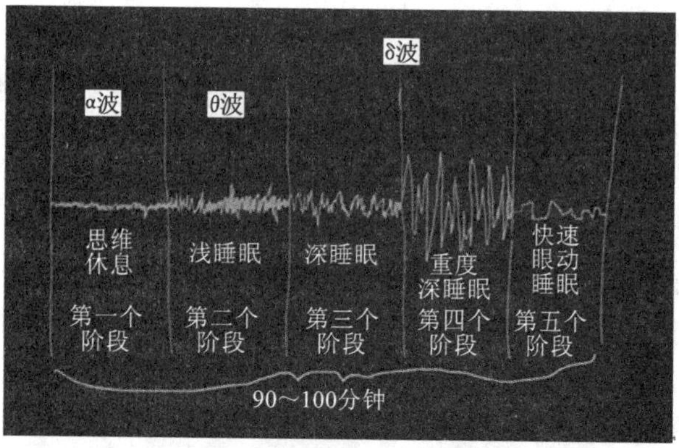


**图 4-5　睡眠的五个阶段**

第一个阶段称为思维休息阶段，大概会持续 5 分钟。严格来说，这个阶段我们并没有真正地进入睡眠状态，我们的意识并没有完全丧失，而是处于朦胧状态。在这个阶段，如果我们没有受到干扰，几分钟后我们会逐渐进入睡眠的第二个阶段。如果我们受到一些刺激，即使是很小的刺激，我们也会惊醒。在这个阶段，脑电图中出现的是 α 波。

第二个阶段是浅睡眠阶段，大约会持续 20 分钟。在这个阶段，我们的身体完全放松，呼吸、心跳逐渐变慢，脑电图中出现的主要是 θ 波。虽然在这个阶段我们很容易被叫醒，但我们是真正地睡着了。

第三个阶段和第四个阶段分别称为深睡眠阶段和重度深睡眠阶段。这两个阶段大约会持续 30 分钟。在这两个阶段，我们很难被叫醒。

第五个阶段是快速眼动睡眠阶段。在快速眼动睡眠阶段，我们的心跳会加快，呼吸也会加快，并且每隔半分钟左右，我们的眼睛会突然转动。虽然大脑皮层在快速眼动睡眠阶段处于活跃状态，但是我们的脑干会阻止它发出指令，这就使我们的肌肉处于完全放松的状态。此外，快速眼动睡眠揭示梦的开始，即使是那些认为自己从来没有做过梦的人，如果在快速眼动睡眠阶段被叫醒，80％以上的人都能够想起自己的梦境。

### 3. 梦

通过对睡眠的研究可以发现，快速眼动睡眠和梦（见图 4-6）存在着密切的关系。快速眼动睡眠阶段的梦通常是生动的、丰富的。

图 4-6　梦

尽管有人认为自己从来不做梦，但从总体上来看，人们每年大概会花 600 个小时去体验 1500 个左右的梦境，而且大多数梦境并不甜蜜。有研究显示，无论男女，每 10 个梦中就有 8 个以消极情绪为标志。我们经常会梦到自己日常生活中发生的事情，如工作、学习等。此外，梦的内容大多与近期的经历有关。如果你每天都在为考试头疼，那么你晚上就可能会梦到考试。有心理学家提出，每晚的第一个梦一般与前一天发生的事有关，第二个梦可能建立在第一个梦的基础之上，第三个梦可能建立在第二个梦的基础之上，如此循环，最后一个梦也许与前一天的事有关，但关系已经不大了。由于每晚的最后一个梦最有可能被我们记住，所以我们往往会觉得梦与前一天发生的事没什么关系。

梦的内容是否有什么意义呢？弗洛伊德在他的代表作《梦的解析》中指出，人们可以通过梦来满足自己被压抑的愿望，从而卸下个体无法接受的情感，给人提供精神上的安全感。根据弗洛伊德的说法，梦会进行自我伪装，因为即使是在睡梦中，我们依然会对某些愿望有所顾忌，所以这种愿望只能以一种被改装过的形式表现出来。不过由于缺乏科学的证据，弗洛伊德关于梦的理论受到了许多人的批评。对于人为什么会做梦，现在有一种解释是，梦

(即与快速眼动睡眠相关的大脑活动)可以为睡眠中的大脑提供周期性的刺激,这种刺激对于发展和维持大脑中的神经通路具有重要意义。有研究者认为,梦可以帮助我们对记忆中的白天的经历等信息进行筛选、分类和巩固。还有研究者认为,在进入睡眠状态后,我们的大脑中依然会存在一些随机的神经活动,而梦是大脑试图对这些神经活动赋予意义的表现。

**4. 失眠**

人的一生中有大约三分之一的时间是在睡眠中度过的。睡眠让我们精力充沛,当人们对自己的睡眠质量不满意时,就会认为自己出现了失眠。失眠的表现有不能很快入睡、经常醒来、早醒等,长期失眠往往会给人们带来极大的痛苦和心理负担。

研究显示,失眠是由多种心理、环境、生物学因素相互作用造成的。当我们不能入睡或经常醒来时,就需要寻求帮助。目前,常见的治疗失眠的方法有以下几种。

(1) 药物治疗。医生通常会针对个体的具体情况开一些有助于睡眠的药物。需要注意的是,在使用此类药物时一定要遵从医嘱,不要自己胡乱服用。若对药物产生不良反应,要及时与医生沟通,不要随意停药。

(2) 环境治疗。由于药物治疗容易产生副作用,所以人们会尝试采用其他方法来恢复正常的睡眠模式。例如,入睡困难,可以尝试调整睡眠方式,推迟几个小时睡觉,睡好后再起床。这种方法的缺点是,对于要按时上班、上学的人来说,实施起来比较困难。也有研究者尝试采用光照疗法来帮助人们调整睡眠模式,解决睡眠问题。例如,让失眠者坐在明亮的荧光灯前面,几个小时后,失眠者的昼夜节律有可能会被改变。

(3) 心理治疗。研究表明,心理治疗可以帮助人们有效改善睡眠问题。失眠的心理治疗方法如表 4-1 所示。

**表 4-1 失眠的心理治疗方法**

| 治疗方法 | 具体描述 |
|---|---|
| 改变认知 | 改变个体对睡眠不切实际的期望和信念(如"我必须睡足 8 个小时")。通过提供正确的有关睡眠的知识,改变个体对睡眠的态度和信心 |
| 渐进性肌肉放松 | 通过放松肌肉使个体产生睡意 |
| 认知放松 | 有些人在失眠时会很焦虑,这一方法主要是通过冥想或想象来帮助个体在入睡前或夜间醒来后放松 |

对于每天都失眠的个体,专家认为可以采取以下几种方法来调整。

(1) 制订就寝计划。

(2) 规定固定的睡眠时间和起床时间。

(3) 睡觉前 6 个小时内禁止食用任何含有咖啡因的食物。

(4) 少喝酒,少抽烟。

(5) 睡觉前尽量喝些牛奶。

(6) 均衡饮食,控制体重。

(7) 觉得困了之后再上床睡觉,如果躺下 15 分钟后不能入睡,立即离开床。

(8) 睡前几个小时不要剧烈运动。

(9) 制订每周白天的运动计划。

(10) 减小卧室的噪声。

(11) 白天充分接触大自然,享受阳光。

(12) 避免卧室内太冷或太热。

### (二) 催眠

#### 1. 催眠的状态

催眠是一种很特殊的意识状态,以一些人对暗示有特殊的反应能力,并在知觉、记忆和自我控制感等方面发生变化为特征。在这种意识状态下,人们高度放松,注意力高度集中,非常易于被暗示。

电视上对催眠过程的呈现往往是错误的。一般情况下,催眠师既不会用眼睛,也不会用怀表等物品来让被催眠者进入催眠的状态。在典型的催眠情境中,催眠师首先会引导被催眠者进行放松,使其处于放松状态,然后催眠师会向被催眠者发出暗示,使被催眠者自然而然地产生一种特定的知觉、感觉、想法或行为。例如:当催眠师暗示被催眠者越来越热时,被催眠者可能会满头大汗,然后脱掉自己的外套;当催眠师要求被催眠者忘掉数字"2"时,被催眠者可能会很奇怪为什么自己的手掌有 6 根手指。

#### 2. 人为什么会被催眠?

对于为什么会出现催眠这种现象,不同的人有不同的说法。

有研究者认为,催眠是因为意识的功能出现了分离。他们认为,人的意识具有执行和监督两种功能,执行功能使得我们可以控制自己的行为,监督功能使得我们可以观察自己的行为。在正常情况下,意识的这两种功能同时在起作用,而在催眠状态下,这两种功能出现了分离,执行功能正常,监督功能不起作用。

还有研究者认为,催眠并不神奇,它只是反映了催眠师和被催眠者之间的一种特殊的关系。具体来说,被催眠者事先已经知道被催眠后会发生什么,他们只是在催眠师的指导下扮演了一个特殊的社会角色——被催眠的人。如果被催眠者只是在进行"角色扮演",那催眠是骗人的吗?为了回答这一问题,研究者找来两组学生参加实验,对真正被催眠的个体与假装被催眠的个体进行比较。第一组被试真正被催眠;第二组被试假装被催眠。结果显示,这两组被试的表现并不相同。真正被催眠的被试报告了自己的真实体验,而没有报告他们认为实验者想要听到的东西。因此,催眠并不是"假装"出来的。也就是说,被催眠者并没有故意欺骗别人,他们真的相信自己在经历另外一种意识状态。

#### 3. 可催眠性

研究者认为,任何一个关注自己的内心世界并具有想象力的人都有可能被催眠。不过,每个人的可催眠性不一样,也就是说,每个人对暗示做出反应并体验催眠反应的程度不一样。有研究者找来一批大学生,用斯坦福催眠感受性量表测量他们的可催眠性。结果显示:大约 10%的大学生的可催眠性非常高,当催眠者暗示他们伸出的胳膊变成了铁棒时,他们会发现自己的手臂不能弯曲了;大约 40%的大学生的可催眠性很低,他们很少出现被催眠的反应。

#### 4. 催眠的作用

催眠具有以下作用。

(1) 由于催眠可以对某些人的生理和心理机能产生巨大影响,所以,催眠可以作为一种有用的研究手段。例如,研究人员可以引导处于催眠状态的人进入短暂的焦虑、恐惧等心理状态,而无须寻找真正具有这些心理问题的人作为被试。

(2) 催眠在心理治疗上有一定作用。它可以让害怕某种特殊物体的人对他们感到害怕的物体不那么敏感,可以让人们学会放松。

(3) 催眠在医疗上有一定的作用。在某些情况下,可以不用麻醉的方法而用催眠的方法让病人感受不到疼痛。对于那些非常容易被催眠的人而言,催眠的镇痛效果可能比常规的麻醉方法更好一些。

## (三) 冥想

### 1. 冥想的效果

从佛教的观点来看,冥想(见图 4-7)是帮助我们真正看清世界的一种方式。西方的认知心理学家通常将冥想看作一种特殊的意识状态,他们希望能够了解它,并利用它为我们的生活服务。

随着生活压力的增大和生活节奏的加快,许多人都工作忙碌,情绪紧张。长期忙碌、紧张的后果是,许多人呈现出亚健康状态。现在,许多人都试图通过冥想来缓解不良情绪,使紧张的身心获得放松,从而恢复精力。除此之外,许多科学研究也证实冥想对于人的身心健康是有好处的。

图 4-7 冥想

美国的一位心理学家通过研究发现,当人们处于冥想状态时,其脑电波会发生改变,会出现频率减小、振幅增大的现象,这表明在冥想时,人们的意识会进入放松的状态。呼吸和心跳也会减慢,这表明在冥想时,人们的情绪趋于平静。呼吸时氧气的消耗量降低,二氧化碳的排放量减少,这表明冥想时,人体内部只需要较少的氧气即可维持正常的生理运作,这也相当于在节省能量,从而保存自身的精力。

美国的另一位心理学家发现,一位僧人的脑电波与一般人不同,呈现出明显的左前额皮层激活模式,也就是说,一件同样的好事发生后,这个僧人会比普通人更加快乐。为了了解这到底是一个特例,还是说僧人的某些特殊训练(如冥想)导致了这样的结果,这位心理学家设计了一个实验。他找到 41 个工作压力非常大的生物工程领域的工作人员,安排其中 25 人作为实验组,在 8 周内练习并应用冥想,其余 16 人作为对照组,像平常一样工作。实验开始前,所有人都呈现出右前额皮层激活模式,也就是说,他们长期承受压力,不太容易感知到快乐。实验结束后，实验组的25人全部呈现出左前额皮层激活模式，而且在注射流感疫苗后，实验组的25人体内的流感抗体的数量与对照组有显著差异，这表明冥想也可以增强人的免疫能力。

从以上研究结果可以看出，冥想的效果非常显著。冥想的实践者也提出，有规律地练习某些形式的冥想可以增强意识，从而有助于个体获得启迪，并以新的方式看待那些熟悉的事物，将知觉和思维从那些固有的模式中解放出来。

**2. 冥想的形式**

冥想主要有开放式冥想和专注式冥想两种形式。

开放式冥想指冥想时心中没有任何期待，完全以一种空无的状态去迎接任何进入心灵的新经验。开放式冥想的基本方法是，冥想时，不将生活中任何烦心的问题带入意识中，不做任何事，不想任何问题，不寻求任何答案，不企求任何目的，完全放松自己的身体和心灵，让它们自由运作，使自己的意识像海面上的波浪一样自然，随遇而安，不加任何控制，只需要感受即可。

专注式冥想指静坐时心无旁骛，专注于某一个目的物，排除环境中所有刺激的干扰，从而达到暂时忘却自我、忘却一切烦恼、忘却外在世界的超脱境界。目的物可以是一朵花，也可以是墙上的钟。冥想时专注于目的物，并不是要去仔细观察目的物的特征，而是以专注于目的物为手段，使自己的意识不受到周围环境中其他刺激的干扰，从而达到冥想的目的。

## 拓展阅读

### 精神性药物与意识

对于“催眠是否是以某种独特的方式改变个体的意识”这一问题一直存在争议，但对于“精神性药物能够改变人的意识”这一观点，大多数人都没有异议。精神性药物是指那些能够通过作用于突触而改变个体的知觉和心境的化学物质。目前，主要有三种精神性药物：抑制剂、兴奋剂和致幻剂。

抑制剂是指那些能够抑制神经活动、减弱身体机能的物质，如酒精、镇静剂和鸦片。

咖啡因和尼古丁等兴奋剂能够暂时性地刺激神经活动并增强身体机能。

致幻剂是指那些会歪曲知觉，并且在没有感觉输入的情况下会使人在脑海中产生生动形象的精神性药物。

精神性药物的副作用如表4-2所示。

**表4-2 精神性药物的副作用**

| 药物名称 | 类型 | 副作用 |
|---|---|---|
| 酒精 | 抑制剂 | 损害器官，使人反应迟钝 |
| 海洛因 | 抑制剂 | 生理抑制，戒断痛苦 |
| 咖啡因 | 兴奋剂 | 使人焦虑、困乏，大剂量服用时容易导致失眠 |
| 尼古丁 | 兴奋剂 | 导致心脏病、癌症 |

续表

| 药物名称 | 类　型 | 副　作　用 |
|---|---|---|
| 摇头丸 | 兴奋剂 | 抑制情绪和认知功能 |
| 大麻 | 轻微的致幻剂 | 破坏记忆，损害肺部健康 |

在使用这些精神性药物的过程中，副作用会变得越来越强烈，一旦对这些药物形成依赖，在缺乏这些药物时，个体就会产生严重的戒断反应。

## 【课后思考】

1. 概述注意的功能。
2. 概述无意注意、有意注意和有意后注意的主要特点，并分析它们产生的原因。
3. 注意的稳定性、广度、分配和转移受哪些因素的制约？
4. 阐述认知心理学关于注意的理论的要点。
5. 睡眠分为哪几个阶段？
6. 什么是催眠？如何解释催眠现象？

# 第五章
# 学　习

## 案例导入

一只名叫巴里的贝林登梗犬最大的兴趣是骑三轮车。巴里在一岁的时候在主人的调教下尝试骑三轮车，当时由于不懂得保持平衡经常摔倒。后来经过长时间的学习，它学会了保持平衡，开始享受骑车的过程。巴里是如何学会骑三轮车的？这是本章将要探讨的问题。

接受教育、学习知识是我们毕生都在开展的活动，学习是最接近心理学核心部分的话题。在本章中，我们将探讨如何通过学习来形成思维和语言、动机和情绪、人格和态度。

# 第一节　学习概述

## 一、学习的定义

学习是一种普遍存在的现象，狮子学习捕食、学生学习文化知识、小孩学习说话等都是学习。人从出生到死亡一直都在学习，从牙牙学语开始慢慢通过学习了解这个世界。学习作为一种获取知识、促进发展的方式，已经成为人们日常生活中不可或缺的部分。心理学认为，学习是指个体在生活过程中，由于经验或练习的作用而引起行为或行为倾向发生相对持久的变化。这一定义可以从三个方面来解释。

第一，学习表现为行为或者行为倾向的变化。个体通过学习会出现某些方面的变化，从不会到会、从不知道到知道都是变化的过程。

第二，学习引起的行为或行为倾向的变化是相对持久的。例如，我们一旦学会了骑自行车，这项技能是很难忘记的。由于遗忘的作用，有些学习所引起的行为或行为倾向的变化也有可能会消失。

第三，学习是由经验或练习所引起的。个体行为的改变也有可能是由学习之外的因素引起的，例如，青春期少年的嗓音发生变化，这是生理成熟的结果，与经验或练习无关，因而不能称为学习。

## 二、学习的分类

学习是一种十分复杂的活动，可以分为不同的种类。

### （一）根据学习的主体分类

根据学习的主体，我们可以将学习分为动物的学习和人类的学习。动物的学习旨在适应环境，使用的是直接学习的方式，主要是对具体的刺激，如光、电、气味等，做出反应。人类的学习是具有社会性、积极性、主动性的，主要以语言为中介，主要是为了适应环境，改造环境。

### （二）根据学习的意识水平分类

根据学习的意识水平，我们可以将学习分为内隐学习和外显学习。内隐学习是指有机体在与环境接触的过程中不知不觉地获得一些经验，并因此改变其以后的某些行为的学习。外显学习是有意识的、需要付出努力并按照规则做出反应的学习。

### （三）罗伯特·加涅对学习的分类

罗伯特·加涅是美国当代著名的教育心理学家。他的信息加工学习理论可以用于解释大部分课堂学习。他也提出了切实可行的教学操作步骤，为推进现代心理学和学校教育实践相结合做出了巨大贡献。

罗伯特·加涅认为，人类的学习是复杂多样的，是有层次性的，总是由简单、低级的学习向复杂、高级的学习发展。简单、低级的学习是复杂、高级的学习的基础。他根据学习的层次将人类的学习分为八类。

（1）信号学习，指通过经典条件反射学到一些反应。

（2）刺激-反应联结学习，指通过操作性条件作用学到一些反应。此类学习是动作学习和语文学习的基础。

（3）连锁学习，指的是将数个刺激、反应联结成为比较复杂的行为的历程。

（4）言语联结学习，指的是将多个单字联结成语句表达完整意义的历程。

（5）辨别学习。通过辨别学习，人们可以辨别不同的刺激，并对不同的刺激做出不同的反应。

（6）概念学习。通过概念学习，人们可以根据自己的标准对不同的事物进行分类处理，并给予各类别不同的名称。

（7）规则学习，指认识或理解概念间的关系的学习。

（8）问题解决学习。通过问题解决学习，人们可以灵活运用概念与规则解决各种问题。

### （四）奥苏伯尔对学习的分类

美国心理学家奥苏伯尔根据学习者所得经验的来源的不同，把学习分为接受学习和发现学习；根据学习材料和原有知识的关系把学习分为机械学习和有意义学习。

#### 1. 接受学习和发现学习

接受学习是指学习者将以现成的定论的形式呈现给自己的学习材料与其已形成的认知

结构联系起来，以实现对这种学习材料的掌握，从而将学习材料内化为自己的经验。常见的形式是学生通过教师的讲授学习新的知识。

发现学习是指在指导者不进行讲述的情况下，学习者依靠自己的力量去获得新知识，寻求解决问题的方法。发现学习又可以分为自主的发现学习和有指导的发现学习。自主的发现学习在性质上与科学研究相同。有指导的发现学习常在课堂教学中出现，如运用公式解决问题。

**2. 机械学习和有意义学习**

机械学习是指只对学习材料进行机械记忆，而不加以理解的学习方法。新知识与原有知识只能形成表面联系。

有意义学习是指在符号所代表的新知识和学习者认知结构中已有的有关观念之间建立非人为的实质性的联系。有意义学习强调在对新知识的学习中，认知结构中已有的有关观念要起决定性的作用。有意义学习需要具备两个条件：学习者要有把新知识与认知结构中已有的有关观念关联起来的意向；学习材料对学习者具有潜在意义，即学习材料具有逻辑意义并可以和学习者认知结构中已有的有关观念相联系。这两个条件缺一不可。

#### （五）根据学习的内容分类

我国著名心理学家冯忠良根据学习内容的不同，将学习分为知识的学习、技能的学习和社会规范的学习三种。知识的学习，即知识的掌握，通过领会、巩固和应用三个环节完成，知识的学习要解决认识问题。技能的学习包括心智技能的学习和操作技能的学习，最终要解决的是会不会做的问题。社会规范的学习又称为行为规范的学习，是把外在的行为要求内化为主体的行为需要的过程。

## 第二节　学习理论

### 一、巴甫洛夫的经典条件作用理论

经典条件作用是一种简单的学习方式，又叫经典条件反射。经典条件作用理论指出，先天不能诱发个体发生反应的中性刺激与先天可以诱发个体发生反应的刺激配对出现后，中性刺激单独出现也可以诱发个体发生这种反应。经典条件作用理论可以用于解释海豹鼓掌等现象。该理论是由生理学家、心理学家巴甫洛夫通过对动物的实验研究得出的。

表 5-1 说明了经典条件作用的过程。巴甫洛夫首先将管子接到狗的唾液腺上以便于准确测量狗分泌的唾液，接着，他向狗呈现铃声，随后喂狗吃食物，铃声和食物多次配对出现。最初，狗只有在呈现食物的时候才会分泌唾液，但是很快即使没有食物，它在听到铃声后也会分泌唾液。这时，狗已经形成了经典条件作用。

表 5-1　经典条件作用的过程

| | | | |
|---|---|---|---|
| 条件作用之前 | 食物（无条件刺激） | → | 分泌唾液（无条件反应） |
| | 铃声（中性刺激） | → | 不分泌唾液（无反应或无相关反应） |
| 条件作用期间（多次重复） | 铃声（条件刺激）+ 食物（无条件刺激） | 诱发 → | 分泌唾液（无条件反应） |
| 条件作用之后 | 铃声（条件刺激） | 诱发 → | 分泌唾液（条件反应） |

可以引发有机体发生自然反应的刺激叫作无条件刺激，如上述实验中的食物。由无条件刺激引起的非习得性反应就是无条件反应，这是一种自发的反射性行为，与学习无关，如实验中的食物引起的唾液分泌行为。铃声通过不断地与食物配对出现，单独出现时也可以使狗分泌唾液的现象就是条件反应。

根据经典条件作用理论，巴甫洛夫提出了获得和消退、泛化和分化的概念。

### （一）获得和消退

获得和消退都是经典条件作用的一部分。在上述实验中，狗学会把铃声和食物联系起来，这就是获得。

成功地建立了经典条件作用之后，如果条件刺激多次出现而没有无条件刺激伴随，那么所形成的经典条件作用会减弱最终消失，这就是经典条件作用的消退。例如，在上述实验中，狗已经形成了经典条件作用，最初狗听到铃声但没有得到食物的时候可能会分泌唾液，但随着得不到食物的次数的增加，其分泌的唾液量会减少，最终会停止对铃声做出反应。

### （二）泛化和分化

一旦经典条件作用形成以后，与条件刺激类似的刺激也可以诱发同样的条件反应，这就是经典条件作用的泛化，如“一朝被蛇咬，十年怕井绳”。

分化是指在经典条件作用中，个体区分出引起条件反应的刺激和与其类似的刺激的一种倾向。例如，狗听到主人的脚步声会上前迎接，但是听到陌生人的脚步声会叫，这说明，狗区分出了主人和陌生人的脚步声。

泛化和分化是一种互补的关系。泛化是对事物的相似性的反应，分化是对事物的差异性的反应。

经典条件作用不仅可以用于动物身上，而且对于解释大量重要、复杂的人类行为也是十分有用的。行为主义的代表人物华生关于小阿尔伯特的实验就是经典条件作用的例证。在实验中，华生让小阿尔伯特与小白鼠一起玩耍，结果发现小阿尔伯特不害怕小白鼠。之后，当小阿尔伯特跟小白鼠玩耍时，华生就在小阿尔伯特的耳边用锤子敲打一根铁条。多次这样配对呈现后，当华生再将小白鼠单独呈现在小阿尔伯特面前时，小阿尔伯特感到非常恐惧。小阿尔伯特对小白鼠的恐惧就是由于经典条件作用。(上述实验在今天看来是不道德的)

## 二、桑代克与斯金纳关于学习的理论

### (一) 桑代克的联结-试误说

桑代克是美国著名心理学家、联结主义心理学的创立者，也是现代教育心理学的奠基人。他是历史上第一位用动物实验来研究学习的人。桑代克最突出的贡献是根据对动物的实验提出了联结主义学习理论，他认为所有的学习都可以定义为刺激和反应之间的联结，而这种联结的形成必须经过“尝试与错误”的学习过程。

桑代克最著名的实验是饿猫学习如何逃出迷笼获得食物的实验。图 5-1 所示为实验装置——迷笼。桑代克将饿猫关在迷笼内，并在迷笼外饿猫够不到的地方放了食物，饿猫获得食物的唯一办法就是逃出迷笼。刚开始，饿猫可能会盲目地乱撞乱咬并使劲推迷笼想要出去，经过一段时间后，它无意中触碰到机关使迷笼的门打开了。桑代克多次将饿猫放回迷笼中，他发现饿猫逃出迷笼所花的时间越来越少，而且无效动作也越来越少。重复多次后，只要把饿猫放进迷笼中，饿猫会立即用一种正确的方式触碰机关使门打开。这说明，饿猫学会了打开迷笼的门的动作。桑代克根据上述实验结果提出了联结主义学习理论。

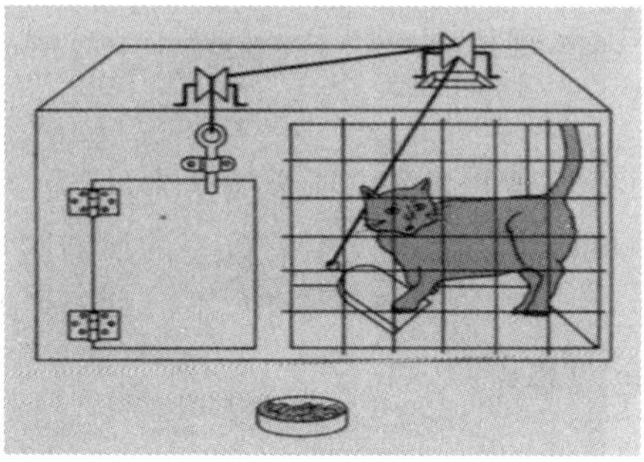

**图 5-1　迷笼**

桑代克认为学习的实质就是形成一定的联结，他认为刺激与反应之间的联结需要经过“尝试与错误”的学习过程，按照一定的规律形成。联结-试误说的基本规律有效果律、联系律和准备律。

效果律强调个体对反应结果的感受将决定个体学习的效果，满意的结果会使联结增强，不满意的结果会导致联结减弱。

练习律的实质就是强化刺激与反应之间的联结。反应在情境中用得越多，它与这个情境发生的联结就越牢固。反之，长期不用这个反应，这种联结就会逐渐减弱。

准备律强调学习依赖于学习开始前的心理定式或准备状态。当刺激与反应之间的联结事先处于某种准备状态时，实现这种联结会让个体感到满意，没有实现这种联结会让个体感到苦恼。

### （二）斯金纳的操作性条件作用理论

斯金纳是世界上最著名的心理学家之一，被称为“彻底的行为主义者”。他的研究建立在桑代克的研究的基础上，他用自己发明的装置——斯金纳箱（见图 5-2）进行试验，提出了操作性条件作用理论，为教育心理学的发展做出了杰出的贡献。

图 5-2　斯金纳箱

操作性条件作用（或操作性条件反射）也叫工具性条件反射，是指有机体因为某种行为的结果而学会这种行为。斯金纳认为，个体的行为可以分成两种：应答性行为和操作性行为。应答性行为就是由先前的刺激引起的反应；操作性行为则受行为的结果的控制。操作性条件作用里面重要的不是先前的刺激，而是伴随反应出现的结果。

斯金纳箱里面有一个杠杆，杠杆与一个提供食物的装置相连接，只要动物按压杠杆就会有食物落到食物盘内，动物就可以获得食物。实验过程中，一只饥饿的小白鼠被放入斯金纳箱中。刚开始，小白鼠在箱内自由活动，由于偶然按压杠杆而获得食物。经过多次尝试后，小白鼠会不断地按压杠杆直到吃饱。小白鼠第一次按压杠杆是偶然行为，由于这一行为，它得到了食物，食物的出现增加了它再次按压杠杆的可能性，食物强化了按压杠杆这一行为。在这个实验中，小白鼠学会了通过按压杠杆获得食物。

操作性条件作用有如下基本规律。

**1. 强化**

强化是斯金纳的理论中最重要的部分。斯金纳认为，行为之所以会发生，是因为强化的作用。强化是指条件反射中可以增加反应发生的概率的所有过程和手段，可以起强化作用的刺激物被称为强化物。在上述实验中，由于食物，小白鼠不停地按压杠杆，此时，食物就是强化物，老鼠一直按压杠杆的过程就是强化。

1）强化的分类

强化可以分为正强化和负强化。正强化又称为积极强化，是指通过呈现某种刺激来增加行为发生的概率。负强化又称为消极强化，是指通过移去某种刺激来增加行为发生的概率。

斯金纳还将强化分为一级强化和二级强化。一级强化是指满足人和动物的基本生理需求的强化。二级强化是指任何一个中性刺激如果和一级强化物反复联合，它就能获得相应的强化性质。例如金钱，对婴儿它不是强化物，但是对小孩来说，当小孩知道金钱能用来买糖时，它就能对小孩的行为产生效果。

2）强化的程式

强化的程式是指对强化的频率和时间的安排。根据强化的程式，强化可分为两种：一种是连续强化，指每次做出正确反应后均进行强化；另一种是间隔强化，指并不是每次做出正确反应后都进行强化。

根据不同的分类标准，我们可以将间隔强化分为不同的种类：根据在强化之前正确反应的次数将其分为定比强化和变比强化；根据前后两次强化之间的时间间隔将其分为定时强化和变时强化。

定比强化是指在一定次数的正确反应之后进行强化。例如，在小孩答对10题之后，他的妈妈才会带他去一次游乐园。变比强化是指在不固定次数的正确反应之后进行强化。例如，英语老师听写单词，从平均三天一次到平均一周一次，就采用了变比强化的方法。

定时强化是指前后两次强化之间的时间间隔是固定的。变时强化是指前后两次强化之间的时间间隔是不固定的。

在实际教育中，教师在强化过程中应该注意以下几点。

第一，教师应该注意观察学生对什么强化物感兴趣，对不同的学生提供不同的强化物。此外，教师在选择强化物时也要考虑到年龄因素，对不同年龄的学生提供相应的有效的强化物。

第二，教师在讲授新知识时，要进行连续强化，不要进行间隔强化。

第三，教师可以用学生喜爱的活动强化学生参与他们不喜爱的活动。

**2. 惩罚和消退**

惩罚是指通过呈现令人不愉快的刺激或移去令人愉快的刺激来降低行为发生的概率。强化和惩罚的比较如表5-2所示。

**表5-2　强化和惩罚的比较**

| | 呈现刺激 | 移去刺激 |
|---|---|---|
| 行为发生的概率增加（强化） | 正强化（在某一行为后呈现令人愉快的刺激以增加该行为发生的概率）。例如，学生按时到校，则对其进行表扬 | 负强化（在某一行为后移去令人不愉快的刺激以增加该行为发生的概率）。例如，学生努力学习，则不再对其进行训斥或责备 |
| 行为发生的概率降低（惩罚） | 给予式惩罚（在某一行为后呈现令人不愉快的刺激以降低该行为发生的概率）。例如，学生上课开小差，则罚做额外的作业 | 移去式惩罚（在某一行为后移去令人愉快的刺激以降低该行为发生的概率）。例如，学生不做家庭作业，则不允许其看电视 |

惩罚可以迅速地抑制非预期的行为，但是惩罚只能暂时抑制行为而不能彻底地根除行为，因此在运用惩罚的时候必须慎重。在日常生活中可以将惩罚和负强化结合起来使用，尽量避免单独使用惩罚。

消退是一种无强化的过程，其作用是降低某种行为在未来发生的概率，从而达到消除某种行为的目的。消退是消除不良习惯的有效方法。例如，小孩经常会为了得到自己想到的东西而哭闹，有些家长最终会妥协。这样做实际上是在强化小孩为了得到自己想要的东西而哭闹的行为。为了消除小孩的这种行为，家长应该对小孩的哭闹行为不再进行强化。

**3. 行为塑造**

斯金纳认为，教育就是塑造行为。行为塑造是指通过强化学习者逐步趋近预期目标（最终行为）的每一步来教授新技能或新行为。在行为塑造的过程中，首先强化所有与想要的行为类似的行为，然后强化与最终想要的行为接近的行为，最后只强化理想行为。

经典条件作用和操作性条件作用的比较如表5-3所示。

表 5-3 经典条件作用和操作性条件作用的比较

| 比较范畴 | 经典条件作用 | 操作性条件作用 |
| --- | --- | --- |
| 主要代表人物 | 巴甫洛夫 | 斯金纳 |
| 行为 | 无意的 | 有意的 |
| 刺激和行为的顺序 | 行为发生在刺激之后 | 行为发生在刺激之后 |
| 学习的发生 | 中性刺激与无条件刺激的匹配 | 行为的结果影响随后的行为 |
| 例子 | 学生将课堂(开始是中性刺激)与教师的热情联系在一起,最终课堂引发出学生积极的情绪 | 学生回答问题后,受到老师的表扬,于是学生回答问题的次数增加了 |

## 三、顿悟学习理论

在人们的日常生活中,虽然很多简单行为的习得可以用刺激-反应联结的形成来解释,但是对于复杂行为的习得,用刺激-反应联结的形成来解释则过于简单化。按照认知理论的观点,学习不是在外部环境的支配下被动地形成刺激-反应联结,而是主动地在主体内部构造完形,形成认知结构;学习不是通过练习与强化形成反应习惯,而是通过顿悟与理解获得期待。

顿悟学习理论主要是来自于格式塔心理学派的苛勒对于黑猩猩的学习行为的研究。在实验中,苛勒把黑猩猩放在放有箱子的笼子中,香蕉悬挂在笼子顶端。起初,黑猩猩会跳起来试图够香蕉,失败之后,黑猩猩坐下来,显得很生气。一会儿后,黑猩猩开始收集笼子里面的箱子并把箱子叠起来,然后爬到箱子上面把香蕉取下来。从那以后,黑猩猩每次都能通过叠箱子取下挂在笼子顶端的香蕉。

通过上述实验研究,苛勒认为,黑猩猩不是通过刺激-反应联结的形成来学会解决问题的,而是通过顿悟,即一种突然的认知改变来学会解决问题的。

### (一) 学习是通过顿悟过程实现的

格式塔心理学家认为,学习就是个体利用自身的智慧与理解能力对情境,以及情境与自身的关系产生顿悟。顿悟是以对整个问题情境的突然领悟为前提的,只有清楚地认识到整个问题情境中各成分之间的关系,顿悟才会出现。

### (二) 学习的实质是在主体内部构造完形

完形是指在机能上相互联系和相互作用的整体结构。完形是一种心理结构,是对事物关系的认知。格式塔心理学家认为,学习过程中问题的解决,是由于对情境中事物关系的理解而构成一种完形来实现的。学习的过程就是一个不断构造完形的过程。

### (三) 刺激与反应之间的联结是间接的,以意识为中介

行为主义心理学家认为,反应是由刺激直接引起的,格式塔心理学家认为这是一种机械的观点,他们认为,刺激与反应之间的联结是间接的,以意识为中介。

苛勒认为,人只要运用他们先天具备的能力,就能认识到环境中事物间的关系,产生顿

悟解决问题，这一过程不需要依赖于练习或经验。也有一些心理学家认为，顿悟不是一种独立的学习过程或学习形式，而是学习达到一定程度的表现或结果。一定经验的积累，是产生顿悟的前提。例如，一位象棋大师在面对一个从未见过的象棋残局时，可能很快就会找到破解残局的方法，但是对于一位新手来说，则需要经过很多次的尝试才能破解这个残局。

## 四、潜在学习理论

美国心理学家托尔曼根据一系列对动物的实验提出了潜在学习理论。潜在学习是一种没有外显行为表现的学习。托尔曼认为，在学习过程中，个体每一步都在学习，只是可能某阶段学习的效果没有明显地表现出来，此时，个体的学习活动处于潜在状态。

在研究潜在学习的实验中，托尔曼研究了小白鼠在迷宫里面的行为反应。在实验中，托尔曼将小白鼠分成三组：第一组小白鼠在迷宫里面乱跑，当它们到达迷宫终点时，不能得到食物奖励；第二组小白鼠在到达迷宫终点时，总能获得食物奖励；第三组小白鼠在前 10 天不能得到食物奖励，从第 11 天开始才能得到食物奖励。结果发现，第一组小白鼠犯了很多错误，而且花了很长时间才到达迷宫终点；第二组小白鼠可以迅速、准确地跑向迷宫终点，而且犯的错误很少；第三组小白鼠在得到食物奖励之后所花的时间和所犯的错误大大减少，而且它们的反应水平很快就达到或超过第二组小白鼠。对此，托尔曼是这样解释的：第三组小白鼠在学习走迷宫的前 10 天中，它们所学到的东西比它们表现出来的东西要多得多，一旦它们知道走出迷宫便能得到食物奖励，它们就会表现出在之前没有奖励的练习阶段已经习得的东西。也就是说，第三组小白鼠在得到食物奖励之前，其头脑中已经形成了关于空间位置和方向的认知结构，只是这种认知结构潜伏在记忆中没有表现出来，当强化物即食物奖励出现时，这种认知结构就会通过外在的操作表现出来。

托尔曼认为，学习不是刺激和反应的直接联结，而是形成某种认知、期待，对环境条件的认知是达到目的的手段和途径。托尔曼还认为，学习者不是学会了某种动作，而是学会了某种意义，形成了认知结构。潜在学习理论可以用来解释一些用操作性条件作用理论难以解释的问题。例如，在上述实验中，第三组小白鼠在最初没有获得食物奖励的时候就学会了如何到达迷宫的终点，我们很难弄清楚该过程中的强化作用是什么，因为没有明显的强化物。

## 五、观察学习理论

观察学习是指个体只以旁观者的身份，通过观察他人的行为方式及后果来学会某种复杂的行为。

### （一）实验研究

美国心理学家班杜拉对观察学习进行了系统的研究。他认为，人类大部分的学习行为都是观察学习。班杜拉对儿童习得社会行为这一现象进行了研究，揭示了榜样（行为方式被其他个体模仿的个体）对学习的刺激能力。在实验中，班杜拉要求儿童观看一部反映成人榜样对充气娃娃又打又踢的影片，随后，班杜拉将儿童带到一个放有充气娃娃的房间，让其自由活动，班杜拉则躲在一个隐秘的地方观察儿童的行为。结果发现，大部分儿童表现出了攻击性行为，有的儿童甚至表现出了与成人榜样的行为一样的攻击性行为。这表明榜样的行为对儿童的行为具有明显的影响。后来为了了解对成人榜样的攻击性行为的奖惩是否会影响儿童的行为，班杜拉进行了进一步的实验。实验中，儿童被分为三组，班杜拉首先让三组儿童观看成人榜样攻击充气娃娃的影片，这部分内容完全相同，但是后面对成人榜样的攻击性行为的处理方式不同：第一组儿童看到的是成人榜样被表扬；第二组儿童看到的是成人榜样被批评；第三组儿童看到的是成人榜样既不被表扬，也不被批评。然后，班杜拉将三组儿童带到一个放有充气娃娃的房间，让他们自由活动。结果发现，第一组儿童的攻击性行为最多，第二组儿童的攻击性行为最少，第三组儿童的攻击性行为居中。这表明，儿童可以通过观察榜样的行为而习得新的行为，但是儿童是否表现出新行为的一个关键因素是对榜样行为的奖惩。

观察学习可以分为直接观察学习、综合观察学习和抽象观察学习。直接观察学习是指学习者对示范行为进行简单的模仿。综合观察学习是指学习者综合多次观察到的东西，从而形成自己的行为。抽象观察学习是指学习者从示范行为中获得一定的行为规则和原理。

### （二）观察学习的过程

班杜拉认为，人类的学习有直接学习和间接学习两种形式，观察学习属于间接学习。观察学习的过程受注意、保持、动作再现和动机这四个子过程的影响。

#### 1. 注意过程

注意过程是指观察者将其心理资源，如感觉通道、知觉活动等，灌注于示范行为的过程。注意过程调节着观察者对示范行为的探索和知觉，决定着观察者在众多榜样行为中选择什么样的行为作为观察的对象。影响该过程的因素有榜样行为的特性、榜样的特征和观察者的特征。

榜样行为的特性中，显著性、复杂性、普遍性和实用价值等都会影响观察学习的速度和水平。榜样的行为越简单，越容易成为观察的对象，被奖励的榜样行为比被惩罚的榜样行为更容易被观察者模仿。

榜样的性别、年龄、兴趣爱好等与观察者的越相似，榜样的行为越容易引起观察者的注意。人们倾向于注意能力强、有吸引力、地位较高的榜样。

就观察者的特征而言，观察者自身的信息加工能力、人格特质和已有的经验会影响观察学习。信息加工能力强的个体能通过观察学到更多的东西。缺乏自信、依赖性强的人更容易注意榜样的行为。

#### 2. 保持过程

观察者将获得的有关示范行为的信息转换成表象或语义概念的符号表征并存储在记忆中以备用的过程就是保持过程，该过程主要依赖于表象系统和言语系统。

#### 3. 动作再现过程

动作再现过程是指观察者将所形成的有关示范行为的内部符号表征转换成物理形式的外显行为的过程，也就是个体对榜样行为再现的过程。自我效能感是影响动作再现过程的一个重要因素。自我效能感是指个体对自己能否成功地做出某一行为的主观判断，它是个体的自信心在某些具体活动中的体现。个体的自我效能感主要来源于两个方面：一是个体在某一领域中所取得的成就；二是对他人的活动效能的观察和比较。

#### 4. 动机过程

动机过程是指观察者在特定的情境下由于某一诱因的作用而表现出示范行为的过程。该过程包括直接强化、替代强化和自我强化，班杜拉尤其强调替代强化和自我强化的作用。直接强化是指当观察者正确地重复了示范行为时，直接给予强化。替代强化是指看到他人因为某一行为受到奖赏，也会受到鼓励而对该行为进行模仿。自我强化是指因个人的行为表现符合或超出标准而带来的强化。自我强化是人类所特有的现象，它体现了人的主观能动性。

## 第三节　学习的迁移

学习是一个连续的过程，新的学习总是建立在先前学习的基础之上。教师经常要求学生举一反三，运用所学的知识解决问题，这实质上就是学习的迁移。学习的迁移在人类社会中是普遍存在的，有学习的地方就有迁移。迁移可以使个体利用所学的内容适应新环境，解决新问题。研究学习的迁移既有助于进一步完善学习理论，又有助于指导教育工作者改进教学方法。

### 一、迁移概述

#### （一）迁移的含义

学习的迁移是指一种学习对另一种学习的影响，例如，学好语文有助于我们更好地理解数学题目，从而有助于我们更好地解题。不同的研究者对迁移的定义不同，但他们都指出了迁移所包含的三个关键要素：学习者、任务和情境。第一，学习者是迁移的主体，学习者的迁移能力各不相同，这主要取决于学习者自身的经验和知识，除此之外，学习者的迁移能力还与学习者的态度、信念、智力等有关系。从这个角度来说，迁移是学习者的一种能力。第二，迁移的效果需要通过一定的任务来测评，迁移不是对已有知识的原样提取，它还包含了获取新知识的过程，即学习者要形成新的理解，使其具备新的意义。第三，迁移涉及迁移情境和学习情境，一般来说，迁移情境和学习情境存在差异，所以有些学生不能把在课堂上学到的知识迁移到课堂外的生活情境中。

对迁移的完整定义应包含上述三个要素，因而我们可以把迁移定义为：学习者在一种任务或情境中获得的技能、知识或形成的态度对另一种任务或情境中技能、知识的获得或态度的形成的影响。

#### （二）迁移的分类

从不同的角度出发，可以将迁移分成不同的种类。

根据迁移的性质，可以将迁移分成正迁移和负迁移。正迁移是指一种学习对另一种学习产生积极的促进作用，例如，阅读技能的掌握有助于写作技能的形成。负迁移是指两种学习之间相互干扰、阻碍,例如,学会了西班牙语对学习葡萄牙语有消极影响。

根据迁移的方向,可以将迁移分为顺向迁移和逆向迁移。顺向迁移是指先前的学习影响后续的学习。逆向迁移是指后续的学习影响先前的学习。值得注意的是,无论是顺向迁移还是逆向迁移,其产生的影响都有正、负之分。

根据原有知识在新情境中应用的难易程度,可以将迁移分为水平迁移和垂直迁移。水平迁移是指处于同一概括水平的经验之间的相互影响,是已经掌握的概念和原理在新的不需要产生新概念和新原理的情境中的运用。垂直迁移是指处于不同概括水平的经验之间的相互影响,是已经掌握的概念和原理在新的需要产生新概念和新原理的情境中的运用。

根据迁移发生的方式,可以将迁移分为一般迁移和特殊迁移。一般迁移又叫非特殊迁移,是指将在一种学习中习得的一般的原理、方法、策略和态度等迁移到另一种对具体内容的学习中,也就是将原理、方法、策略和态度等具体化,应用到具体的事例中。特殊迁移是指将在一种学习中习得的具体的、特殊的经验直接迁移到另一种学习中,迁移发生时,学习者原有经验的组成要素没有发生变化,只是对其重新进行组合并迁移到另一种学习中。

根据迁移的自动化程度,可以将迁移分成低路迁移和高路迁移。低路迁移是指通过充分的练习实现自动迁移,不需要反省性思维。高路迁移是指有意识地将先前习得的抽象的知识运用到新的情境中。

根据学习情境和迁移情境的相似程度,可以将迁移分成自迁移、近迁移和远迁移。自迁移通常表现为个体所习得的经验在相同情境中的重复。近迁移是指个体将所习得的经验迁移到与原先的学习情境相似的情境中。远迁移是指个体将所习得的经验迁移到与原先的学习情境有较大差异的情境中。

我国心理学家冯忠良根据新、旧经验整合的方式将迁移分为同化性迁移、顺应性迁移和重组性迁移。同化性迁移是指在学习过程中,学习者原有的认知结构没有发生改变,直接将原有的认知结构应用到本质特征相同的一类事物中去。顺应性迁移是指在学习过程中,学习者需要调整原有的经验或对新、旧经验进行概括,形成一种能包容新、旧经验的更高级的认知结构,才能适应外界的变化。重组性迁移是指在学习过程中,学习者需要重新组合原有的认知结构中的某些构成要素,调整各构成要素间的关系或建立新的联系,从而将其应用于新情境。

认知心理学家根据知识分类的观点将迁移分为四种类型:程序性知识向程序性知识的迁移、程序性知识向陈述性知识的迁移、陈述性知识向程序性知识的迁移、陈述性知识向陈述性知识的迁移。这种分类方法是影响较大的一种分类方法,反映了当前在认知心理学的影响下人们对不同类型的知识之间的相互作用的关注。

## 二、迁移理论

### (一) 传统的迁移理论

#### 1. 形式训练说

形式训练说是一种古老的学习迁移理论。该理论假定,人类大脑的许多区域代表了许多不同的官能,如注意、记忆、想象等。人的心理是由许多不同的官能组成的,各种官能可以像肌肉一样，通过练习增加力量。该理论认为，这些官能需要经过训练才能发挥作用。迁移是通过对组成心理的各种官能进行训练，提高各种能力来实现的，并且迁移是自动产生的。

形式训练说把训练和改进各种官能作为最主要的目标。根据这种理论，在学校教育中，传递知识远不如训练官能重要。该理论缺乏足够的实验依据和现实依据，从20世纪初开始不断遭到许多学者的反对。

**2. 共同要素说**

共同要素说又称为相同要素说，该学说认为，一种学习之所以有助于另一种学习是因为这两种学习具有共同的要素。若两种学习含有共同的要素，不管学习者是否察觉到这种要素的共同性，都会有迁移现象发生。20世纪初，美国著名心理学家詹姆斯率先用记忆实验检验形式训练说，结果发现记忆能力不受训练的影响，记忆效果的改善不在于记忆能力的改善而在于记忆方法的改善。在詹姆斯之后，许多心理学家纷纷设计了更严格、更严密的实验，从不同的角度向形式训练说提出挑战。其中，桑代克的影响最大。桑代克以大学生为被试，首先训练大学生对平行四边形的面积进行判断，然后对他们进行测验。结果表明，被试对矩形面积的判断成绩提高了，但是对三角形、圆形和不规则图形面积的判断成绩并没有提高。因此，他认为，训练某一种官能未必能使它的所有方面得到改善，只有在两种学习之间具有共同的要素时，学习才会发生迁移。例如，由于骑自行车和骑摩托车在协调和操作方式上具有共同的要素，所以学习的迁移容易发生。

**3. 概括化理论**

概括化理论是由贾德提出来的，该理论认为，只要一个人对他的经验进行了概括，就可以完成经验从一种情境到另一种情境的迁移。

1908年，贾德开展的“水下打靶”实验是概括化理论的经典实验。他选取了五年级和六年级的小学生作为被试，并将他们分成两组，要求他们练习用标枪投中水下的靶子。实验前，贾德向其中一组学生讲授了光的折射原理，未向另一组学生讲授该原理。在开始投掷练习时，靶子位于水下1.2英寸(1英寸＝2.54厘米)处。结果，两组学生的成绩一样。这是因为在开始的训练中，所有学生必须学会使用标枪，理论的说明不能代替练习。当将靶子从水下1.2英寸处移到水下4英寸处时，两组的差异就十分明显了，学习过光的折射原理的学生的成绩在速度和准确性方面都超过了未学习过光的折射原理的学生。对此，贾德是这样解释的：理论曾把有关的全部经验，包括水外的、浅水的和深水的经验，组成了整个思想体系，学生在理论知识的基础上，理解了实际情况后，就能利用概括了的经验迅速解决需要按实际情况做出分析和调整的新问题。

贾德认为，两种学习具有共同的要素是迁移产生的必要前提，迁移产生的关键是学习者概括出这两种学习的共同原理。

**4. 关系转换理论**

关系转换理论是由格式塔心理学家提出的，代表人物是苛勒。格式塔心理学家从理解事物的关系的角度对概括化理论重新进行了解释。他们强调顿悟在迁移中的作用，认为这是一个决定性的因素。他们认为，迁移不是因为两种情境具有共同的要素而自动产生的，而是学习者突然发现两种情境之间存在关系的结果。

苛勒用小鸡啄米实验证明了关系转换理论。在实验中，他让小鸡在深灰色、浅灰色两种颜色的纸下面寻找食物。通过条件反射学习，小鸡学会了只有从深灰色纸的下面才能获得食物。之后，变换实验情境，保留原来的深灰色的纸，用黑色的纸取代浅灰色的纸。如果小鸡仍然到深灰色的纸下面寻找食物，那就说明迁移的产生是共同要素作用的结果；如果小鸡到两张纸中颜色更深的那张纸（即黑色的纸）下面寻找食物，那就说明迁移的产生是两种情境之间的关系作用的结果。实验结果是小鸡对黑色的纸的反应率为70%，对深灰色的纸的反应率仅为30%。因此，苛勒认为对迁移起作用的是两种情境之间的关系，不是共同要素。

苛勒通过实验证明了迁移产生的实质是个体对事物间关系的理解，也就是说，学习者必须发现事物间的关系才能产生迁移。迁移的产生依赖于两个条件：一是两种学习之间存在一定的关系；二是学习者对这一关系的理解和顿悟。后者比前者更重要。习得的经验能否迁移取决于个体能否理解各个要素之间形成的整体关系，能否理解原理和实际事物之间的关系，而不是取决于是否存在某些共同的要素。苛勒认为，人们越能发现事物之间的关系，越容易产生迁移。

### （二）现代的迁移理论

#### 1. 认知结构迁移理论

美国心理学家奥苏伯尔提出了认知结构迁移理论，该理论适用于解释陈述性知识之间的迁移。奥苏伯尔认为，认知结构是影响迁移的重要因素，教学的目标就是让学生形成良好的认知结构。认知结构迁移理论认为，影响学习迁移的因素有三个：原有知识的可利用性、原有知识的巩固性、新知识和旧知识的可辨别性。

原有知识的可利用性是指在学习新知识时，学习者原有的认知结构中是否具有用来同化新知识的适当观点。这一特征涉及学生在面对新的学习任务时，他的认知结构中是否具有与新的学习相关的概念或原理及其概括程度。原有相关概念或原理的概括程度越高，迁移的能力就越强。在学习新知识时，如果学生的认知结构中缺乏概括程度高的原有概念或原理的作用，教师可以从外部给学生的认知结构镶嵌这样的观念，使之起到吸收和同化新知识的作用，像这样从外部镶嵌的观念被称为先行组织者。先行组织者是指先于学习任务本身呈现的一种引导性材料，它比学习任务本身具有更高的抽象、概括和综合水平。先行组织者在学习者已知的东西与需要知道的东西之间架起了一座桥，使学习者能更加有效地学习新知识。

原有知识的巩固性是指学习新知识时，用来同化新知识的原有知识是否已经被牢固掌握。原有知识掌握得越牢固，越容易促进新知识的学习，越容易产生迁移。

新知识和旧知识的可辨别性，是指利用旧知识同化新知识时，学习者是否能意识到旧知识和新知识之间的异同点。

学习者的认知结构越具有可利用性、巩固性和可辨别性，就越容易产生正迁移。如果学习者的认知结构是无组织的、不稳定的、含糊不清的，就会抑制新的学习或者导致负迁移。根据该理论，在教育过程中，为了促进学习的迁移，可以从以下几个方面入手。

(1) 设计先行组织者，改进学生的认知结构。教师可以根据新、旧知识关系的不同，设计出不同的先行组织者。

(2) 改革教材内容，改进教材呈现的方式，促进迁移。学生的认知结构是从教材的知识结构转化而来的，因而教材中应该包含可以简化的知识内容，以促进学习的迁移。

### 2. 产生式迁移理论

产生式迁移理论是由心理学家安德森针对认知技能的迁移提出来的。产生式迁移理论的基本思想是:前、后两项学习任务产生迁移的原因是两项任务的产生式发生重叠,重叠越多,迁移量越大。

安德森利用对不同计算机文本编辑器的学习的实验证实了产生式迁移理论。实验中,安德森选取打字非常熟练的人员作为被试,并将他们分成三组:A 组在练习 Emacs 编辑器之前,先根据已经做好标记的文本练习打字;B 组先练习另一种文本编辑器,再练习 Emacs 编辑器;C 组为控制组,从第 1 天到最后一天(也就是第 6 天)一直练习 Emacs 编辑器。学习成绩用每天按键的次数来表示,因为被试按键的次数越多,说明他们出现错误需要重新按键的次数越多(因为实验中的被试打字非常熟练,不可能是打字造成的错误)。结果发现,C 组每天练习 3 小时 Emacs 编辑器,前 4 天成绩显著进步,第 5 天和第 6 天成绩维持在相对稳定的水平;A 组先练习打字,共 4 天,每天 3 小时,第 5 天和第 6 天练习 Emacs 编辑器的成绩与 C 组第 1 天和第 2 天的成绩相似,这说明打字对文本编辑器的学习未产生迁移;B 组前 4 天练习另一种文本编辑器,每天 3 小时,第 5 天和第 6 天练习 Emacs 编辑器的成绩明显好于 A 组,这说明第一种文本编辑器的练习对第二种文本编辑器的练习产生了迁移。

安德森认为,打字和文本编辑之间没有共同的产生式,但是两种文本编辑器之间有许多共同的产生式,这就是迁移效果不同的主要原因。为了进一步证实重叠的产生式导致迁移这一设想,安德森又仔细比较了两种行编辑器和一种全屏编辑器之间的学习迁移情况。被试先学习 A 种行编辑器,再学习 B 种行编辑器,结果节省时间 95%;先学习行编辑器,再学习全屏编辑器,结果节省时间 60%。安德森为这三种编辑器建立了产生式规则模型,并计算它们之间共同的产生式的数量。安德森运用这一数量对迁移量进行了预测,并将预测的迁移量与实际观察到的迁移量进行比较。结果表明,预测的迁移量和实际观察到的迁移量有很高的一致性。

根据产生式迁移理论,在实际教学中,应注意以下几点。

(1) 在编写教材的时候,应该遵循循序渐进的原则。

(2) 在教学方法上,应注重对自动化基本技能的子技能或前提技能的训练,以便之后与所要学习的目标技能相整合。

(3) 为了促进迁移,应该对先前学习的基本技能进行充分练习,许多基本技能只有在经过充分的练习后,才会达到自动化的水平。

### 3. 认知策略迁移理论

认知策略的成功迁移是指问题解决者能够确定新问题的要求,选择已获得的适用于新问题的特殊技能或一般技能,并在解决新问题时监控它们的应用。20 世纪六七十年代,心理学家重视将记忆策略教给智力水平较低的儿童,以帮助他们改善记忆,与此同时,也对他们开展其他策略训练。1977 年,心理学家贝尔蒙特等人系统地分析了 100 项有关研究,这 100 项研究涉及许多种策略和不同的被试。结果表明,没有一项策略训练在迁移上取得成功。贝尔蒙特等人经过研究发现,在这 100 项研究中,没有一项研究要求被试对策略的运用成功与否进行反思。1982 年,贝尔蒙特等人对 7 项策略研究进行了评述。这 7 项研究都要求被试对策略的运用成功与否进行反思,结果有 6 项研究中产生了迁移。之后,许多心理学家进行了类似的研究，证实学习者的自我评价是影响认知策略迁移的一个重要因素。

除了自我评价会影响认知策略的迁移以外，还有其他因素也会影响认知策略的迁移，如元认知知识、归因方式、对任务的控制感等。

在实际教学中，为了促进认知策略的迁移，可以从以下几个方面入手。

(1) 要实现“为迁移而教”，重视策略性知识的学习和迁移，在不同的情境中充分练习并评价认知策略。

(2) 教师应正确讲授认知策略，并加以示范，不仅要让学生正确掌握该认知策略的操作步骤，还要让学生掌握该认知策略的使用条件。

(3) 教师应注意引导学生正确地进行归因，培养学生排除干扰的能力。

## 拓展阅读

### 网络对青少年语言学习的影响

受不断发展的信息处理技术及工具变革的影响，传统的办公方式、学习方式与社会互动方式正在慢慢地发生变化。在办公领域，工作者利用计算机及其附属设备(如打印机等)、互联网对信息进行搜索、接收、存储、输入、处理、传递及输出。在学习领域，学习者利用计算机和网络查询资料、下载学习资源、完成课外作业等。在社会互动领域，人们已习惯于通过计算机网络或移动通信网络，利用各种数字化信息交流工具(如计算机、手机等)进行信息交流。传统的社会互动方式，如面对面交流、电话交谈、书信来往等，已发展为基于信息处理技术的多样化的交流互动方式，如电子邮件、微博、网络论坛、手机短信等。

在上述各领域的信息载体中，语言文字是最具有广泛性的一种信息表现形式，即大多数文件资料、作业内容、互动消息都是用语言文字表现的。基于数字设备和网络的文字信息处理及社会互动方式的运用，使青少年群体对语言文字的使用呈现出两个比较重要的特征：第一，不再需要用纸和笔书写文字，主要是利用键盘和屏幕输入文字信息，我们将这种书写方式称为数字化书写；第二，在网络互动中，出现了一种新的语言风格，通常是一些字、词的新用法，我们将这种语言称为网络语言。为什么会出现网络语言呢？有人认为很重要的原因是过去我们很少有将口头语言写下来进行交流的互动形式，在正式的书面语和非正式的口语之间有明确的区分，而基于数字设备和网络的互动(如QQ、微信等)则混淆了二者的边界，产生了口语的书面形式。

人们在享受信息处理技术给工作、学习和生活带来的便利的同时，也在担心数字化书写和网络语言对我们学习和运用汉语言文字造成不良影响。

第一，人们担心长期采用数字化书写方式会对汉语言文字的识记带来负面影响。人民网曾呼吁，网络时代不能握住鼠标丢了笔杆。这种顾虑不无道理。有人对大学生进行调查后发现，出现不同程度的“提笔忘字”现象的大学生占被调查人数的95.8%，有51.7%的被调查者承认在需要写出汉字时通常只记得汉字的大致轮廓，无法正确书写完整的汉字。

第二，人们担心青少年长期使用网络语言会影响其学习和理解传统语言。网络语言借用谐音、数字、字母、符号等表达方式改变了传统的汉语言文字的语义、语法及用法。网络语言对于传统语言是一种破坏，还是一种创新，人们对此并没有一致的结论。有人认为，网络语言是对传统语言的破坏，它冲击和颠覆了已有的语言规范。也有人认为，对网络语言的流行不必过于紧张，甚至认为网络语言具有新颖、幽默、风趣、时尚等特点，正好满足了青少年追求时尚、追求个性张扬的心理，因此可以利用网络语言激发学生的写作兴趣和创新欲望。无论网络语言是对传统语言的破坏还是对传统语言的创新，青少年在各种正式或非正式情境中使用网络语言都已成为事实。据报道，许多学生在写作文时会使用网络语言。有人针对这种现象指出，中小学生正处于语言学习阶段，经常使用网络语言，会造成负面影响。中华人民共和国教育部曾在《2012 年高等学校招生全国统一考试考务工作规定》中明确提出，高考中，学生要用“现行规范汉语言文字”答卷，意味着禁止使用网络语言答卷。

综上所述，人们已经注意到，数字化书写和网络语言会对青少年学习和运用汉语言文字造成负面影响。①

## 【课后思考】

1. 解释下列名词：学习、接受学习、发现学习、无条件刺激、无条件反应、条件刺激、条件反应、强化、迁移。

2. 学习的分类方式有哪些？

3. 经典条件作用的原理是什么？

4. 操作性条件作用的原理是什么？

5. 观察学习包括哪四个子过程？

6. 学习的迁移理论有哪些？

---

① 陈京军：《青少年学生数字化语言经验对字词认知的影响》，博士学位论文，华中师范大学，2015年。

# 第六章
# 记　忆

## 案例导入

“牛仔很忙”记忆项目挑战现场

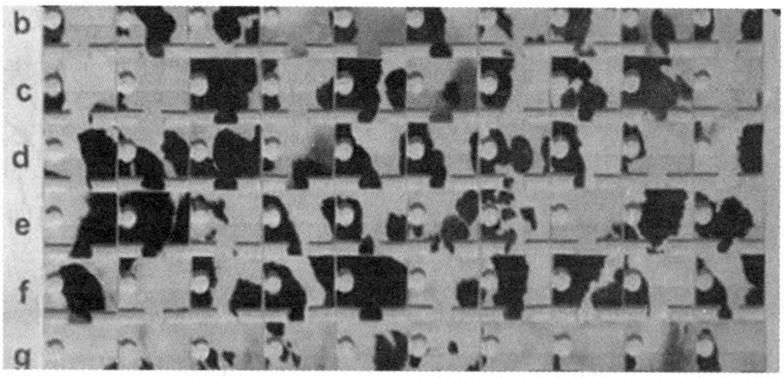


奶牛斑纹拼图墙

2015 年 4 月 5 日，江苏卫视《最强大脑》节目中，中国选手李威和美国选手约翰尼·布里奥尼斯共同挑战了一个记忆项目——“牛仔很忙”。挑战者提前前往牧场与奶牛相处两天，对 1900 头成年奶牛进行观察并记忆其斑纹和耳标编号。现场挑战分两轮进行：第一轮挑战，两位挑战者同时计时观察由国际评审挑选出的 3 头奶牛，写下对应的耳标编号，答对 1 个耳标编号得 1 分；第二轮挑战，嘉宾随机挑选 100 个奶牛耳标编号中的 1 个号码，两位挑战者从奶牛斑纹拼图墙上找到对应斑纹的 6 块拼图，并写下坐标号，答对 1 块拼图得 1 分。两轮挑战结束后，总分高者获胜，若得分相同，则将两轮挑战的时间相加，用时少者获胜。两轮挑战结束后，李威以 9∶8 的成绩战胜了对手。

两位选手是如何在两天内记住 1900 头奶牛的斑纹和耳标编号的？又是如何在如此短的时间内完成高难度的记忆项目的挑战的？学习本章，将有助于你了解其中的奥秘。

# 第一节　记忆概述

记忆是使人们能够保持并回忆过去的经历的动态心理机制。人感知过的事物、思考过的问题、体验过的情绪、练习过的动作，都可以成为记忆的内容。记忆在学习过程中扮演着重要的角色。为了使学习能够发生，人们必须记住自己的经历。

## 一、记忆的分类

### （一）感觉记忆、短时记忆和长时记忆

根据信息在记忆中保持时间的长短的不同，可把记忆分成感觉记忆、短时记忆和长时记忆。

#### 1. 感觉记忆(sensory memory)

感觉记忆是指当外部的物理刺激停止作用于感觉器官后，感觉信息在头脑中保持极短时间的记忆。感觉记忆保持的时间只有0.25～4秒，所以感觉记忆又被称为瞬时记忆。这种短暂的感觉停留，就好像大脑对刺激快速拍下照片进行登记一样，故感觉记忆也叫感觉登记。

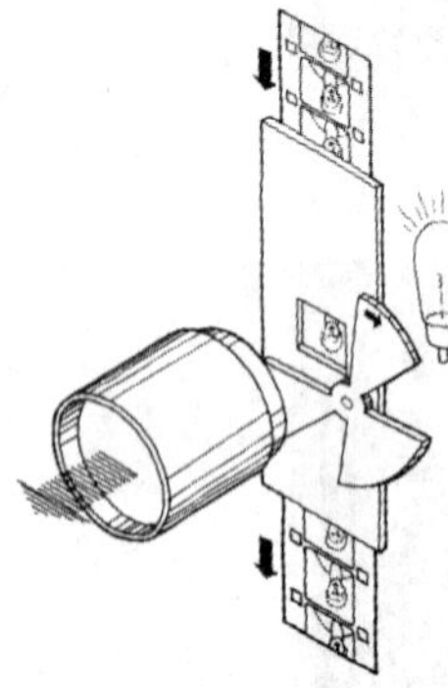

图 6-1　用电影胶片放映电影

电影院用电影胶片放映电影的例子说明了感觉记忆的重要性。从图 6-1 中可以看出，电影胶片上面是一个个静止的画面，但是为什么人们看到的却是连续运动的图像呢？这是由于感觉记忆在发挥作用。感觉记忆使前一个画面短暂停留并与当前画面重叠，两个只有细微变化的画面一前一后地保持在大脑中，就形成了连续的画面，从而产生连续运动的图像。

#### 2. 短时记忆(short-term memory，简称 STM)

短时记忆是指感觉记忆中受到注意的信息保持在30秒左右的记忆。短时记忆也被称为电话号码式记忆，容量有限，保持时间较短。

短时记忆是信息加工的中间站，是连接感觉记忆和长时记忆的桥梁。短时记忆的信息加工包括两个方面：一是选择感觉记忆中受到注意的信息，经过复述将其输入到长时记忆中进行储存，例如反复默念电话号码很多遍，直到记住；二是整合感觉记忆输入的信息和从长时记忆中提取的信息，完成当前的认知活动，此时的短时记忆更适合被称为工作记忆。

#### 3. 长时记忆(long-term memory，简称 LTM)

长时记忆是指信息可以长时间保持的记忆，其中，大部分信息是经过短时记忆加工后转入的，还有少部分信息由于刺激到达感觉记忆的那一刻留下深刻印象而得以长期保持。长时记忆是一个信息库，存储着个体所经历的事件、看到其他个体所经历的事件、各种情感体验和技能等，可以说，长时记忆存储了个体对世界和自我的全部知识。

**拓展阅读**

**闪光灯效应与莱斯托夫效应**

闪光灯效应指令人震撼的事件容易使人留下深刻的记忆。曾有心理学家在美国第16任总统林肯被刺身亡33年后，调查了179位中年人，询问他们是否还记得林肯遇刺的时间、地点及凶手的姓名。结果发现，回答完全正确的人居然有127人。

莱斯托夫效应是指独特或特殊的事物容易被人牢记。例如，在宴会上，大部分人只能记

住在身形、相貌、年龄、地位等方面具有典型特征的人的名字。

### （二）陈述性记忆和程序性记忆

根据记忆存储的知识的类型的不同，可把记忆分成陈述性记忆和程序性记忆。

#### 1. 陈述性记忆

陈述性记忆是对陈述性知识的记忆。陈述性知识包括存储于情景记忆和语义记忆中的事实。陈述性知识在记忆中，主要有两种表征方式：一是类比表征；二是符号表征。

情景记忆是对个人亲身经历的、发生在一定的时间和地点的事件的记忆。涉及情景记忆时，我们倾向于用“我记得……”这个句式来表述。

语义记忆是对一般的知识和规律的记忆，不受特定的时间、空间的限制，表现为对概念、公式、规则、规律、常识等知识的记忆。涉及语义记忆时，我们通常会用“我知道……”“我听说……”等句式来表述。

#### 2. 程序性记忆

程序性记忆是对程序性知识的记忆。程序性知识是关于如何去做某件事的知识。程序性记忆是关于怎么做的记忆，包括对知觉技能、认知技能、运动技能等的记忆。程序性记忆是通过熟练的行为和认知程序来表达的，它与意识相分离。

程序性知识是以产生式的形式存储的。一般来说，程序性记忆可以保持很长时间。例如，一个人学会了骑自行车，在之后的很长时间内，他都会记得如何骑自行车，即使几年没有骑过，经过短暂的适应，他也可以骑得像以前一样好。

### （三）外显记忆和内隐记忆

根据记忆是否需要意识的参与，可把记忆分成外显记忆和内隐记忆。

#### 1. 外显记忆

外显记忆是指个体有意识地提取信息的记忆。当我们有意识地搜索之前存储的信息时，就是在使用外显记忆。比如，别人问你：“大脑皮层的哪一个区域负责视觉信息的加工？”为了回答该问题，你必须有意识地回忆以前学过的内容，从而得出正确答案“枕叶”。回答这个问题的时候，你完全意识到了自己搜索答案的过程，因此可以说你使用的是外显记忆。

前面提到的陈述性记忆就是典型的外显记忆。根据所包含的信息的类型，外显记忆也可以分为情景记忆和语义记忆。

外显记忆的测验任务都是直接要求被试运用之前存储的信息来完成的，如回忆法（回忆之前学过的刺激）、再认法（判断当前刺激是否是之前学过的）。

#### 2. 内隐记忆

内隐记忆是指在不需要意识参与的条件下，个体自动地提取信息的记忆。比如，当你把车开进小区的地下车库时，你还记得回家的途中发生了什么吗？你有没有想过自己是如何找到回家的路的？其实，在回家的路上，你使用了已经存储在记忆中的关于如何开车、如何回家、如何识别街道和交通标志等方面的知识。但神奇的是你在无意识的状态下完成了所有这些事情。事实上，我们每天都会使用内隐记忆完成很多事情。

前面提到的程序性记忆就是典型的内隐记忆，内隐记忆通过人们所做的事情显示出来，难以用语言清晰地表述出来。即使我们很多年不使用内隐记忆，内隐记忆依然能够保持。在背诵字母表或乘法口诀表许多次之后，这些记忆就成了自动或内隐的了，我们可以不用注意它们，却能够运用它们。对于字母表或乘法口诀表的记忆反映了重复使联结变得自动化。我们可以称之为启动效应，其基本特征是记忆与意识分离。脑成像研究显示，启动效应可以让人们在较少的神经活动下执行智力任务。

内隐记忆常用的测验方法有词汇确定、单词辨认等。

### （四）回溯记忆和前瞻记忆

根据记忆指向过去还是指向未来，可以把记忆分为回溯记忆和前瞻记忆。

**1. 回溯记忆**

回溯记忆是对过去发生的事件的记忆。前面提到的外显记忆（情景记忆和语义记忆）和内隐记忆都包含了对过去发生的事件的记忆，这里不再赘述。

**2. 前瞻记忆**

前瞻记忆是指对未来要做的事情的记忆。根据任务类型，可以把前瞻记忆分为基于事件的前瞻记忆和基于时间的前瞻记忆。前者是指在看到目标事件时从事先前计划好的目标活动（如记得看到某人时把书还给他），后者是指在未来的某一特定时间或经过一段时间后从事先前计划好的目标活动（如记得晚上7:30去看电影、记得每隔4小时就吃一次药）。

日常生活中还有一些比较复杂的前瞻记忆，其中有一种是基于目标事件进行反应，并且目标事件出现的时间已知，即事件和时间线索以一种相互结合的方式存在，这种前瞻记忆可以称为基于事件和时间的混合型前瞻记忆。

前瞻记忆和回溯记忆有很大的不同，最根本的区别在于前瞻记忆任务包括两种成分，一种是自发启动先前的意向的前瞻成分，另一种是对意向内容进行提取的回溯成分（即前瞻记忆需要回溯记忆的参与），前者是回溯记忆所没有的。

前瞻记忆和回溯记忆在一定程度上是相互独立的，但是这种独立具有方向性。研究发现，前瞻记忆受损，回溯记忆可以保持正常，但是回溯记忆受损，会对前瞻记忆造成影响。

## 二、记忆的过程

古希腊哲学家柏拉图曾经将人的记忆比喻成鸟笼，当人们获得新的记忆时，就像鸟笼里增加了一只鸟，而回忆就像从鸟笼中抓出一只鸟进行检查。这个比喻形象地说明了记忆的两个过程——存储与提取，不过任何外界信息要成为可以保持和利用的记忆信息都要先经过编码。

### （一）编码

编码是将外界信息转换成心理表征的过程。表征是指用文字、符号或图形等代表具体的对象或抽象的概念。例如，在古代人们用象形文字来代表人、象、木、弓。外界信息通过编码转换成相应的符号，经过加工和操作的符号再通过解码转换成相应的形式后输出。

### （二）存储

存储是指将经过编码的信息以一定的形式保持在大脑中。存储的时间可长可短。

### （三）提取

提取是指在必要时将存储在大脑中的信息取出来使用。提取的前提是个体对外界信息进行编码和存储。提取有两种基本形式:回忆和再认。

总之,外界信息被输入到感觉器官后,先要被转换成记忆系统能"看懂"的心理表征,然后经过各种加工和操作将这些心理表征存储下来。当需要使用相应的内容时,就将其提取出来供当前的认知活动使用。这三个过程看起来是依次进行,相互独立的,事实上,这三个过程相互作用,彼此依赖。

## 三、记忆的生理机制

20世纪初期,很多心理学家研究记忆时都运用了"记忆痕迹"的概念。记忆痕迹可以被理解为一种大脑中和经验相一致的回路。但是,很多心理学家花了很长时间去寻找这种回路,都没有什么结果。今天,很多关于记忆的生理机制的研究都集中在刺激物、神经元、神经递质、激素以及大脑结构的作用上。

### （一）神经活动与记忆

什么神经活动是和记忆联系在一起的?饲养在具有丰富的刺激的环境中的动物提供了一些答案。和生长在刺激较为贫乏的环境中的动物相比,这些动物的大脑皮层上生长出了更多的树突和突触。视觉刺激增加了它们的视觉皮层上的突触的数量。通过其他感觉得到的信息,也会导致相应的大脑皮层发生改变。通过各种感官感觉到的经验,似乎被存储在大脑皮层的许多部位。感觉信息的回忆显然涉及大脑皮层相应位置的神经活动。

对海洋蜗牛的研究加深了人们对记忆的生理机制的理解。和人类数以亿计的神经元相比,海洋蜗牛仅有2万个神经元,因此,研究者能够研究经验是怎样在海洋蜗牛特定的神经元的突触上反映出来的。当海洋蜗牛受到电击时,它会反射性地收回其中的一个触手,如同人从开水中或者尖刺上反射性地收回一只手一样。在其中的某个实验中,研究者在电击之前会喷射水。在重复了几次之后,当喷射水的时候,海洋蜗牛就会反射性地收回它的一个触手。当海洋蜗牛形成条件反射后,它们在特定的突触上会释放更多的血清素。因此,这些突触上的信息传导会在实验(学习)的过程中变得更加高效。

血清素以及很多自然产生的化学物质,如肾上腺素、去甲肾上腺素、乙酰胆碱、谷氨酸盐、抗利尿激素、雌激素等,都在记忆过程中显示出了重要作用。

### （二）大脑结构与记忆

大脑中和记忆相关联的结构是什么呢?记忆并不是只依靠大脑中某个单独的结构,它需要依靠大脑很多部位的神经的相互作用。但是,大脑中的某些部位在记忆过程中起到了更为重要的作用。

海马在存储新信息的时候起到了非常重要的作用,但是,海马并不是一个信息存储箱,其作用在于将感觉信息传递到大脑皮层的某些部位。存储箱在哪里呢？大脑将记忆的一部分存储在大脑皮层中的适当区域，例如，视觉信息被存储在视觉皮层，听觉信息被存储在听觉皮层，以此类推。当我们回忆某件事情的时候，这些信息需要被整合起来，而这是由边缘系统负责实现的。

额叶是存储事件发生的时间和地点等信息的地方，它在陈述性记忆的加工过程中发挥着重要的作用。事件相关电位研究表明，在加工语言信息时，左侧前额叶处于非常活跃的状态，这是因为大脑的语言加工区域之一——布洛卡区正好位于左侧前额叶。这一研究结果说明左侧前额叶与语言性记忆有关。

是什么决定了我们要回忆一些事情呢？推动我们回忆过去或者促使我们记住未来要做某些事情的动力是什么呢？前额叶皮层是记忆的决策中心。它可以让人们在一段时间之后回忆过去所发生的事情，也可以让人们将精力集中在未来打算做的事情上，如在上学的路上寄一封信，或者在睡觉之前刷牙。

丘脑涉及语言性记忆的形成。一个美国军官在一次击剑事故中，丘脑受到了损伤。之后，他再也不能形成语言性记忆了，但是他能够形成视觉记忆。

综上所述，信息的编码、存储和提取涉及神经活动。随着学习的发生，新的突触生长出来，已有的突触发生变化。同时，不同的大脑结构也参与到记忆过程中，对各类信息的编码、存储和提取发挥重要的作用。

## 第二节　记忆的三级加工系统

詹姆斯曾被这样一个事实吸引：有一些信息是很容易忘记的，它们可能“从一个耳朵进，从另一个耳朵出”，但是有一些信息则一生都记得很清楚。世界上存在着令人眼花缭乱的光线、声音以及其他的感觉信息来源，但是只有一部分被人们记住了。心理学家 Atkinson 和 Shiffrin 提出了记忆的三级加工系统（见图 6-2），即感觉记忆、短时记忆和长时记忆，它们决定了信息是否被保留以及保留多长时间。

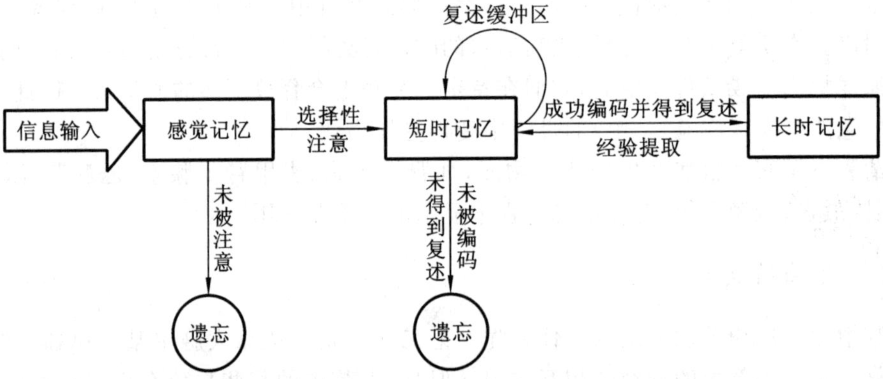


**图 6-2　记忆的三级加工系统**

## 一、感觉记忆

所有进入记忆系统的外界信息必须首先通过我们的感觉器官。刺激消失后，我们的感觉器官接收到的信息仅能保持很短的时间。刺激消失后对感觉信息的保持就是感觉记忆。例如，你曾经听到过消防车警报声，即使你实际上已经听不到警报声了，但短时间内警报声依然在你的大脑中回响。这就是感觉记忆在起作用。可见，感觉记忆主要是对外部信息在内部的记忆系统中进行登记，所保持的信息按刺激原有的物理特征编码，未经过任何加工。

心理学家认为，人的每种感觉通道，如视觉通道、听觉通道、味觉通道、嗅觉通道和触觉通道等，都有与信息输入相适应的感觉记忆，而且，不同感觉通道的感觉记忆作为记忆系统第一阶段的功能是一样的，只是在保持时间和记忆容量等方面存在一定差异。由于对视觉通道和听觉通道的信息加工的研究相对成熟，所以在这里主要介绍视觉通道的图像记忆和听觉通道的声像记忆。

### （一）图像记忆

Neisser 将视觉记忆称为图像记忆，即一种稍纵即逝的影像记忆。比如，眼睛可以对一个场景的特征进行精确登记，但保持时间极短。

Sperling 让被试在呈现 50 毫秒的 3×3 的字母矩阵中提取信息并完成回忆任务，然后根据被试报告的情况确定视觉记忆的容量。结果表明，被试一般只能报告出 4～5 个字母。根据生活经验，视觉记忆不太可能只保持这么少的信息。那么是什么原因导致这样的结果呢？Sperling 认为可能是要求被试回忆出全部字母的任务过难造成的，因为一次只能报告一个字母，使得有些字母没来得及报告就被遗忘了。因此，他发明了部分报告法来研究视觉记忆。结果，被试都能准确地报告出 9 个字母。Sperling 进一步以 4×4、5×5 的字母矩阵作为刺激进行研究，结果表明，视觉记忆的容量可达到 20 个字母。然而由于被试需要区分指引反应的信号，这可能会占用视觉记忆的资源，影响视觉记忆的容量，故无法确定视觉记忆容量的上限。一般认为，视觉记忆的容量为 9～20 个项目或更多。

**拓展阅读**

**用部分报告法测量视觉记忆的容量**

Sperling 向被试快速呈现不同数量的字母或字母与数字混合的矩阵卡片，每一行对应不同的提取线索(例如不同的音高等)。测试时被试按照呈现的提取线索回忆出对应行的刺激。这里以 3×3 的字母矩阵为刺激，以高音、中音、低音为提取线索说明部分报告法的程序。

正式开始实验前向被试分别呈现高音、中音和低音信号，确认被试能够正确区分三种信号后正式开始实验。如图 6-3 所示，先让被试注视“+”，然后呈现矩阵卡片和对应的高、中、低音信号 50 毫秒，接着立刻呈现声音信号，被试根据该声音信号报告出该声音信号对应行的 3 个字母。

研究者随机呈现声音信号以确定被试对 3 行字母的记忆情况，被试并不知道将出现哪一种声音信号。结果发现，被试对任何一种声音信号对应的 3 个字母几乎都能正确回忆，这

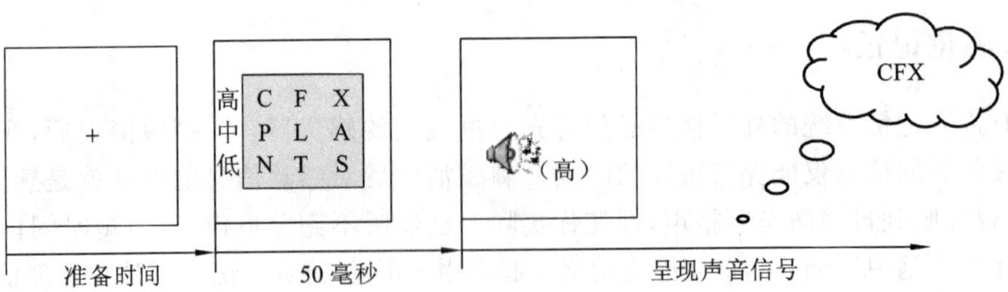


图 6-3　部分报告法实验流程

说明卡片上的 9 个字母都保持在视觉记忆中。

Sperling 还通过在呈现刺激与呈现声音信号间插入不同的时间间隔，考察视觉记忆的保持时间，结果如图 6-4 所示。结果表明，在呈现刺激 0.4 秒后再呈现声音信号，采用部分报告法的回忆水平接近一开始采用全部报告法所得的结果。后来其他研究者采用其他刺激进行了研究，所得结果表明，视觉记忆的保持时间为 0.1～0.25 秒。一般认为，视觉记忆的保持时间为 0.25 秒。

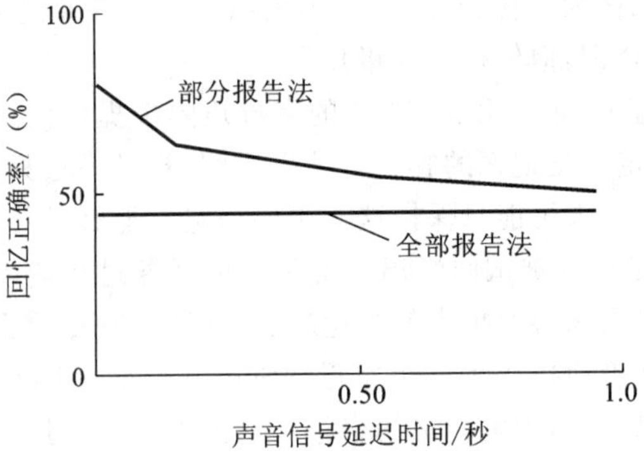


图 6-4　不同声音信号延迟时间条件下部分报告法与全部报告法的回忆水平

（二）声像记忆

听觉记忆又被称为声像记忆。比如，你一边跟朋友聊天一边观看电视节目，当你被电视节目吸引而忽视朋友时，他可能会恼怒地问你“我刚才说什么了？”你似乎仍能从大脑的回响中回想起他说的最后几个字。这种声音在头脑中的回放就是声像记忆。

与图像记忆不同，实验得出的声像记忆的容量相对较小，仅为 5 个项目左右；保持时间则相对较长，约为 4 秒。这主要与听觉刺激的呈现方式有关，声音信号是一个一个依次到达耳朵的，无法像视觉刺激一样同时呈现在视网膜上。

尽管感觉记忆保持的时间极短，但正是这种短暂的停留使不断变化的世界保持着心理连续性。尽管感觉记忆能保持大量的信息，但不是所有的信息都能被记住。当信息需要被记住的时候，它会进入下一级加工系统——短时记忆。

## 二、短时记忆

大脑通过注意选择那些需要被记住的信息，并让它们进入短时记忆。

### （一）短时记忆的编码

有研究者曾通过实验考察进入短时记忆的信息编码形式：要求被试从左至右看一遍下面的字母序列，然后将其盖上，让被试按顺序进行回忆。

B V F M N S P T

将被试回忆的结果与字母序列进行对照，检查字母及其顺序有没有错误。实验结果表明，一般情况下，被试容易将 M 回忆成 N，将 B 回忆成 P，将 S 回忆成 F。如果说 M 与 N、B 与 P 之间的混淆是因为形似造成的，那么如何解释 S 与 F 之间的混淆呢？

研究者进行了另外一个实验，同样以前面视觉呈现的字母作为刺激，随机安排字母顺序并匀速地报给被试，然后让被试按顺序回忆听到的字母序列。结果发现，视觉呈现时出现的混淆现象，基本上在听觉呈现时也出现了。于是猜测，S 与 F、M 与 N、B 与 P 之间的混淆可能是因为发音相似造成的。

上述实验结果被认为是短时记忆以声音形式编码的证据。尽管大多数研究都证实短时记忆确实以声音形式编码，但是也有研究者设计实验验证了短时记忆中还存在视觉编码和语义编码。

### （二）短时记忆的存储

注意的聚焦决定了短时记忆不能像感觉记忆那样有较大的容量，有限的容量成为短时记忆的一大特点。有研究者将短时记忆比喻成有许多条槽道的系统，进入短时记忆的每一个项目都会占用一条槽道。然而槽道的数量是有限的，在各条槽道都被占用的情况下，如果还有新的项目要进入，要么是将旧项目挤出去自己留下来，要么是自己流失掉。那么，人类的短时记忆到底有多少条槽道呢？

我们可以通过实验回答这个问题：读完一遍水平 1 的数字后立刻合上书，并按顺序把这些数字写出来，采用同样的方法读写水平 2、水平 3、水平 4、水平 5、水平 6 的数字，直至读写出现错误时，任务中止。

| | |
|---|---|
| 水平 1 | 5941 |
| 水平 2 | 83620 |
| 水平 3 | 371962 |
| 水平 4 | 4093728 |
| 水平 5 | 73598014 |
| 水平 6 | 051290414 |

通过这个实验可以估计个体短时记忆的容量，也就是个体中止任务的前一水平所对应的数字个数。米勒认为短时记忆的容量为 7±2 个单元，内容可以是字母、数字、单词等。

短时记忆尽管容量有限，但是可以通过增加每个单元的信息量来提高短时记忆保持的总信息量。增加单元信息量的一个有效方法是组块，组块是通过将信息赋予意义或与长时记忆中的信息联系起来，使零散的信息组合成有意义的整体信息的过程。比如，在水平 6 的数字中，0512 是汶川地震的时间，0414 是玉树地震的时间。如果把水平 6 的 9 个数字组合成三个部分，即前面 4 个、中间 1 个、后面 4 个，那么大多数个体将很快地记住这 9 个数字。也就是说，组块能提高短时记忆保持的信息量。

个体的知识经验对组块非常重要。如果个体将18位数的身份证号码看成18个随机数,可能很难将其记下来。但是,如果个体掌握了身份证号码的组成方式:前面6位数代表地址,中间8位数代表出生日期,后面4位数代表顺序码和校验码,那么个体只需要记住前面6位数和后面4位数就可以成功地记住身份证号码了。此外,个体还可以通过停顿进行组块。比如,11位数的手机号码,有人习惯按照4-4-3的停顿方式进行组块,有人习惯按照3-4-4的停顿方式进行组块。

组块是否可以无限制地增大短时记忆的信息量?答案是否定的。我们能够储存的组块数量随着组块中信息量的增加而逐渐减少。从某种意义上说,短时记忆就像一个小书架,它虽然能放7本小诗集,但是却只能放3本厚词典。

短时记忆还有一个特点是保持时间短,只能保持约30秒的时间。假设你查到了某个电话号码,你在抵达约2分钟路程的电话亭时必须记住它,但是,此时你没有办法将电话号码写下来。在这种情况下,一个简单的解决办法是在走向电话亭的过程中大声重复这个号码。这种不断重复信息的方法称为保持性复述。保持性复述对将信息保持在短时记忆中非常有用,但它只是一种较低水平的信息加工方式,只能把短时记忆中的部分信息传递到长时记忆中。

为了真正有效地将短时记忆中的信息传递到长时记忆中,必须使用另外一种策略,即精致性复述。精致性复述是指在要学习的信息和长时记忆中的知识经验之间建立联系,即把新的信息和已有的知识经验整合起来,从而将信息更好地传到长时记忆中。比如,学习心理学原理时,用生活中的例子帮助理解,就是在进行精致性复述。精致性复述是一种较高水平的信息加工方式。不管是有关课程,还是生活方面的材料,要想记得牢,精致性复述都是最佳的选择。

## 三、工作记忆

工作记忆是一种执行认知任务时对信息进行暂时加工、储存的容量有限的记忆系统。工作记忆模型把记忆各阶段的加工视为平行而非系列的。换句话说,记忆信息并不是以系列传递的方式从感觉记忆到短时记忆,再到长时记忆的。工作记忆和短时记忆部分包含在长时记忆中,短时记忆是工作记忆的一部分。相比短时记忆仅具有存储功能,工作记忆除了具有存储功能外,还具有操作功能。

工作记忆扮演着多种不同的角色。一方面,工作记忆中的短时记忆部分用来存储当前使用的信息;另一方面,工作记忆的其他部分则起到了提取信息、加工新信息和将信息传递到长时记忆中的作用。假设你被蜜蜂蜇了一下,你的触觉记忆会对蜇痛感进行感觉登记,而你的视觉记忆则会俘获蜜蜂,然后,这些感觉信息会被传递到工作记忆中,在此处它们会被联合起来形成一种整合的记忆表征,即被蜜蜂蜇伤了。与此同时,你的工作记忆会激活长时记忆中存储的你在一次急救课中学到的关于被蜜蜂蜇伤后的过敏性反应的信息。工作记忆将这种关于过敏性反应的信息传递至短时记忆,当你检查自己是否有过敏性反应的症状时,你会有意识地回想过敏性反应的各种症状,最后,你推断出自己没有过敏性反应。当你停止思考关于过敏性反应的各种可能性时,工作记忆会将你没有过敏的新知识传递至长时记忆。工作记忆在语言、推理和问题解决等高级认知过程中起着重要作用。

工作记忆的四成分模型如图6-5所示。

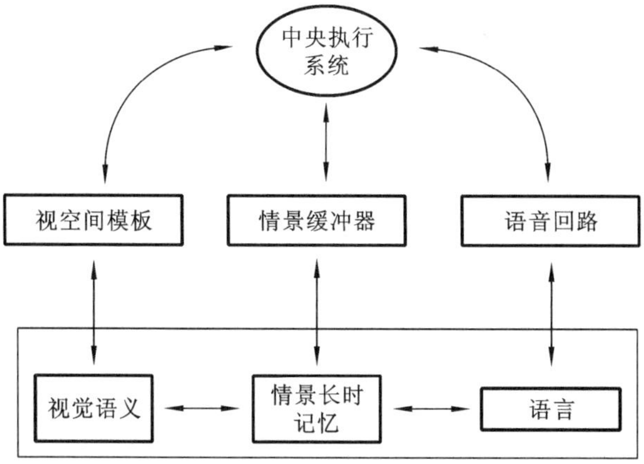


**图 6-5　工作记忆的四成分模型**

上述模型可分为三层：第一层是中央执行系统，完成最高级的控制过程；第二层完成三类信息的暂时加工，包括视空间模板、情景缓冲器和语音回路三个辅助的子系统；第三层是长时记忆系统，包括视觉语义、情景长时记忆和语言。第一、二层属于流体系统，其能力不因学习而改变；第三层属于晶体系统，其能力会因为学习而提升。

### （一）语音回路

语音回路是一个容量有限的包含着语音信息的系统，主要负责以声音为基础的刺激信息的存储与控制。它包括语音存储装置和发音复述装置两个部分。语音存储装置能保持语言编码所引起的短暂表征，是语言工作记忆的主要部分。语音信息以记忆痕迹的形式存储在语音存储装置中，这些记忆痕迹如果得不到及时复述，就会在几秒钟之内衰退、消失。要不断地复述它们，就需要发音复述装置。听觉形式的语音信息可以直接进入语音存储装置，而视觉形式的语言信息必须先转化为听觉形式的语音信息才能进入该装置，这一转化正是通过发音复述装置实现的。可见，发音复述装置有两个功能：一是不断加强快要消失的听觉记忆痕迹；二是将视觉形式的语言信息转化为听觉形式的语音信息，从而使其进入语音存储装置。

### （二）视空间模板

视空间模板是一个容量有限的处理视觉和空间信息的系统，主要负责视觉和空间编码、暂时存储视觉和空间信息。视空间模板可以分为视觉缓存器和内部抄写器。前者主要用于视觉信息的被动存储；后者主要用于视觉信息的动态操作和复述。

### （三）情景缓冲器

情景缓冲器是一个容量有限的暂时存储多种编码信息的系统。情景缓冲器为语音回路、视空间模板和长时记忆间的交流提供了一个暂时整合信息的平台，然后中央执行系统以此为基础，将不同来源的信息整合成完整、连贯的情景或组块。情景缓冲器与语音回路、视空间模板处于并列地位，受中央执行系统控制。如图 6-5 所示，各子系统与情景缓冲器之间缺少相互连接的箭头，这说明不同来源的信息的转换主要由中央执行系统完成。但是，情景缓冲器能保存中央执行系统的整合结果，并支持后续的整合操作。

### （四）中央执行系统

中央执行系统主要负责语音回路、视空间模板和情景缓冲器这三个子系统与长时记忆的联系，同时还负责信息加工策略的选择和计划。1996年，Baddeley给该系统增加了一些其他的功能，具体包括：①负责对三个子系统进行协调；②集中和转换注意，对输入的信息进行选择，抑制无关信息；③提取、处理长时记忆中的信息。总之，中央执行系统是工作记忆的核心，负责对三个子系统进行协调，并对存储和加工过程进行协调，但它没有临时存储功能。

## 四、长时记忆

如图6-2所示，在记忆的三级加工系统中，进入短时记忆的信息最终有两个去向：一是被遗忘；二是转入长时记忆。长时记忆保存着大量的知识、事件、经历、经验、技能等信息，如此巨大的信息库是如何对信息进行编码和组织的？这是一个值得探讨的问题。

### （一）长时记忆的编码

长时记忆的容量和保持时间都是感觉记忆和短时记忆所不能比拟的，那么，长时记忆的编码系统有何特别之处？长时记忆的编码系统较为复杂，主要是各类信息的性质不同（视觉、听觉、嗅觉、味觉等）所导致的，也与人们存储信息时的个人经验或偏好不同有关。

有研究者认为，长时记忆以语义编码为主。以个体对一部电影的长时记忆为例，个体很可能是用语义（电影的大意）存储信息，并且自动地对信息进行分类（剧情、演员、导演等），并把过去的信息（演员过去演过的电影、类似题材的其他电影等）整合进来。

Pavio指出，长时记忆的信息编码除了语义编码外，还包含语言编码和表象编码。语言编码主要用来存储语言信息，表象编码主要用来存储关于具体的客体和事件的图像信息。

### （二）长时记忆的组织

长时记忆中有大量的语义信息，这些信息在大脑中是如何组织的？针对这个问题，这里主要介绍长时记忆组织的两种典型模型，即层次网络模型和激活扩散模型。

**1. 层次网络模型**

层次网络模型如图6-6所示。在这个模型中，语义记忆的基本单元是概念，每个概念具有一定的特征，概念按照逻辑关系组织起来，构成一个有层次的语义网络系统。图6-6中的圆圈为节点，代表概念，带箭头的连线表示概念间的从属关系。比如，“鸟”的上级概念为“动物”，下级概念为“金丝雀”和“鸵鸟”。连线还表示概念与特征的关系，指明各级概念分别具有的属性或特征。概念的特征被分级存储，在每个节点上只存储该级概念独有的特征，而不存储其他节点上的共同属性，这体现了认知经济原则。比如，“鸟”这一级概念只存储“有翅膀”“能飞”“有羽毛”等特征，并不存储“会呼吸”等所有动物都具有的特征。如果需要从语义记忆中提取信息，只用沿着连线进行搜索。比如，判断“金丝雀是鸟”这个句子，只用提取“金丝雀”这个概念后沿连线往上寻找“鸟”的概念，如果能找到“写”这个概念，就可以判断为“是”。

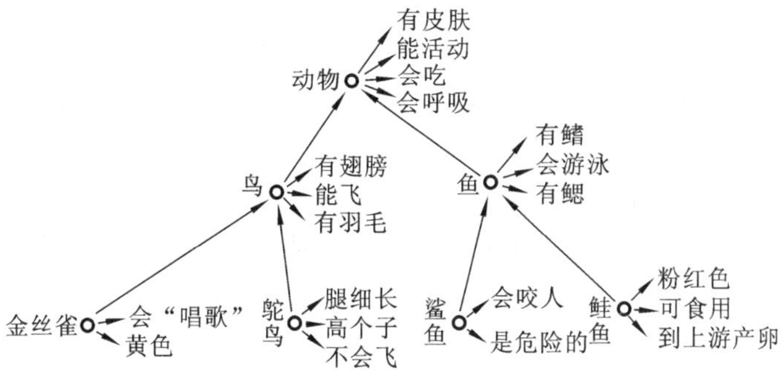


**图 6-6　层次网络模型**

**2. 激活扩散模型**

激活扩散模型认为，记忆中的语义由概念之间具有的关联性含义决定，而不是由概念在层次中的位置决定，处于同一层次的概念，典型成员要比非典型成员更容易被激活，因此，提取的速度更快。当一个概念被激活时，会向四周扩散，从而使周围与其相连的概念也被激活。激活的程度越强，对概念的反应就越迅速。

# 第三节　遗忘的发生机制及提高记忆效果的策略

## 一、遗忘的一般规律及发生机制

遗忘是指对识记的信息不能再现或再认，或者错误再现或再认。简单来说，遗忘就是指个体想不起过去的经验或者错误地再现过去的经验。日常生活中，每个人都体验过遗忘，而且某些情况下遗忘并一定是坏事。詹姆斯曾说：“如果我们把一切都记住，那么最可能出现的情况就是我们被自己的记忆困扰，再也记不住任何东西！”从思维活动的角度来说，遗忘可以减轻大脑的负担，降低脑力的消耗。如果无论什么信息都要记住，那么大脑神经细胞的死亡会远高于正常情况，大脑会难以承受。从心理健康的角度来说，遗忘可以让人们从过去的失败、创伤体验中慢慢走出来，开始新的生活。可见，必要的遗忘是有利于身心健康的，不过重要的经验还是需要保持在记忆中。了解遗忘的一般规律和发生机制，有助于保持和促进记忆。

### （一）遗忘的一般规律

德国心理学家艾宾浩斯最先采用实验的方法回答人类有关于记忆的问题。考虑到以单词等有意义的刺激作为测量记忆的材料，记忆表现的好坏可能受到个体背景知识与经验的影响，艾宾浩斯发明了无意义音节——由两个辅音夹着一个元音构成的无意义的三字母单元，如XAB等，用以测量与个人经验无关的“纯”记忆。他发现对于之前学过的知识，再学习时的效率会更高，所需时间更短，学习的遍数也更少。于是，他利用再学习时节省的遍数测量记忆效果，节省的遍数越多，表明记忆保持的信息越多，遗忘量越少，这种方法被称为节省法。

艾宾浩斯以自己为被试，测量自己在学习无意义音节后间隔不同时间进行再学习的效果。根据实验结果，他绘制出了著名的遗忘曲线，如图 6-7 所示。遗忘曲线显示出了记忆随着时间遗忘的规律：节省的百分比随时间间隔的增大逐渐减小，即记忆保持量逐渐减小，且超过一定的时间间隔后，记忆保持量维持在某一水平。也就是说，在学习后短时间内遗忘特别迅速，然后逐渐变慢，即遗忘速度是先快后慢。这就是遗忘的一般规律。

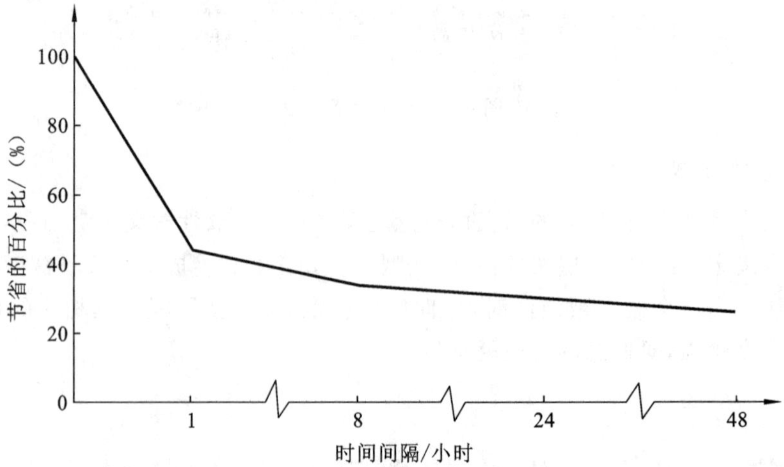


**图 6-7　艾宾浩斯遗忘曲线**

艾宾浩斯遗忘曲线是建立在对无意义材料的记忆和节省法的测量基础上的，但是，我们日常生活和学习中的记忆针对的都是有意义的材料，而且记忆测量方法也日渐多样化，那么，对有意义材料的记忆或者采用不同的测量方法，是否能得出相同的规律呢？有研究者同时采用无意义音节、散文和诗作为记忆材料进行研究，得到的遗忘曲线如图 6-8 所示。从图 6-8 中可以看出，散文和诗的遗忘量比无意义音节的遗忘量要少，这说明有意义材料的记忆效果要优于无意义材料。虽然不同性质材料的遗忘曲线有所差别，但无论是诗、散文还是无意义音节，遗忘的总趋势都是一样的。

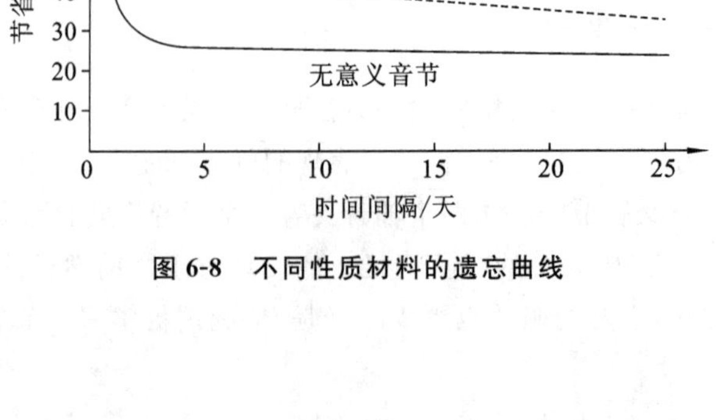


**图 6-8　不同性质材料的遗忘曲线**

国内研究者曾比较采用回忆、预期回忆、重学、重组、再认等五种测量方法得出的遗忘曲线，如图 6-9 所示。可以看出，除了采用再认方法所得的遗忘曲线相对平缓以外，采用其他四种方法所得的遗忘曲线的趋势与艾宾浩斯遗忘曲线的趋势大致相同。

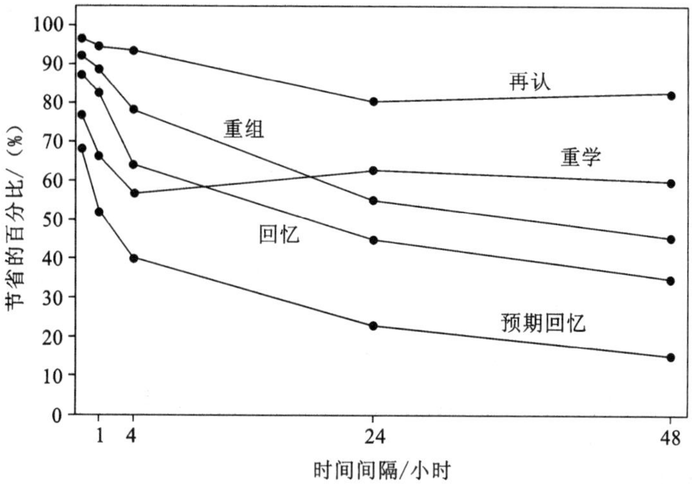


**图 6-9　采用不同的测量方法得出的遗忘曲线**

通过以上分析可知，“先快后慢”是人类遗忘的一般规律。理解遗忘的一般规律后，个体就可以通过合理地安排学习计划来提高记忆效果，从而更好地巩固和掌握所学的知识。

### （二）遗忘的发生机制

遗忘是什么导致的？遗忘的发生机制是什么？对此，目前主要有三种具有代表性的观点：编码失败、存储消退和提取失败。

#### 1. 编码失败

编码失败是指在记忆过程中未能对信息进行有效的编码，导致信息未能进入长时记忆。通常，年龄因素会影响编码效率。在对新信息进行编码时，年轻人的脑区马上会开始活动，而同一脑区的活动在老年人身上则相对较弱。老年人的这种缓慢编码情况，正是记忆力随着年龄的增长不断衰退的原因。研究发现，老年人的回忆量比年轻人要小，但是在再认测验或有提示线索的回忆任务中，他们的成绩则和年轻人一样好。

有些信息是自动进行编码的，有些信息则需要进行有意加工。如果没有有意加工，很多记忆是无法形成的。例如，有人问你，一元硬币是什么样的，在铸造上有何特点，你可能答不上来，原因在于你没有对硬币的细节进行编码，自然也就不可能想起从未被编码过的信息。

#### 2. 存储消退

即使编码非常完善，有时仍然会发生遗忘现象。正如艾宾浩斯遗忘曲线所显示的，学习内容会随着时间的推移而发生遗忘，遗忘的速度最初会很快，之后会逐渐变慢，遗忘的规律是先快后慢。

巴瑞克考察了学生在学校里学会的西班牙语词汇的遗忘曲线。与那些刚刚修完高中或大学西班牙语课的人相比，已经毕业 3 年的人几乎忘掉了大部分所学的内容，但在 3 年之后,他们遗忘的速度就逐渐变慢了。而且他们在 3 年之后还记得的内容,在经过 25 年甚至更长的时间后他们还会记得,即使他们后来不曾使用西班牙语,结果也是一样的。

对记忆存储的生理机制了解得越多,就越容易理解记忆存储的消退机制。其他信息的输入和积累会干扰信息的提取,也会引起存储的消退。

**3. 提取失败**

当信息编码失败,或者存储的信息慢慢消退时,就会发生遗忘现象。遗忘就像你无法找到大学图书馆里的书一样——可能图书馆里面从来就没有过这本书,也可能这本书已经被图书馆丢掉了,还有第三种可能就是这本书就在图书馆里且可供借阅,你却无法找到它。记忆信息的提取也是如此,有时候信息已经进入了大脑,并且我们也知道它就存储在大脑中,但我们却无法提取它,就像某个人名已经到了嘴边,可你却怎么也想不起来。当个体无法回忆信息时,如果这时为其提供相关的提取线索,那么个体最终会回想起来。可见,遗忘有时候不是因为记忆信息丢失了,而是因为记忆信息不能被提取。

提取失败的可能原因有两个:一是个体受到了材料间的干扰的影响,二是个体对与不愉快体验相关的事件发生了动机性遗忘。

1）材料间的干扰

对一些材料的记忆可能会干扰对其他材料的学习,特别是当材料间存在相似性时。如果某个人告诉你他的电话号码,那么你很可能会记住它。但如果两个人同时告诉你他们的电话号码,那么对你来说,要同时记住这两个电话号码就比较困难了。

干扰理论认为,对当前学习内容的记忆,可能会受到过去已学过或者未来将要学习的东西的干扰。其中,先学习的内容对后学习的内容产生的干扰称为前摄干扰;后学习的内容对先学习的内容产生的干扰,称为倒摄干扰。干扰作用的机制如图 6-10 所示。

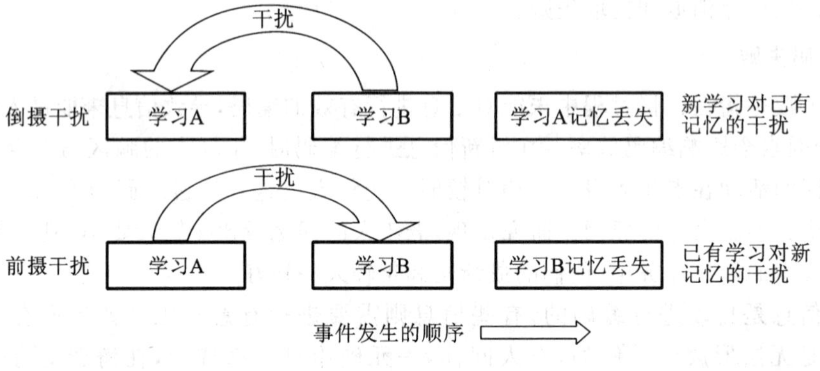


**图 6-10　干扰作用的机制**

干扰理论可以很好地解释记忆中的系列位置效应,即在多个项目连续出现的情况下,各项目因其在系列中所处的位置不同而有不同的记忆效果。具体表现为:处在系列前端和末端的项目的记忆效果优于处在系列中间位置的项目,分别称为首因效应和近因效应。依据干扰理论,这是因为处在系列前端的项目只受到处在系列中间位置的项目的倒摄干扰,处在系列末端的项目只受到处在系列中间位置的项目的前摄干扰,而处在系列中间位置的项目既会受到前摄干扰,也会受到倒摄干扰,所以其记忆效果最差。系列位置效应在短时记忆和长时记忆中均存在。

**拓展阅读**

**系列位置效应曲线**

1962 年，默多克向被试呈现一系列无关联的单词，每秒呈现一个，所有单词都呈现完毕后，让被试回忆这些单词。默多克计算了每个单词的回忆正确率，结果发现，处在系列前端和末端的单词的回忆正确率比处在系列中间位置的单词的回忆正确率要高。默多克根据实验结果绘制出了图 6-11 所示的曲线，因为该曲线反映的是处在不同系列位置的单词的回忆效果，所以被称为系列位置效应曲线。

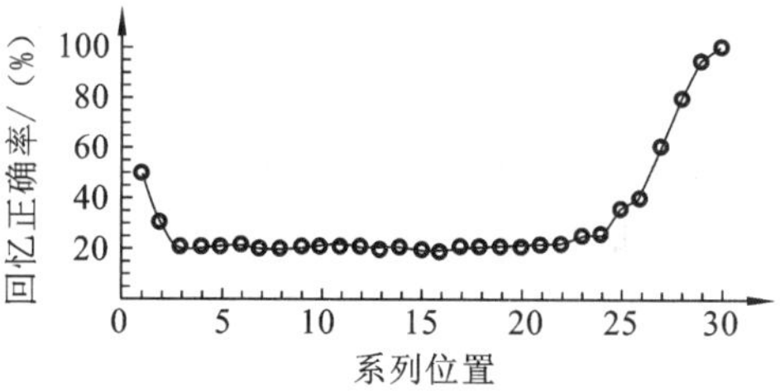


**图 6-11　系列位置效应曲线**

2）动机性遗忘

动机性遗忘是指对与社会道德观念相冲突或者会唤起个体创伤性体验的人和事的遗忘。

弗洛伊德曾提出，个体的记忆系统实际上会对那些令人痛苦的信息内容进行自我检查。个体在生活中遇到难以接受的事情，想起这些事情就会经历痛苦、厌恶、悔恨、自责等不愉快的体验，所以他可能会压抑这些记忆。临床上发现，个体通常会采用压抑的方法来保护自己，避免再次经历不愉快的体验。所以，遗忘可能是个体无意识地压抑记忆所导致的。也就是说，动机性遗忘并不意味着有关的经验已从记忆中消失，这些经验可能会在梦境中出现，也可能会在个体接受治疗后被提取出来。

日常生活中，个体遭遇挫折时，比如考试失败、恋爱失败、表演失败等，他们努力遗忘的过程是否也是压抑？这种有意识地不让某件事发生的活动称为压制，并非压抑。更重要的是，遗忘的结果是不一样的：压抑往往能遗忘成功，压制则很可能会使记忆更加清晰。因为压制有意识的参与，越是想忘记，越是忘不掉。压抑理论适用于解释对与不愉快体验相关的事件所发生的动机性遗忘，无法解释日常生活中对非特殊情绪体验的遗忘。

## 二、提高记忆效果的策略

记忆是信息加工的前提，是一切智力活动的基础，因此，掌握记忆的方法与策略，提高记忆效果对于个体而言是非常重要的。下面重点介绍复述策略、精加工策略和组织策略。

### （一）复述策略

复述策略是指在工作记忆中为了保持信息，运用内部语言在大脑中重现学习材料或刺激，以便将注意力维持在学习材料或刺激上的策略。运用复述策略时要注意以下几点。

**1. 利用记忆规律**

工作记忆的容量有限，要想尽可能多地复述内容，需要了解并合理地利用一些基本的记忆规律，如系列位置效应中的首因效应和近因效应等。前后所学的信息之间可能会产生消极影响，即干扰效应，具体包括倒摄干扰和前摄干扰。前后所学的信息之间也可能会产生积极影响，即促进效应，促进也可以分为倒摄促进和前摄促进。在所有导致遗忘的原因中，倒摄干扰可能是较为关键的。在进行复述时，学生要尽量利用干扰和促进的原理，避免倒摄干扰和前摄干扰的发生。教师也可以利用系列位置效应，精心组织课堂教学，在一节课刚开始的时候讲述最重要的新知识，并在这节课快结束时对它们进行总结。

**2. 合理复习**

1）及时复习

心理学家很早就对遗忘的进程表现出了极大的兴趣。艾宾浩斯通过实验发现遗忘的进程是不均衡的，具有先快后慢的特点。先快后慢的遗忘规律告诉我们，复习最好及时进行。

2）集中复习和分散复习

集中复习是指在一段时间内重复学习许多次，分散复习是指每隔一段时间重复学习一次或几次。分散复习的效果要优于集中复习。分散复习开始时的时间间隔要短，以后可以长一些。这一规律已得到了许多实验的证明。

3）过度学习

过度学习又称为过度识记，是指达到一次完全正确再现后仍继续识记的记忆。一般来说，过度学习有利于知识的保持，但是我们也要明白"过犹不及"的道理。过度学习对那些必须长期准确地回忆的知识或技能的学习非常有用，最典型的例子就是背诵乘法口诀表，汉字的书写和英语单词的拼写也需要一定的过度学习。

4）情境的相似性，以及情绪或生理状态的相似性

俗话说"触景生情"，"睹物思人"。在一定的情境下，人能回想起在这一情境下所发生过的事，这说明情境相似有助于回忆。此外，情绪或生理状态的相似性也会影响人的记忆。研究发现，人们在愉快的情绪或生理状态下学习的项目在愉快的状态下更容易回忆起来，在悲伤的情绪或生理状态下学习的项目在悲伤的状态下更容易回忆起来，并且前一种情况下回忆的效果更好。如果学习者能够回到与自己学习某种知识时同样的情绪或生理状态下，就容易回忆起这种知识。

学习者可以考虑分别在不同的情境、不同的情绪或生理状态下进行学习，以便回忆时的情境、情绪或生理状态和学习时的情境、情绪或生理状态相似的可能性更大。假如你在晴天、下雨天都学习过，在教室、图书馆、实验室都学习过，在放松、紧张的状态下都学习过，那么，就能使考试时的情境和状态与学习时的情境和状态相似的可能性更大一些，从而更好地回忆起之前学过的知识。

**3. 自动化**

随着操练或练习次数的增加，对知识或技能的掌握情况越来越好，在执行任务时所需要的注意力就会越来越少，这种现象称为自动化。自动化是非常重要的，它可以让我门将工作

记忆用于完成更复杂的任务。

上述复述策略可以影响信息加工系统对信息的注意和编码，但其作用有限。复述策略往往需要配合其他记忆策略，才会更有效，如精加工策略、组织策略。

### （二）精加工策略

精加工策略是指通过把所学的新信息和已有的知识联系起来，以增加新信息的意义的策略。例如，学习"医生讨厌律师"这句话时，我们附加一句"医生被律师起诉了"，这样一来，以后回忆就相对容易一些。

**1. 记忆术**

对于一般的学习，记忆术是一种有用的精加工策略。记忆术是一种通过给识记材料安排一定的联系以帮助记忆，提高记忆效果的方法。下面介绍一些比较常用的记忆术。

1）位置记忆法

位置记忆法是一种传统的记忆术，最早被古希腊演讲家采用。位置记忆法是一种通过与个体熟悉的地点相联系回忆起一些名称或客体的记忆方法。在古代，有些政治家常常用此法记忆自己演说的要点，他们常常在自己的身体上或房间里确定许多特定的点来加以利用。位置记忆法对于记忆有顺序的系列项目特别有用。

2）首字联词法

首字联词法是一种利用每个词的第一个字母（或字）形成一个缩写来帮助记忆的方法。例如，一个孩子要记住"Father and mother，I love you"这句话，只需要记住"family"这个单词就可以了。再如，人们要记住 24 个节气，只需要记住"春雨惊春清谷天，夏满芒夏暑相连，秋处露秋寒霜降，冬雪雪冬小大寒"就可以了。

3）谐音联想法

学习一种新材料时运用谐音联想法，对记忆很有帮助。例如，有一位历史老师教中学生记忆明朝迁都北京的年份时，指导学生把 1421 记成"一事二益"。

**2. 灵活处理信息**

除了采用记忆术之外，还可以采用其他方法主动对信息进行加工，如写概要、做笔记、利用背景知识、自问自答等。

1）做笔记

做笔记是心理学中研究较多的精加工策略。研究表明，做笔记有助于指引个人的注意，有助于发现知识的内在联系，有助于建立新知识与旧知识之间的联系。

心理学家认为，做笔记分为两步进行：第一步是记下所听到的信息；第二步是理解所记下的信息。如果只停留在第一步，对学习并没有多大的帮助，重要的是进入第二步，即对笔记进行加工。有人建议采用以下三步做笔记：①留下笔记本每页右边的 1/4 或 1/3；②记下所听到的内容；③整理笔记，在右边加注释、评语等。第三步非常重要，这些注释、评语等不仅可以帮助个体理解，而且可以为他们今后的回忆提供线索。

为了培养学生做笔记的良好学习习惯，教师讲课时应注意以下几点：①讲课速度不宜过快；②重复比较复杂的材料；③把重点写在黑板上；④为学生提供一套完整的便于复习的笔记；⑤为学生做笔记提供结构上的帮助，如列出大、小标题。

2）利用背景知识

精加工强调在新信息和已有的知识之间建立联系。对于某一事物，你能学会多少，最重要的一个决定因素就是你对这一方面的事物了解多少。曾有研究者让大学生学习与棒球和音乐有关的知识，结果发现，那些熟悉棒球但不熟悉音乐的学生，棒球方面的知识掌握得多一些，相反，那些熟悉音乐而不熟悉棒球的学生，音乐方面的知识掌握得多一些。因此，教师一定要注意将新知识和学生已有的背景知识联系起来。

### （三）组织策略

组织策略是指整合所学的新知识之间，以及新知识和旧知识之间的内在联系，形成新的知识结构的策略。下面介绍几种重要的组织策略。

**1. 列提纲**

列提纲是指列出文章的标题及其层次和序号，并写下文章的主要和次要观点，这样有利于学习者掌握文章的内在逻辑关系。教师在教学生列提纲时可以采用以下方法对学生进行训练：①向学生提供较完整的提纲，其中留出一些空位，要求学生通过阅读或听讲填补这些空位；②提供一个只有大标题的提纲，要求学生填写所有的小标题；③提供一个只有小标题的提纲，要求学生填写所有的大标题。实践证明，经过适当的练习，学生可以自己列出很好的提纲来。

**2. 作图**

1）层次结构图

认知心理学家认为，存储在长时记忆中的信息是以金字塔式的层次结构组织的。这种金字塔式的层次结构可以帮助学生理解和记忆信息。

鲍尔等人做了这样一个实验，他们向学生呈现 112 个矿物方面的词，一组学生是随机呈现的，另一组学生是按照一定的顺序呈现的（见图 6-12），然后让学生回忆这些词。结果，后面一组学生平均回忆出 100 个词，而前面一组学生平均只能回忆出 65 个词。

教师在教复杂的概念时，不仅要有序地组织材料，而且要使学生清楚材料的框架。以图 6-12 为例，教师要不时地回顾这个框架，并且要表明从一个部分向另一个部分的过渡，比如，教师可以说："我们已经学习了稀有金属、普通金属和合金金属，这些都属于第一类矿物——金属，下面我们来学习第二类矿物——石头。"

2）概念图和思维导图

概念图是用节点表示概念，用连线表示概念之间的关系的一种图示方法。概念图本质上是一种思维可视化工具，建构概念图的过程是一个把自己头脑中的知识结构外显化、可视化的过程，一般按照以下步骤进行：①选择核心概念（或中心主题）；②选择与核心概念相关的概念，放在不同的层次上；③添加概念之间的连线，并加上文字说明；④反思。与概念图类似的一种思维可视化工具称为思维导图，思维导图的形式更加灵活，画面更加丰富（除文字外，常常还包括符号、图片等），视觉效果更好，但其语义的丰富性不及概念图。

除此之外，采用流程图和各种形式的表格，也可以对信息起到组织作用，从而帮助学习者理解和记忆信息。

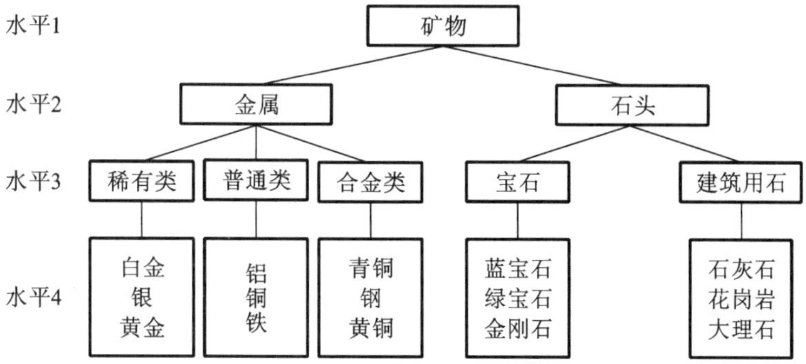


**图 6-12　矿物分类**

## 【课后思考】

1. 解释下列名词：感觉记忆、短时记忆、工作记忆、长时记忆、陈述性记忆、程序性记忆、外显记忆、内隐记忆、回溯记忆、前瞻记忆、前摄干扰、倒摄干扰、系列位置效应。

2. 简述回溯记忆和前瞻记忆的区别与联系。

3. 简述记忆的过程。

4. 简述大脑海马在记忆中的功能。

5. 谈谈你对记忆的三级加工系统的理解。

6. 谈谈你对感觉记忆测量中部分报告法的认识。

7. 简述工作记忆的四种成分及其功能。

8. 工作记忆和短时记忆有何区别与联系？

9. 关于遗忘的发生机制，主要有哪些有代表性的观点？

10. 阅读下面的案例，指出这是一种什么记忆现象？谈谈这种记忆现象在现实生活中的意义。

警察在街上发现了一位流浪妇女，她已经不记得自己是谁了，也没有身份证。警察突然想到了一个办法，就是让她打电话。当警察问她是否知道什么人的电话号码的时候，她说不知道。她没办法告诉警察她妈妈的电话号码，甚至不记得她妈妈的名字，但是，她竟然拨通了她妈妈的电话。

# 第七章
# 思　维

## 案例导入

福尔摩斯之所以能侦破疑案，是因为他善于分析和推理。福尔摩斯初见华生时，一眼就看出他刚去过阿富汗。福尔摩斯是这样推理的：这位先生具有医生的风度和军人的气概，很显然他是个军医。他刚从热带回来，因为他脸色黝黑，但是从他手腕的肤色来看，这并不是他原来的肤色。他面容憔悴，这就清楚地说明他久病初愈而且历尽了艰辛。他左臂受过伤，现在行动还有些不便。一个英国的军医在热带历尽艰辛，并且手臂受过伤，这只能是在阿富汗。

福尔摩斯的这种推理是一种高级的心理活动——思维。

# 第一节　思维概述

## 一、思维的定义

思维是人脑对客观现实的概括的、间接的反映。思维是一种高级的认知活动。思维能揭示事物的本质特征和内在联系，主要表现在形成概念和解决问题的活动中。思维不同于感觉、知觉以及记忆。感觉、知觉是直接接受从外界输入的信息，并对输入的信息进行初级加工。记忆是对输入的信息进行编码、存储、提取。思维则是对输入的信息进行更深层次的加工，它能揭示事物之间的关系，形成概念，并利用概念进行判断、推理，从而解决人们所面临的各种问题。思维离不开感觉、知觉、记忆活动所提供的信息。人们只有在大量感性信息的基础上，在记忆的作用下，才能进行判断和推理，做出各种假设，并检验各种假设，进而揭示感觉、知觉、记忆所不能揭示的事物的内在联系和规律。

### （一）思维的概括性

思维的概括性是指思维能够反映一类事物的本质特征和事物之间的规律性联系。例如，“鸟是有羽毛、会飞的动物”，就是在认识各种各样的鸟的基础上得出的结论。由于思维具有概括性，所以人们能够认识同一类事物或现象的本质特征，能够在多次感知的基础上发现事物之间的内在联系，从而更深刻、更正确地反映客观事物，并且可以将在一种场合获得的认识推广并运用到其他同类的场合。一切科学的概念、定理、定义、法则等都是经过概括的结果，都是人脑对客观事物的概括的反映。思维的概括性使人的认识摆脱了具体事物的局限性和对具体事物的直接依赖性，并在思维的概括活动中形成概念和命题。

当然，思维的概括性与知觉的概括性不同，知觉所概括的是事物的外部特征与表面联系，而思维所概括的是事物的内部特征与内在联系。

### （二）思维的间接性

思维的间接性是指人凭借已有的知识经验或以其他事物为媒介，理解或把握那些没有直接感知过的或根本不可能感知到的事物，以推测事物过去的进程，认识事物的本质，推测事物未来的发展情况。例如：人们不能直接感知猿人的生活情景，但是考古学家可以通过化石和其他考古资料，推测猿人的形象和当时的生活情景；刑侦人员可以根据指纹、脚印、血迹等侦破案件；心理危机干预工作人员可以根据当事人的行为、情绪的变化判断其是否有自杀倾向。正是由于思维具有间接性，所以人们可以超越时空的限制和人类感官机能的局限，认识那些人们无法直接感知的事物，揭露事物的本质特征和规律。

正是由于思维具有概括性与间接性，人们才可以认识那些没有直接作用于人的各种事物及其属性。在认识事物的过程中，思维的概括性与间接性是相互联系、相互促进的。人们首先在感觉和知觉提供的感性信息的基础上，概括地反映出事物的本质特征和规律性联系，然后依据它们，通过推断，对感觉和知觉无法把握的事物进行间接的、概括的认识。思维具有两个重要的作用：形成概念和解决问题。

**拓展阅读**

#### 动物有思维吗？

英国一位年轻的女科学家发现，黑猩猩马伊克能巧妙地用两个空煤油桶当武器，向猿王戈利亚发起挑战。空煤油桶可以发出猿类从未听过的声音，使它们向马伊克俯首称臣，戈利亚也心存恐惧，最终让出王位。

可见，猿类已有了思维。但是，猿类的思维是低级的，与人的思维有本质的区别。

首先，猿类的思维缺乏概括性。黑猩猩经过训练以后，虽然能够舀水灭火，但它们只能从用于训练的缸中取水，缸中无水，它们绝不会到河里去取水，因为它们还不能对事物进行概括，还不能认识到所有水都能灭火。

其次，猿类的思维缺乏能动性，猿类只是消极地去适应环境。例如，猎人用树枝生火取暖，黑猩猩也会在火边取暖，但当树枝快燃尽时，它们不会想到将树枝放入火中，只会看着火熄灭后快快地离去。

再次，猿类的思维缺乏目的性和预见性。

最后，只有人类才能以判断、推理等形式进行思维，动物的思维都是低级的思维，都是知觉水平的思维。

## 二、思维的种类

### （一）动作思维、形象思维和抽象思维

根据思维所凭借的对象的不同，可以将思维分为动作思维、形象思维和抽象思维。

**1. 动作思维**

动作思维是以实际动作为支柱的思维。小于3岁的幼儿的思维就属于动作思维。他们的思维特点是，思维在实际活动中展开，并伴随着动作进行，动作停止，思维就停止。动作思维是个体在发展的早期所具有的一种思维形式，其任务是与当前直接感知到的对象相联系。成人也有动作思维，例如，体操运动员就是以动作思维为主的。

**2. 形象思维**

形象思维是利用头脑中的具体形象或表象为材料来解决问题的思维过程。例如，上、下班的时候人们常常会选择一条最短、最方便的路线，这就是形象思维。形象思维的初级形式是具体形象思维，指借助于对事物的具体形象或表象的联想来进行思维。形象思维的高级形式是语言形象思维，指以鲜明、生动的语言作为物质外壳，以形成具体的形象或表象来解决问题的思维过程，往往带有强烈的情绪色彩。

**3. 抽象思维**

抽象思维是思维的一种高级形式。抽象思维已经摆脱了对感性材料的依赖，以判断、推理等方式进行思维。例如，数学定理的证明、文章中心思想的概括等，都属于抽象思维。

以上三种思维形式是互相联系的。个体思维有一个从动作思维向形象思维、抽象思维发展的过程，成人的思维活动可以根据问题的性质以某种思维形式为主，以其他思维形式为辅。3岁以前为动作思维期，3～7岁为形象思维期，7岁以后逐步进入抽象思维期。思维水平有高低之分，后一种思维的出现，并不意味着前一种思维的消失，人在成年后，这三种思维都可以发展到很高的水平，在成人身上体现出来的这三种思维是相互联系、相互补充的，并无高低之分。

### （二）求同思维和求异思维

根据探索目标方向的不同，可以将思维分为求同思维和求异思维。

**1. 求同思维**

求同思维又叫聚合思维、集中思维，是指把问题所提供的各种信息聚合起来，得出一个最正确的答案的思维过程。例如，理论工作者根据现有的许多资料归纳出一种结论，就属于求同思维。求同思维的典型形式是归纳推理。

**2. 求异思维**

求异思维又称为发散思维，是根据已有的信息，从一个目标出发，从不同角度、不同方向思考，寻求多种答案的一种思维方式。例如，一事多议、一题多解等，就属于发散思维。

### （三）直觉思维和分析思维

根据思维的逻辑性，可以将思维分为直觉思维和分析思维。

**1. 直觉思维**

当人们面对新问题、新事物和新现象时，能迅速理解并做出判断，这种思维就是直觉思维。直觉思维是一种领悟式的思维活动，它具有如下特点。

(1) 整体性：从整体上考察对象。

(2) 跳跃性:思维过程是压缩的、跳跃式的,直接指向最后的结论。

(3) 直接性:不经过分析,直接把握问题的实质。

(4) 快速性:思维过程在短时间内完成。

(5) 突发性:新思想、新观念的产生具有突发性。

(6) 尝试性:以猜测或假设的形式给出问题的答案。

(7) 创造性:可产生新思想、新观念,是创造性思维的基础。

(8) 无意识性:推理过程是无意识的,只是结果会呈现在意识中。

**2. 分析思维**

分析思维是指根据严密的逻辑规律,对概念逐步进行分析,最后得出符合逻辑的结论。

### (四) 常规思维和创造性思维

根据思维活动的结果是否具有创造性,可以将思维分为常规思维和创造性思维。

**1. 常规思维**

常规思维是指人在遇到某种问题时,不加改变地运用以往的知识,按现成的方案和程序直接解决问题。在常规思维中,虽然记忆和知识的迁移起主要作用,但也包含着分析、综合、抽象和概括等思维操作。在发现当前要解决的问题及其条件和特点与过去解决过的问题完全一致或基本一致时,人们才会直接地、不加改变地运用以往的知识经验和方法来解决问题。

**2. 创造性思维**

创造性思维是指在科学发现、文艺创作或技术革新等创造性活动中所特有的思维过程。创造性思维建立在一般思维的基础之上,是一种重新组织已有的知识经验,提出新的方案或程序,并创造出新成果的思维形式。例如,数学家高斯在6岁时,他的老师给全班学生出了一道算术题:1+2+3+4+…+10=? 一般学生都采用传统的老师教过的累加的方法进行计算,只有高斯采用了新方法:1+10=11,2+9=11,3+8=11,4+7=11,5+6=11,然后将5个11加在一起得到最后的结果为55。高斯的思考方式就是创造性思维,其他学生的思考方式则是常规思维。

创造性思维既有一般思维的特点,又不同于一般思维。首先,创造性思维往往与创造性活动联系在一起,具有新颖、独特等特点;其次,创造性思维只有在现有资料的基础上进行想象,并加以构思才可能实现,因此它是一般思维与想象的有机统一;再次,创造性思维往往具有突发性。总之,创造性思维是多种思维的综合表现,它在文艺创作、技术革新等活动中,发挥着重要的作用。

## 三、思维的基本过程

思维是通过一系列比较复杂的操作来实现的。人们在头脑中,运用存储在记忆中的知识经验,对从外界输入的信息进行分析、综合、比较、分类、抽象、概括、具体化和系统化的过程,就是思维的基本过程。

### （一）分析和综合

分析是在头脑中把整体分解为部分，把复杂的事物分解为简单的要素，分别加以考虑的加工方式。分析需要运用记忆中存储的知识形成一个分析标准，因此，分析是否恰当，在很大程度上取决于人们选择的分析标准是否符合客观实际。知识经验越丰富，智力水平越高，人的分析水平也就越高。综合是在思想上把对象的各个部分和各种因素结合起来进行考虑的加工方式。

分析和综合是思维最基本的过程，是进行抽象与概括的基础。分析与综合可以在以下三种水平上进行。

(1) 实际操纵物体的分析与综合，如把航模的零件拆下来，检查后再组装起来。

(2) 感性形象的分析与综合，如理解设计图纸的内容。

(3) 语词符号的分析与综合，如运用数学定理解决代数问题。

### （二）比较和分类

比较是在头脑中确定对象之间的不同点和共同点的加工方式。对事物进行比较时要注意以下几点。

(1) 比较必须在性质上有联系的事物之间进行，可以对同一类别的事物进行比较，也可以对不同类别但有共同点的事物进行比较，完全不相关，没有任何共同点的事物则无法进行比较。

(2) 比较时必须采用统一的标准，否则，会犯逻辑错误。

(3) 比较最好从不同点开始，然后过渡到共同点。

分类是在头脑中根据对象的共同点和不同点将它们区分为不同种类的加工方式。对事物进行分类时应注意以下几点。

(1) 要对事物进行科学的分类，避免非科学分类。科学分类是指根据事物的本质属性和事物之间的内在联系进行分类。非科学分类是指根据事物的非本质属性和事物之间的外在联系进行分类，如把所有会飞的东西都归为鸟类。

(2) 分类时必须采用统一的标准，否则，会犯逻辑错误。例如，把人分为男人、女人和小孩，就没有采用统一的分类标准。

**拓展阅读**

#### 细心的达尔文

一天，达尔文的好友赖尔来拜访他。达尔文先陪赖尔打猎，随后共进晚餐。在餐桌上，家人连续送来两道菜，都是烤鸭。达尔文觉得很奇怪，家人解释说："第一道菜是用买来的家鸭做的，第二道菜是用你们猎获的野鸭做的。"这句话引起了两人的兴趣，赖尔觉得野鸭的味道胜过家鸭，而达尔文却对野鸭与家鸭的生理特点更感兴趣。他兴致勃勃地说："家鸭依赖主人，不用到处觅食，所以就肥一些，野鸭到处觅食，终日奔波，所以瘦一些。"达尔文用餐刀切下鸭的翅膀，举着鸭的翅膀说："家鸭几乎不会飞，很少用到翅膀，所以它的翅膀远不如野鸭的翅膀坚强有力。"

达尔文抓住吃烤鸭的机会，对家鸭和野鸭进行了比较，加深了对家鸭和野鸭的认识。

### （三）抽象和概括

抽象是在头脑中把各种对象的共同属性抽取出来，并把这些共同属性与其他属性区分开来的加工方式。例如，人虽然有种族、肤色、身高、性别、国籍等方面的不同特征，但人也具有一些共同特征，如能思维、能制造和使用工具等。把人的这些共同特征抽取出来，而将其他特征舍弃，这就是思维的抽象过程。概括是在头脑中把抽象出来的各种对象的共同属性综合起来并推广到同类对象中去，使之普遍化的加工方式。

抽象与概括是认识过程中的第一次飞跃。抽象与概括的关系十分密切，如果不先对事物的本质特征进行抽象，就不能对某一类事物的本质特征进行概括；没有思维的概括过程，就抽象不出事物的本质特征。

### （四）具体化和系统化

具体化是把抽象出来的一般原理应用到具体对象上的加工方式。具体化是认识过程中的第二次飞跃，是从一般到个别、从认识到实践的过程。具体化过程促进了理论与实践的结合，在具体化过程中，还可以检验理论知识的准确性与可靠性。在教学过程中，具体化有以下几种形式。

（1）列举具体的事例说明所学的理论。

（2）运用理论知识解决具体问题。

（3）运用一般原理创造性地解决实践过程中遇到的新问题。

系统化是指在头脑中将学到的知识分门别类地整理成一个层次分明的系统的加工方式。在教学过程中，系统化的方法主要有以下几种。

（1）分类。

（2）列提纲。

（3）绘制图表，如树状图、历史年代表等。

通过系统化，可以使人的知识结构更加严谨，层次更加分明，形成知识模块，这样可以使知识在特定的环境中更好地发挥整体效应，同时也有助于人们发现知识之间的联系，从而更好地理解知识。

# 第二节　问题的解决

## 一、问题概述

问题是指初始状态与目标状态之间有某些障碍需要加以克服的情境。问题的三个要素是初始状态、障碍和目标状态。问题的初始状态是指问题解决者最初所处的处境，在解决问题的过程中一般以已知条件的形式出现；障碍是一种中间状态，是需要通过一系列的认知操作才能克服的状态;目标状态一般指最终的结果。

### (一) 界定清晰的问题和界定含糊的问题

界定清晰的问题是指初始状态和目标状态都很明确的问题。界定含糊的问题是指初始状态或目标状态不明确,或者两者都不明确的问题。

### (二) 对抗性问题和非对抗性问题

对抗性问题要求人们在解决问题时不仅要考虑自己的思维活动,还要考虑对手的思维活动对自己的影响,如下象棋。非对抗性问题是指在解决问题时没有对手参与的问题,如做练习题。

### (三) 语义丰富的问题和语义贫乏的问题

语义丰富的问题要求解题者具有很多与所要解决的问题相关的知识经验,如建立数学模型。语义贫乏的问题不要求解题者具有很多与所要解决的问题相关的知识经验,如进行乘法运算。

## 二、解决问题的心理过程

解决问题的过程实际上是从初始状态经过一系列中间状态达到目标状态的过程。学生解答复杂的数学题、工人解决生产过程中遇到的技术难题、科学家研究自然现象的规律等,都是在解决问题。

解决问题的心理过程分为四个阶段:发现问题、分析问题、提出假设和验证假设。发现问题就是要认识到问题的存在,并产生解决问题的需要和动机;分析问题就是要分析问题的要求和条件,找出它们之间的联系,把握问题的实质,确定解决问题的方向;提出假设就是要提出解决问题的方案、策略或途径;验证假设就是要通过实际活动或思维操作验证所提出的假设是否可以真正解决问题并达到目标状态。

### (一) 发现问题

解决问题都是从发现问题开始的。人类的一切活动中都存在着各种各样的问题,人类要不断地发现问题,并不断地解决问题,这是人类社会发展的需要。人们从事任何活动,特别是创造性活动,都需要具有发现问题的能力。

能否发现问题与人对活动的态度、兴趣及已有的知识经验密切相关。人对活动的态度越积极,越有兴趣,与问题有关的知识经验越丰富,就越容易发现活动过程中存在的问题,反之,就不容易发现问题。

### (二) 分析问题

在日常生活中发现的问题开始往往是不系统、不明确的。当发现问题时,很多人只知道有问题,却不知道问题发生在什么地方。解决问题的关键,就是要抓住问题的核心。在人类社会领域,任何事物都包含着一系列的问题,在这一系列的问题中,总有一个是关键问题,找出这个关键问题是解决问题的思维过程的主要环节。

分析问题最基本的条件是全面、系统地掌握感性材料，只有当感性材料十分丰富且符合实际的时候，个体才能通过思维过程对问题进行分析、综合与抽象、概括，从而抓住问题的实质与关键。当然，分析问题在很大程度上也取决于个体已有的知识经验，与问题有关的知识经验越丰富，个体就越容易从一系列的问题中找出关键问题。

### （三）提出假设

假设是指解决问题时所假定和设想的问题的答案或解决问题的途径。解决任何问题的方案都不止一个，不管是哪一个方案，在实施之前都具有假设的特点，提出方案就是形成假设，这是解决问题的过程中最具有创造性的阶段。如果没有假设，没有对问题答案的预测，解决问题的活动就成了一种盲目的行为。在问题比较复杂时，必须逐步找出问题与答案之间的各种中间环节，即提出假设。

个体要想提出假设，需要依靠已掌握的知识。已掌握的知识能否在解决问题的过程中顺利地被运用，与个体掌握知识的程度，以及已有知识与当前问题的关系有关，若已有的知识掌握得不够灵活，受具体情境束缚，那么运用起来就会相当困难。

### （四）验证假设

人们在解决问题的过程中所提出的假设是否正确，需要通过实践和思维来验证。验证假设的方法有两种：一种是通过实践来验证，即按照假设解决具体的问题；另一种是通过思维来验证。如果假设是正确的，则问题得以解决；如果假设是错误的，则需要重新审查材料，提出新的假设。当然，对假设的验证归根到底还是要依靠人类的社会实践。

## 三、解决问题常用的策略

策略的选择直接影响解决问题的效率。下面简要介绍几种常用的解决问题的策略。

### （一）算法式策略

算法式策略是指在问题空间中搜索所有可能的解决问题的方法，并逐一加以尝试，最终使问题得以解决。例如，一个密码箱有 3 个旋钮，每个旋钮有 0～9 十个数字，要用算法式策略找出密码打开箱子，就要逐个尝试 3 个数字的随机组合，直到打开箱子为止。算法式策略的优点是能保证解决问题，但用采用这种策略解决问题有时需要尝试很多次，因此费时费力。当问题很复杂时，我们很难依靠这种策略解决问题。计算机的运算速度比人要快许多倍，所以算法式策略是计算机解决问题的重要策略。

### （二）启发式策略

启发式策略是指根据已有的知识经验，在问题空间中进行少量的搜索，以达到解决问题的目的。采用启发式策略不能保证一定能解决问题，但解决问题时省时省力。

人们在处理日常问题时常常采用启发式策略，虽然它在准确性上不及算法式策略，但采用启发式策略时无须探讨所有的可能性，因此，解决问题的效率可以大大提高。下面介绍几种常用的启发式策略。

**1. 手段-目的分析法**

手段-目的分析法的基本思想是先确定一个目标（目的）状态，它与当前的状态之间存在着差异，当人们认识到这个差异后，就会采取某种办法（手段）来减小这个差异。

手段-目的分析法的核心是将一个较复杂的问题分解为几个较简单的子问题。采用手段-目的分析法解决问题的步骤如下。

（1）比较初始状态和目标状态，提出第一个子问题：如何减小两者的差异？

（2）提出减小差异的办法。

（3）如果提出的办法实施条件不够成熟，则提出第二个子问题：如何创造条件？

（4）提出创造条件的办法。

（5）如果步骤（4）中提出的办法实施条件也不够成熟，则提出第三个子问题：如何创造条件？……如此循环前进，直至解决问题。

**2. 爬山法**

爬山法的基本思想是评价当前的状态后，限于条件，不是去减小，而是去增加这一状态与目标状态之间的差异，通过迂回前进，最终达到解决问题的目的。爬山法是一种“以退为进”的方法，往往具有“退一步，进两步”的效果，后退实际上是为了更好地前进。

**3. 逆向搜索法**

逆向搜索法的基本思想是从目标状态出发，按照子目标组成的逻辑顺序逐级向初始状态反推。例如，高中课本上的许多几何证明题都是从目标出发逆向推理，达到解决问题的目的的。

**4. 计划简化法**

计划简化法的基本思想是先抛开某些细节而抓住问题的关键，把问题抽象成简单的形式，然后解决这个简单的问题，从而解决整个复杂的问题。

**拓展阅读**

**谁聪明？**

杰克指着艾文告诉汤姆，艾文是班上学生中最笨的。杰克喜欢捉弄艾文。“嗨，艾文，这里有两枚硬币，你可以任选一枚，就是你的了。”艾文看了看两枚硬币，一枚五分的，一枚一角的。一会儿后，艾文挑了那个大的硬币，也就是五分的硬币。“啊，拿去吧，归你了。”杰克笑着说。艾文拿着硬币走了。远处有一个大人看到了这一幕，他拦住了艾文，和善地告诉艾文，一角的硬币虽然小一些，面值却是五分的两倍。艾文回答说：“这个我知道，但是如果我挑了一角的，杰克以后就再也不会和我玩这个游戏了，如果我一直选五分的，他就会认为我是个笨蛋，还会一次一次地跟我玩这个游戏，我已经从他那儿得到一块多钱了，所以我必须选五分的。”

## 四、影响问题的解决的心理因素

问题的解决会受到社会、自然、物质和心理等多方面的因素的影响，其中，影响问题的解决的心理因素主要有三大类：个体的知识经验、解决问题的动力、个体的兴奋度。个体的知识经验这一方面的因素主要包括已掌握的知识、知觉情境、定式、功能固着、原型启发等；解决问题的动力这一方面的因素主要包括个体的情绪、动机、态度、兴趣、个性等；个体的兴奋度这一方面的因素主要包括个体在解决问题的过程中注意力的集中程度、神经的灵活性等。

### （一）已掌握的知识

解决问题的任何一个阶段都会涉及有关的知识，没有相应的知识，不仅难以发现问题，而且会导致缺乏分析问题的基础和提出假设所需的依据，在验证假设的过程中也需要具有相应的知识。在教学过程中，为了提高学生解决问题的能力，教师必须向学生传授正确、丰富的知识，并指导他们有计划地按规律复习知识。

### （二）知觉情境

知觉情境是指被直接感知到的事物的空间组织形式产生的情境，它往往会对解决问题产生重要的影响。一般来说，知觉情境越接近个体的知识结构，个体就越容易选用恰当的知识与策略使问题得到解决。

### （三）定式

定式是由先前的活动所形成的并影响后续活动的一种心理准备状态。定式在思维活动中表现为一种易于以惯用的方式解决问题的倾向。卢钦斯设计了一个实验，要求被试用大小不同的杯子量出一定量的水（见表 7-1）。实验组在练习题之后按顺序做完 8 道题，而控制组在练习题之后只做第 6、7、8 题。结果，实验组 81%的被试受做第 1～5 题所形成的定式的影响，套用 $B-A-2C$ 的算法求解第 6、7、8 题，而控制组则由于不受此定式的影响，100%的被试都采用非常简单的方法求解第 6、7、8 题。

**表 7-1 卢钦斯的定式实验**

| 题目序号 | 三个杯子的容积（毫升） | | | 要求量出的水的体积（毫升） |
|---|---|---|---|---|
| | *A* | *B* | *C* | |
| 1 | 21 | 127 | 3 | 100 |
| 2 | 14 | 163 | 25 | 99 |
| 3 | 18 | 43 | 10 | 5 |
| 4 | 9 | 42 | 6 | 21 |
| 5 | 20 | 59 | 4 | 31 |
| 6 | 23 | 49 | 3 | 20 |
| 7 | 15 | 39 | 3 | 18 |
| 8 | 28 | 59 | 3 | 25 |

定式在解决问题的过程中既有积极作用，也有消极作用。克服定式的消极作用的方法是具体情况具体分析，一旦发现自己用惯用的方法不能解决问题时，不要执意固守，而应寻求新的方法。克服定式的消极作用的关键是转变观念，树立创新意识，必要时可以进行发散思维的训练：求多——尝试从多种角度思考问题，培养思维的流畅性；求变——打破条条框框，培养思维的变通性；求异——克服从众心理，培养思维的独创性。

### （四）功能固着

人们把某种功能赋予某种事物的倾向称为功能固着。功能固着是指个体在解决问题时往往只看到某种事物通常的功能，而看不到它在其他方面可能具有的功能。功能固着常常会对人们解决问题产生消极影响。邓克的实验证实了功能固着对解决问题的消极影响。他让两组被试使用同样的 5 种工具来解决 5 个问题。实验组在解决问题前先对工具的习惯用法进行练习，以增强功能固着的影响；控制组则不进行此练习，直接解决问题。结果，实验组的成绩远远低于控制组（见表 7-2）。

**表 7-2　邓克的功能固着实验**

<table>
<tr><th>组　别</th><th>工　具</th><th>练　习</th><th>解决问题</th><th>参加人数</th><th>成绩/（%）</th></tr>
<tr><td rowspan="5">实验组</td><td>钻子</td><td>钻孔</td><td>支撑绳索</td><td>14</td><td>71</td></tr>
<tr><td>箱子</td><td>盛放物品</td><td>做垫脚石</td><td>7</td><td>43</td></tr>
<tr><td>钳子</td><td>打开铁丝结</td><td>支撑木板</td><td>9</td><td>44</td></tr>
<tr><td>秤锤</td><td>称重量</td><td>做钉锤用</td><td>12</td><td>15</td></tr>
<tr><td>回形针</td><td>夹纸</td><td>做挂钩用</td><td>7</td><td>57</td></tr>
<tr><td rowspan="5">控制组</td><td rowspan="5">同实验组</td><td rowspan="5">无</td><td rowspan="5">同实验组</td><td>10</td><td>100</td></tr>
<tr><td>7</td><td>100</td></tr>
<tr><td>15</td><td>100</td></tr>
<tr><td>12</td><td>100</td></tr>
<tr><td>7</td><td>86</td></tr>
</table>

### （五）动机

人们对活动的态度、兴趣等都可以成为发现问题的动机。动机、任务类型与工作效率的关系如图 7-1 所示。在执行简单的任务时，工作效率会随着动机的增强而提高；在执行复杂的任务时，工作效率会随着动机的增强而降低；在执行难易适中的任务时，在中等动机强度下，工作效率最高。

动机还会影响对所解决的问题的选择。成就动机强的人对成功的希望大于对失败的恐惧，所以他们倾向于选择比较困难的问题，以期获得成功后的快乐；成就动机弱的人对失败

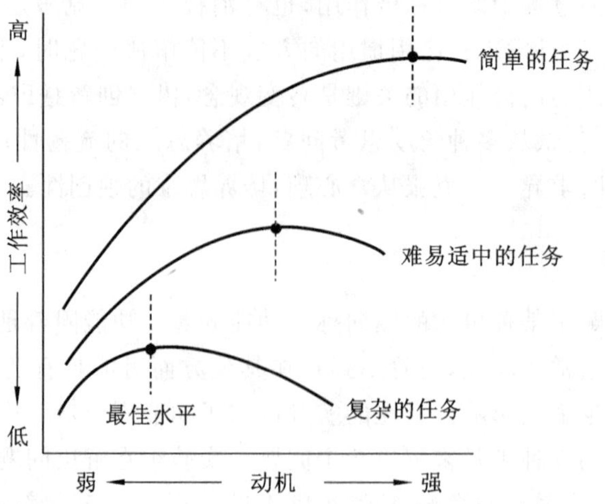


**图 7-1　动机、任务类型与工作效率的关系**

的恐惧大于对成功的希望，所以他们倾向于选择比较简单的问题，避免失败后感到痛苦。

### （六）个性

研究证明，一个具有意志坚强、自信、勇于创新、人际关系良好、勤奋等人格特征的人，往往能迅速而有效地解决各种问题。人的脾气、性格也会直接影响解决问题的效率和方式。

达威多娃做过一个实验，通过改变戏票上的时间，造成具有不同气质的被试迟到 15 分钟而不得入场的情境，并观察他们的表现。结果发现，典型的胆汁质者对检票员不让入场的做法感到十分气愤，并和检票员争执起来；典型的多血质者对检票员的做法很理解，但随后又找到一个不用检票的入口进入剧场，安心看戏；典型的黏液质者对检票员的做法非常理解，并自我安慰"第一场戏总是不太精彩"，于是先到外面休息一下，等幕间休息时再进去；典型的抑郁质者则对自己的行为很后悔，认为自己不该来看这场戏。

### （七）原型启发

原型启发是指从其他事物或现象中获得的信息对解决当前问题的启发。原型是指对解决问题有启发作用的事物或现象。原型之所以有启发作用，主要是因为原型与待解决的问题之间有相似之处，通过联想，人很容易找到解决问题的办法。例如：鲁班发明锯子是因为受到了茅草的启发；许多科学家受到动物的形态、动作等的启发，解决了大量生活、生产和军事上的问题，并形成了仿生科学。

除了原型具有启发作用外，他人的行为举止、表情、动作、语言等也具有启发作用。有人让被试去解决迈尔的"双索问题"，即在天花板上悬挂两根绳子，两根绳子之间的距离略大于两臂侧伸时两手之间的距离，只要抓住一根绳子就抓不到另一根绳子，任务是设法抓住两根绳子，如图 7-2 所示。实验时，被试被分成两组：甲组在解决问题前先识记绳索、摆动、钟摆等词语，乙组在解决问题前先识记与解决问题无关的词语。之后，两组被试开始解决问题。结果，由于词语的启发作用，甲组用摆动法迅速地解决了问题。

图 7-2　迈尔的“双索问题”

# 第三节　创造性思维

## 一、创造性思维的内涵

创造性思维是指以新颖的方法解决问题的思维过程。它不仅能揭示客观事物的本质特征及内在联系，而且能指引人们去获得新知识和新技能。创造性思维可以给人们带来新的具有社会价值的成果，是智力水平高度发展的表现。创造性思维一般要求个体具有灵活性、独创性、敏捷性和发明能力。创造性思维具有以下四个特点。

第一，新颖性和独创性是创造性思维最本质的特征。创造性思维不同于一般的思维活动，它要求人们打破惯常的思维方式，对已有的知识经验进行重组或重建，创造出前所未有的思维成果。

第二，创造性思维是发散思维和聚合思维相结合的产物。只有通过有效的发散思维对已获得的信息重新进行组合并提出多种方案，才能对问题进行深入的分析，从中聚合出最优的结论。

第三，创造性想象的积极参与是创造性思维的重要环节。创造性想象提供的是事物的新形象，不仅可以引导人们发现新的事实，而且能作为动力鼓舞人们为取得新成果而努力。

第四，灵感状态是创造性思维的典型特征。灵感是指在创造性思维过程中，由于某种新形象、新概念和新思想而突然产生的心理状态。任何创造性思维都离不开灵感。

## 二、创造性思维的过程

心理学家对创造性思维的过程做过大量的研究，比较有代表性的是心理学家华莱士所提出的四阶段论和心理学家艾曼贝尔所提出的五阶段论。华莱士认为任何创造性思维的过程都包括准备阶段、酝酿阶段、明朗阶段和验证阶段四个阶段。艾曼贝尔则从信息论的角度出发，认为创造性思维的过程由提出问题、准备、产生反应、验证反应、得出结论五个阶段组成。其中，华莱士的四阶段论更受到人们的重视。

准备阶段是创造性思维过程的第一个阶段。这个阶段的主要任务是收集信息，整理资料，为下一个阶段做准备。据说，爱迪生为了发明电灯，光收集资料整理成的笔记就有 200 多本。可见，任何发明创造都是在大量观察和研究的基础上进行的。

酝酿阶段主要是对前一阶段所收集的信息进行消化和吸收，在此基础上，找出问题的关键，以便提出解决问题的各种策略。在这个过程中，对于有些问题，由于一时难以找到正确的答案，所以人们通常会把它们暂时搁置，但思维活动并没有因此而停止，这些问题会经常出现在脑海中，甚至转化为一种潜意识。在这个过程中，容易让人产生狂热的状态。所以，在这个阶段，要注意有机结合思维的紧张与松弛，使其向着更有利于解决问题的方向发展。

明朗阶段，也叫顿悟阶段。经过前两个阶段，思维已达到了一种相当成熟的水平，这时，人们常常会进入一种豁然开朗的状态。

验证阶段又叫实施阶段，主要是对通过前面三个阶段所形成的方法、策略进行验证，以得到更合理的方案。

## 三、创造性思维的培养

聚合思维和发散思维是创造性思维的重要组成部分，相比之下，发散思维的培养更重要。当前，有不少学校比较重视学生聚合思维的培养，而忽视了发散思维的培养，往往按照一定的标准答案来评判学生的作业或试卷，这在无形中强化了学生某种固定的思维模式的形成，影响了学生的观察力、想象力以及主动性的发展。

从思维的流畅性、变通性、独创性和辩证性四个方面对学生进行训练，可以促进学生创造性思维的发展。

### 1. 思维的流畅性训练

思维的流畅性体现了思维的丰富性。在短时间内产生的有效信息多，表明思维的流畅性大，反之，思维的流畅性就小。

从思维的流畅性方面对学生进行训练，可以采用以下几种方法。

(1) 用词的流畅性训练。老师可以要求学生在一定时间内说出尽可能多的含有规定的字的词语。

(2) 联想的流畅性训练。老师可以要求学生在一定时间内对一个指定的词说出尽可能多的意思，并说出它的同义词和反义词。

(3) 表达的流畅性训练。老师可以要求学生按照语法与语义要求，运用尽可能多的词语造出一个句子。

(4) 观念的流畅性训练。老师可以要求学生在一定时间内提出尽可能多的满足一定要求的观念，即提出尽可能多的解决问题的方案。

前三种训练都要借助于语言，最后一种训练既可以借助于语言，也可以借助于动作。训练既可以个别进行，也可以集体进行。例如，头脑风暴法就是一种集体观念的流畅性训练方法。头脑风暴法一般采用会议的形式进行，会议上，人们对特定的问题进行讨论，当一个人提出一种设想或看法后，就会激发其他人的联想，而这些联想又会激发更多、更好的联想，这样就形成了一股头脑风暴。由于参加会议的人在掌握的材料、观察问题的角度和研究方法等方面存在差异，所以他们会具有各自独特的见解，这样，通过相互间的启发、比较，就可以在短时间内产生许多的解决某一问题的方法。方法越多，最后得到有价值的方法的可能性也就越大。

**2. 思维的变通性训练**

思维的变通性体现了思维的灵活性。从思维的变通性方面对学生进行训练，可以采用以下几种方法。

(1) 物体功能的变通性训练。老师可以要求学生在一定时间内说出一些普通物体(如桌子、木块等)尽可能多的功能。

(2) 遥远联想的变通性训练。老师可以训练学生在表面上看起来不存在联系的事物之间建立新的联系。

(3) 问题解决的变通性训练。老师可以要求学生解决一系列的问题，并且解决不同的问题时需要运用不同的策略。

**3. 思维的独创性训练**

从思维的独创性方面对学生进行训练，可以采用以下几种方法。

(1) 命题的独创性训练。老师可以要求学生对某个故事给出一个适当的富有新意的题目，越有新意越好。

(2) 后果推测的独创性训练。老师可以向学生呈现一些独特的情境，如国家的法律突然被废止了、在宇宙飞船上分娩等，让学生想象可能会发生什么事情。

(3) 故事结尾的独创性训练。老师可以给学生讲一些小故事，但故事缺少结尾，要求学生根据故事情节提供独特的结尾。

(4) 问题解决的独创性训练。老师可以要求学生尽可能用独特的方法来解决所提出的问题。

**4. 思维的辩证性训练**

学者们目前还在探讨思维的辩证性的训练方法，归纳推理能力与演绎推理能力的训练对该问题的探讨有借鉴意义。

1) 归纳推理能力的训练

归纳推理是人类思维最基本的形式之一。归纳推理是通过考察个别事物或现象所具有的某种属性推断出该类事物或现象普遍具有该属性的过程。归纳推理能力训练的基本形式是先呈现一组元素，然后要求归纳出一个规则，最后把该规则应用到一个例子中。

2) 演绎推理能力的训练

演绎推理是由一般推及特殊的过程，它是人类思维的一种重要形式，反映了人类信息加工的基本特点。演绎推理能力的训练被视为思维辩证性训练的主要内容。三段论推理是一种典型的演绎推理。研究表明，人们对演绎推理能力的训练是完全可能的，一种常用的训练方法就是把一些三段论推理程序教给受训者。

## 拓展阅读

### 让学生掌握创造的基本方法

人人都可以进行创造。尽管一般人的创造与科学家的创造在水平上和价值上有极大的不同，但是，它们在本质上并没有什么差别，很难找出两者在思维与想象等方面的绝对差异。学生在学习过程中所采用的与众不同的方法，只要能得出正确的结果，也应视为创造。让学生掌握创造的基本方法是学校教育的重要任务之一。

（一）仿生法

仿生法是指通过模仿生物的结构、功能、原理等，创造出具有类似特征的产品。例如，人类通过模仿狗的嗅觉功能创造出了电子警犬，通过模仿昆虫的复眼创造出了复眼照相机，通过模仿人的神经网络创造出了翻译机。

（二）适应需要法

适应需要法是指为了满足社会或个人的某种需要而进行创造。一位初中生从$1^2=1$，$2^2=1+3$，$3^2=1+3+5$……的推导演算中，发现了任何一个自然数$n$的平方，等于从1开始的$n$个连续奇数的和，即$n^2=1+3+5+\cdots+(2n-1)$，这就是这位初中生为了满足学习上的需要而进行的创造。

（三）缺点反思法

发现事物的缺点后，不是回避它，而是有针对性地进行反思，从对事物缺点的认识中产生改正缺点的动力，就是缺点反思法。

（四）特性迁移法

把其他事物的某些特性迁移到某种事物上，以解决该事物所存在的问题，就是特性迁移法。有人发现面包由于放了发酵剂而具有多孔、松软的特征后，对这种现象进行了仔细研究，并试着在橡胶中加入发泡剂，结果，如愿以偿地制成了海绵。

（五）逆向求索法

在思维过程中，从相反的思维方向去思考问题，就是逆向求索法。

（六）扩展用途法

某一事物只有一种用途，通过扩展它的用途使它具有多种用途，就是扩展用途法。

## 【课后思考】

1. 什么是思维？举例说明思维的基本特性。
2. 结合事例说明解决问题的心理过程。
3. 影响问题的解决的心理因素有哪些？
4. 在教学中老师应如何提高学生解决问题的能力？
5. 创造性思维的基本特征是什么？如何培养学生的创造性思维？
6. 案例分析。

（1）课堂上，教师让学生列举砖头的用处，学生小方的回答是“盖房子、铺路”，学生小明的回答是“盖房子、打狗、敲钉子”。小方和小明的回答如何？你更欣赏谁的回答？为什么？

（2）一个富豪到一家银行借1美元，贷款部经理以为他是在试探服务质量，于是说："只要有担保，无论借多少，我们都会办理。"这个富豪从容地取出一大堆股票和债券。贷款部经理清点完股票和债券后说："一共50万美元，做担保足够了，请办手续吧，年息6%，只要你付出6%的利息，一年后归还，我们就把这些股票和债券还给您。"富豪办完手续后离开了银行。行长很不明白，一个拥有50万美元的富豪，为什么会到银行借1美元呢？他追出去问了这位富豪，富豪回答了他的问题，行长听后恍然大悟。请问，这位富豪为什么会到银行借1美元呢？他采用了什么样的思维方式？

# 第八章

# 需要与动机

**案例导入**

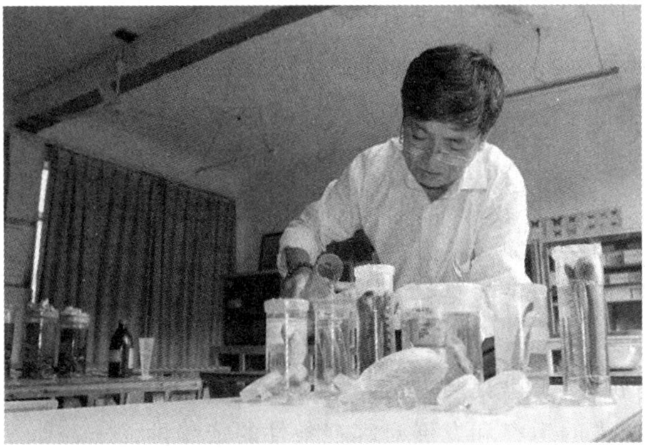

科学麦田的播种者——“2016 全国最美教师”王伟平

“小学的科学课意味着什么?”

“它意味着对科学的启蒙,是每个孩子对自然科学产生兴趣的火种!”王伟平这样说。

王伟平是浙江省丽水市遂昌县大柘镇中心小学的科学老师。自 1980 年走上教师工作岗位以来,他先后在遂昌县石练镇大茂坑村小学、石练镇中心小学、大柘镇中心小学任教。他被评为“2016 全国最美教师”,他也是浙江省唯一入选的教师。

2016 年 8 月 24 日,王伟平受邀赶赴北京参加 8 月 30 日在中央电视台演播厅录制的 2016 寻找最美教师大型公益活动颁奖晚会。晚会结束后,他又马不停蹄地赶回遂昌,赶回了他心心念念的学校,因为 9 月 1 日是学校正式开学的日子。

放弃进城扎根农村,他是别人眼里一根筋的“大傻子”。

30 多个春夏秋冬,王伟平一直在基层农村小学当科学老师。

人们不禁要问,像他这样表现突出的科学老师,为什么会一直待在农村小学,不到其他条件更好的学校呢? 支撑他这样扎根农村,几十年如一日地当一名农村科学老师的力量是什么呢?

# 第一节　需要与动机概述

## 一、需要概述

### (一) 需要的概念

心理学家已初步证明,人类行为的一切动力都起源于需要,即需要是人类一切行为的动力的源泉。因此，要了解人类行为的动力，必须从需要入手。

需要是有机体感到某种缺乏而力求获得满足的心理倾向，它是有机体对自身及外部生活条件的要求在头脑中的反映。例如：血液中血糖的含量下降，会让人产生进食的需要；生命或财产安全得不到保障，会让人产生对安全的需要；孤独会让人产生对社会交往的需要。

### （二）需要的特征

**1. 对象性**

需要总是指向一定的对象。没有对象的需要，不指向任何事物的需要是不存在的。有机体产生某种需要后，就会把缺乏的东西视为必需的。某种缺乏总是特定对象的缺乏，这种特定对象可能是物质上的，也可能是精神上的。例如：人在口渴时会把水作为对象，人在感到知识缺乏时会把书本作为对象。人的需要总是指向能使其得到满足的对象，并从中获得满足。人既是生物有机体，又是社会成员，为了生存和发展，人对外部环境必定会有一定的需要，这种需要表现出人的生存和发展对客观条件的依赖性。

**2. 动力性**

需要是个体行为积极性的源泉，人的各种需要推动着他们在各个方面的积极活动。人的各种活动，从学习、生活到创造、发明，都是由于需要的推动。需要激发人去行动，使人朝着一定的方向追求一定的对象，以获得自身的满足。需要越强烈，越迫切，由它所引起的活动动机就越强烈。

**3. 动态性**

一旦有机体内部的某种缺乏或不平衡状态消除了，即需要得到了满足，又会产生新的需要。也就是说，人的需要总是随着指向对象的范围的改变和满足需要的方式的改变而发展的，原有的需要满足了，又会产生新的需要。例如：人感到饥饿时会需要食物，当他吃饱后他又会有新的需要；一个幼儿的需要和一个小学生的需要是不同的。

**4. 社会性**

人总是生活在一定的历史条件下，因此，人的需要总是带有社会政治、经济、文化等的印记，有着与人所处的阶层相适应的特征。同时，人的需要的满足总是会受到社会历史条件的限制，尤其是会受到社会生产力发展水平的限制，人的需要不会超越时代，人会根据社会的特点调节自己的需要。

### （三）需要的种类

人的需要是多种多样的，我们可以从不同的角度对其进行分类。根据需要的起源，我们可以把需要分为生物性需要和社会性需要；根据需要指向的对象，我们可以把需要分为物质需要和精神需要。

**1. 生物性需要与社会性需要**

生物性需要又称为自然需要，它主要是由有机体内部某些生理上的不平衡状态所引起的，是人的生理需求的反映，包括饮食、睡眠、休息、运动、排泄、性等方面的需要。这些需要对于有机体维持生命、延续后代有重要意义。人和动物都有生物性需要，但人和动物的生物性需要的具体内容、表现方式及满足需要的手段有着本质的区别。人的生物性需要不仅可以通过自然物体得到满足,还可以通过社会生产的产品得到满足,并且人的生物性需要总是会受到社会性需要的影响。例如:人们在选择衣物时不仅要穿得暖和,能遮羞,还要好看;人们在进餐时不仅要吃饱,还有对餐具、进餐环境、进餐礼仪的要求。

社会性需要是与人的社会生活相联系的需要,是社会生活的要求在人脑中的反映,是人在社会活动中所产生的对周围环境、人际关系、生产活动等的需求和欲望,如对劳动、交往、成就等的需要。社会性需要是人类所特有的需要,它受社会生活条件的制约,具有社会历史性。在不同的历史时期,人们的社会性需要也会有所不同。社会性需要对于维系人类的社会生活、推动社会进步有着重要的作用。

**2. 物质需要与精神需要**

物质需要指向物质产品,并通过占有这些物质产品来获得满足,如对日常生活必需品的需要,对劳动工具、文化用品、科研仪器等的需要。物质需要既包括生物性需要,也包括社会性需要。

精神需要指向精神产品,并通过占有这些精神产品来获得满足。精神需要主要包括认知需要、审美需要、交往需要、道德需要、创造需要等,它是人类所特有的需要。

人们的物质需要与精神需要有着密切的联系。

## 二、动机概述

### (一) 动机的概念

动机是指激发和维持个体进行某种活动并将活动引向某一特定目标的内部动力。对动机的概念的理解要注意三点。

第一,动机是一种内在的心理历程。动机是一种中介变量,它既不是刺激,也不是行为反应,而是介于刺激与行为反应之间的一种内在的心理历程,是一种心理活动,是一种意识活动,因此,动机本身无法直接观察到,我们只能通过观察个体的行为来推测其行为背后的动机。例如,我们看到一个人大口大口地喝水,我们可以推测他一定十分渴,在他喝水这一行为的背后一定有一个动机在起作用。动机实际上是个体行为过程中的一个中介变量,可用下面的式子表示:

$$\text{刺激}\rightarrow\text{动机}\rightarrow\text{行为反应}$$

第二,动机是人们产生某种行为的直接原因。动机作为一种"力",是隐藏在个体行为背后的驱使个体向着某一目标行动的内在力量。有了某种需要,并不一定会形成动机。例如,当一个人很专心地在做某件事时,会废寝忘食,饿了、渴了也不会意识到,尽管他有对食物和水的需要,但是由于没有产生动机,所以不会有吃、喝的行为。动机是一个解释性的概念,它使我们可以更好地理解不同的人在行为上的差异,以及同一个人在不同情境中所产生的行为上的差异。

第三,动机总是指向一定的目标。在动机的支配下,人的活动会指向一定的目标或对象。例如,在锻炼身体的动机的支配下,个体会到运动场上跑步、打球、跳绳等。动机不同,个体活动所指向的目标或对象会有所不同。相同的动机在不同的人身上也会指向不同的目标。

### （二）动机的产生

个体内在的某种需要是动机产生的基础和根本原因，外在环境中的刺激，由于能够满足个体的需要，会引导个体趋向于某个特定目标而成为行为的诱因。

**1. 内部条件：需要**

个人行为的动机是在需要的基础上产生的。当个体有了某种需要时，他的体内就会产生一种力量，推动他去寻找满足需要的对象，从而产生活动的动机。当需要推动着人们去进行某种活动，并将活动引向某一特定目标时，需要就成了人们活动的动机。

**2. 外部条件：诱因**

动机的产生除了需要内部条件外，还需要一定的外部条件，也就是诱因。诱因是指能够满足有机体某种需要的外部条件或外界刺激物，它也能够激发起有机体的某种定向行为，是有机体企图得到的目标或试图回避的目标。诱因有两种：正诱因和负诱因。正诱因是指人们试图得到的目标或刺激情境，例如，美味佳肴、好成绩、高收入、老师和家长的赞许、同学的友谊等都能发挥正诱因的作用，驱使个体采取行动。负诱因是指人们试图回避的目标或刺激情境，例如，考试不及格、被领导批评、被朋友孤立等都可以发挥负诱因的作用。

其实，动机产生的内部条件和外部条件是紧密联系着的。需要比较隐蔽，是支配有机体行动的内部原因；诱因是与需要相联系的外界刺激物，它吸引有机体进行活动，并使有机体的内部需要有可能得到满足。当有机体达到了某种目标，需要得到了满足后，动机的强度就会降低。因此，没有需要，就不会有行为的目标；没有行为的目标或诱因，也就不会有某种特定的需要。在实际生活中，人的行为往往取决于需要与诱因的相互作用。

### （三）动机的功能

动机对于个体的活动具有三种基本功能。

**1. 激活功能**

动机能激发个体产生某种活动，使个体由静止状态转向活动状态。例如，为了消除饥饿而进食，为了获得优异的成绩而努力学习，为了摆脱孤独而结交朋友等，这些行为都是在某种动机的推动下产生的。

**2. 指向功能**

动机不仅能引起某种行为，而且能将这种行为指向一定的对象或目标。动机与需要的一个不同之处是，需要是一种无目标的主观状态，而动机是针对一定目标的，是受目标引导的。也就是说，需要一旦受到目标的引导，就变成动机了。当然，同一种动机所指向的目标可能是不同的，例如，由饥饿引起的动机可以指向米饭、面包，也可以指向野菜、草根。

**3. 维持和调整功能**

当活动指向个体所追求的目标时，这种活动就会在相应动机的维持下继续下去；当活动偏离方向时，就需要动机做出适当的调整。如果活动达到了目标，动机就会促使个体终止这种活动；如果活动尚未达到目标，动机将促使个体维持（或加强）这种活动。

### （四）动机的分类

动机是一种复杂的心理现象。我们可以从不同的角度对动机进行分类。

#### 1. 生物性动机与社会性动机

根据需要性质的不同，可以将动机分为生物性动机与社会性动机。生物性动机也称为原始性动机或原发性动机，它是受个体的生物性需要驱动所产生的动机。社会性动机是以人的社会性需要为基础产生的动机。

#### 2. 内部动机与外部动机

根据动机来源于活动本身还是来源于活动以外的诱因，可以将动机分为内部动机与外部动机。内部动机是指个体对活动本身的兴趣所引起的动机。这种动机取决于个体内在的需要，不需要其他外部因素推动。外部动机是指由外部诱因所引起的动机。这种动机常常需要活动以外的因素，如外界的要求或作用使它产生和维持。赏罚就是一种典型的外部动机，人们会因为追求奖励或害怕惩罚而进行某些活动。

在活动过程中，有时候是外部动机起作用，有时候是内部动机起作用，当然也可能是两种动机同时起作用。内部动机与外部动机有时候可以相互转化。例如：学生在为了获得老师的表扬而努力学习的过程中，逐渐对学习本身产生了兴趣，于是更加积极、主动地学习，这就是外部动机向内部动机的转化；学生在兴趣的推动下积极、主动地学习并取得了优异的成绩，当他获得老师的表扬后，这种表扬又会促使他更加努力地学习，这就是内部动机向外部动机的转化。心理学家德西认为，在有些情况下，对一种由内部动机引起的行为进行奖励，会削弱个体的内部动机。他指出，如果一个人本身对某项活动很感兴趣，当他受到外部奖励时，他很可能会把本来由内部动机引起的活动看成由外部动机引起的活动。①

#### 3. 主导性动机与辅助性动机

根据动机对活动所起作用的大小，可以将动机分为主导性动机与辅助性动机。一般情况下，人们行为的动机是多种多样的，它们可能同时存在，共同对活动产生影响，但是它们对活动所起的作用的大小是不同的，其中，处于支配地位、发挥主导作用的那种动机称为主导性动机，与其他动机相比，主导性动机对活动的影响最大、最稳定，那些处于从属地位、发挥辅助作用的动机就是辅助性动机。有时候，在一定时期内起主导作用的动机到了另一时期可能会转化为辅助性动机，反之亦然。

除此之外，我们还可以从其他角度将动机分为正确的动机与错误的动机、高尚的动机与卑下的动机。总之，分类的角度有很多种，但分类不是目的，对动机进行分类是为了进一步了解和研究人们的行为动机，进而明确人们为什么会有这样或那样的行为，从而达到为实践服务的目的。

### （五）动机与行为

动机与行为之间的关系非常复杂。尽管行为背后一定有动机，但是动机与行为之间并不是一一对应的关系。同一动机可以引发不同的行为，同一行为也可以由不同的动机驱动。

① 时蓉华：《社会心理学》，第 2 版，上海人民出版社，1986 年。

例如,学生在学校中学习,其背后的动机可能是对学习感兴趣,也可能是家长和老师对他施加了压力,还有可能是为了获得名次。

研究表明,动机的强度与活动效率之间存在一定的关系。在一定范围内,活动效率会随着动机的增强而提高,但是并不是动机无限增强,活动效率就无限提高。一般来讲,中等强度的动机有利于各种活动,过强或过弱的动机都不利于活动效率的提高。一项关于黑猩猩的研究证实了这一点。当剥夺黑猩猩食物的时间超过一定限度后,随着剥夺时间的延长(动机不断增强),黑猩猩解决问题时所犯的错误增多,速度减慢。在一些重要的考试中,经常有人发挥失常,就是因为动机过强,紧张和焦虑水平过高,导致认知和知觉范围缩小,能力的正常发挥受到影响,从而使在轻松的状态下能解决的问题反而不能解决。

动机对行为效果的影响还与个体行为的质量有关。这里的"效果"是指行为的社会效果。一般来讲,良好的动机产生良好的行为效果,不良的动机产生不良的行为效果,但"好心办坏事"的情形在日常生活中也是常见的。这是由于动机必须以行为为中介对行为效果产生影响,因此,行为质量对行为效果的影响至关重要。而个体行为的质量不仅会受到动机的影响,还会受到一系列主、客观因素(如方法、习惯、个性特点、智力水平、健康状况等)的影响,因此,只有把动机、行为和行为效果三者联系起来,才能看出动机与行为效果之间的关系。动机、行为与行为效果之间的关系如表 8-1 所示,其中,"+"代表积极,"-"代表消极。

**表 8-1　动机、行为与行为效果之间的关系**

| | 正向一致 | 负向一致 | 正向不一致 | 负向不一致 |
|---|---|---|---|---|
| 动机 | + | - | - | + |
| 行为 | + | - | + | - |
| 行为效果 | + | - | + | - |

可见,动机与行为之间的关系是非常复杂的,只有深入地了解一个人的动机,才能比较准确地解释其行为。

## 第二节　需要与动机理论

### 一、强化动机理论

强化动机理论就其主要倾向来说是行为主义心理学的动机理论。行为主义心理学家认为在刺激和反应之间不存在任何中介变量,因此不主张从内部去寻找行为的动力。他们还把个人行为的积极性也看作是由外界刺激引起的一种对行为的推动力量。行为主义心理学家还认为,人的某种行为倾向完全取决于先前的这种行为与刺激因强化而建立起来的稳固联系,不断强化可以使这种联系得到加强和巩固,从而增加这种行为发生的概率。

斯金纳对强化进行了大量的研究。他把强化分成正强化和负强化。当某一行为发生时或发生之后,呈现某种愉快的刺激,这就是正强化;当某一行为发生时或发生之后,消除某种不愉快的刺激，这就是负强化。正强化和负强化都能增加反应发生的概率，对人的行为塑造具有重要作用。但是由于人类的动机非常复杂，什么是愉快的刺激，什么是令人厌恶的刺激，常常因人而异，因事而异，因情境而异。例如，教师的表扬一般来说是愉快的刺激，能够提高学生的学习积极性，但事实上，教师表扬所起的强化作用受到许多因素的制约。下面举一个例子。教师对学生说："好好干！我知道你努力做的话，是能够做好的。"对那些难以完成任务的学生来说，这番话是一种鼓励或强化，但是对那些轻而易举地就能完成任务的学生来说，这实际上类似于惩罚，因为这番话意味着，他们必须经过努力才能完成任务，而实际上他们是可以很轻松地完成任务的。因此，教师不能想当然地认为鼓励和表扬一定具有强化动机的作用。

尽管强化动机理论过分强调引起行为的外部力量，忽视甚至否定人的行为的自觉性与主动性，有很大的局限性，但是这一理论是我们在学校教育中运用表扬与鼓励等手段提高学生的学习积极性，激发学生的学习动机的重要理论依据。

## 二、成就动机理论

成就动机通常被认为是人们在完成任务时力求获得成功的内部动因。成就动机是在人的成就需要的基础上产生的，在学生的学习活动中，成就动机是一种主要的学习动机。

20 世纪 30 年代，默里对成就需要进行了研究。他认为，人格的中心由一系列需要构成，其中之一就是成就需要，成就需要使人表现出以下行为：追求较高的目标，完成困难的任务，与别人竞争并试图超过别人。20 世纪四五十年代，麦克兰德和阿特金森等人在默里的思想的基础上，提出了成就动机理论。

麦克兰德通过研究发现，成就动机强的人敢于承担责任，完成任务后能从中获得满足感。同时，成就动机的强弱还会影响人对职业的选择，成就动机强的人喜欢从事具有创造性的工作，并且在工作中敢于做出决策，成就动机弱的人则倾向于选择风险较小的职业。

麦克兰德还对成就动机与经济发展的关系进行过研究。他曾经用总贸易额、煤的进口量等衡量一个国家经济发展的水平，用该国家著名的文学作品和文献资料的数量衡量该国家社会成员的成就动机的水平，并用自己设计的编码系统比较客观地研究了社会成员的成就动机与国家经济发展之间的关系。通过此项研究，麦克兰德得出了以下结论：一个国家经济发展的水平不仅与经济制度、政治背景、地理环境有关，还与社会成员的成就动机有关。

阿特金森认为，成就动机由两种心理因素构成：追求成功的动机和避免失败的动机。追求成功的动机使人趋近目标以追求成功，避免失败的动机使人回避目标以避免失败。如果人们追求成功的动机大于避免失败的动机，在失败几次之后，他们解决这一问题的动机反而会增强；如果获得成功太容易，他们的动机反而会减弱。研究表明，在选择任务时，追求成功的人倾向于选择中等难度的具有挑战性的任务，避免失败的人则倾向于选择非常容易或非常困难的任务，因为选择非常容易的任务可以使他们免遭失败，而选择的任务非常困难时，即使失败了，他们也可以找到适当的借口，减少失败感。

阿特金森的理论不仅强调了成就动机对人的行为的影响，也考虑了客观因素（如任务难度等）对人的行为的影响，因此，他的理论对于教育实践有着重大的指导意义。教师要为不同的学生设置不同的学习目标，让每个学生通过努力都能取得成功。

## 三、自我实现理论

人本主义心理学家马斯洛认为，人类的需要具有一定的层次性，由低到高可以分为七个层次，如图 8-1 所示。

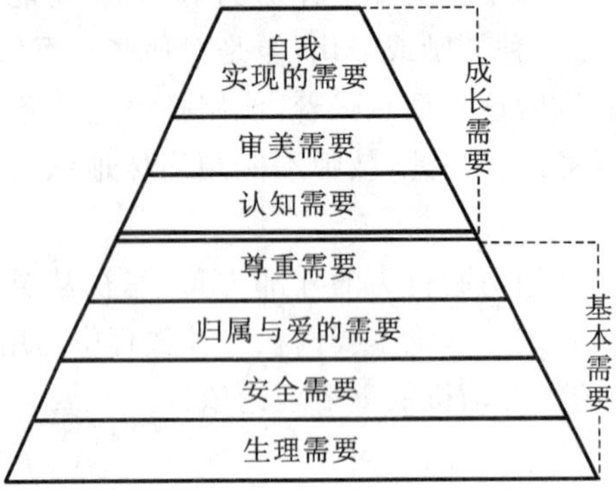


**图 8-1　人类的需要**

生理需要是指维持生存及延续种族的需要，如对食物、空气、水分、排泄和睡眠等的需要。它是最基本、最原始的需要，是其他一切需要产生的基础。

安全需要是指期盼稳定、安全，避免受到危害、威胁的需要。它是在生理需要得到满足的基础上产生的。

归属与爱的需要是指希望被他人或群体承认、接纳、爱护、关注、鼓励和支持的需要。马斯洛认为，人是社会性动物，喜欢而且热爱别人是他们的天性，同样他们也希望得到别人的喜欢和热爱。

尊重需要是指个人对自己尊严和价值的追求的需要。它包括自尊与他尊两个方面。自尊的需要是指一个人希望在各种情境中有实力、充满信心、能独立自主。他尊的需要是指希望得到他人的尊重，希望自己的工作、能力和才华得到他人的赞赏和重视。

认知需要是指人们对未知世界的探索和理解的需要。马斯洛认为，学习和发现的愿望，以及探索新异事物与未知世界的愿望是人性的基本方面之一。

审美需要是指人们对美好事物欣赏、赞美的需要。审美需要与其他需要相互关联。

自我实现的需要是指人类渴望自己的潜能得到最大限度的发挥，实现自己的最大目标，完成与自己能力相称的一切活动的需要。自我实现的需要是人类最高层次的需要。

马斯洛认为，人类的需要可以分为两大类：一类是基本需要，即人类个体不可缺少的普遍的生理和社会需要；另一类是成长需要，即人类个体追求自身的健康成长和自我实现的需要。基本需要包括生理需要、安全需要、归属与爱的需要、尊重需要；成长需要通常是在基本需要得到满足后出现的高层次的需要，包括认知需要、审美需要和自我实现的需要。

马斯洛认为，需要的层次越低，它的力量越强，潜力越大，随着需要层次的上升，需要的力量相应减弱。在高层次的需要出现之前，必须先满足低层次的需要，即只有在低层次的需要得到满足或部分得到满足后，高层次的需要才有可能出现。

低层次的需要对于人的生存有迫切性，其特点是这些需要一旦得到满足，其强度就会减弱，而高层次的需要对于人的生存则没有那么迫切。高层次的需要得到满足时，能使人感到幸福，低层次的需要得到满足时，大多数人不会产生高层次的心理体验。

从心理学的角度来看，人们进行各种活动就是为了满足自我实现的需要。对于学生来说，他们通过学习使自己的价值、潜能、个性得到充分的发展和体现。自我实现可以说是一种重要的学习动机，是学生学习积极性的重要源泉。

自我实现理论告诉我们，学生缺乏学习积极性，在某种程度上可能是由于某种低层次的需要没有得到充分的满足。例如，学生感到自己在学校里不被教师和同学尊重、在家里得不到父母的爱等，这些因素会成为学生追求自我实现的主要障碍。

## 四、成败归因理论

人们在做完一项工作之后，往往喜欢寻找自己或他人成功或失败的原因，这个心理过程就是归因。美国心理学家韦纳认为，人们在对自己或他人的行为成败进行归因时，常常将其归结为能力高低、努力程度、任务难度和运气好坏四个因素。韦纳将这四个因素从控制点（内部原因还是外部原因）、稳定性（在性质上是稳定的还是不稳定的）、可控性（是否受个人意志的控制）三个维度进行了归类（见表 8-2）。

**表 8-2　韦纳的成败归因理论**

| 三个维度 | 内部 | | 外部 | |
|---|---|---|---|---|
| | 稳定 | 不稳定 | 稳定 | 不稳定 |
| | 不可控 | 可控 | 不可控 | 不可控 |
| 四个因素 | 能力高低 | 努力程度 | 任务难度 | 运气好坏 |

韦纳认为，个体的归因倾向会影响其对未来活动的选择、坚持性和动机强度。如果一个人将失败归因于不稳定的、可控的因素（如努力程度），他就有可能在失败的情况下坚持努力，并相信将来一定能取得成功，这是一种积极的归因；相反，如果一个人将失败归因于稳定的、不可控的因素（如能力高低），他就不会相信自己能够改变现状，也就不会再努力了，这是一种消极的归因。由于努力程度可以受个人意志的控制，所以当学生将学业失败归因于自己不够努力时，其学习动机就会进一步增强。研究发现，通过训练，可以让学生形成这种积极的归因。

稳定性这一维度似乎与人们对今后成功的期待密切相关。如果人们将成功（或失败）归因于能力高低、任务难度这种稳定的因素，他们就有可能会对今后类似的任务做出成功（或失败）的估计；如果他们将其归因于努力程度、运气好坏这种不稳定的因素，那么在以后遇到类似的任务时，他们可能会预期结果会有所改变。

可控性这一维度似乎与自信心和对前途的期待密切相关。如果人们将成功归因于努力这种可控的因素，他们就会信心大增，并预期今后会再次取得成功；如果他们将成功归因于运气这种不可控的因素，他们就会产生感激之情，并希望今后仍然能碰到好的运气。特别值得一提的是，如果学生将失败归因于能力这种不可控的因素，他们就会放弃努力，在学习上表现得冷漠、悲观、自暴自弃，他们往往认为自己缺乏能力，在这种情绪的支配下，他们会不愿意去学习，去尝试，最终陷入一种恶性循环中。这种由于一系列的失败经验而产生的无能为力的绝望心境称为习得性无助感。

韦纳的成败归因理论说明了学生对自己行为成败的认识和归因对其学习积极性的重要作用，这对于我们教会学生形成学习的内部动机，正确地认识失败，形成正确的自我意识系统具有重要的作用。

**拓展阅读**

### 习得性无助感

习得性无助感是指将失败归因于一些不可控的、稳定的因素，从而放弃或回避任务的心理状态。习得性无助感最早是由塞利格曼提出的。塞利格曼以狗为被试，将其分为实验组和控制组。实验组的实验分为两个阶段。第一阶段，将狗置于一个无法逃脱的笼子里，对其实施电击，电流强度以能使狗感到痛苦，但不伤害其身体为限。电击引起了狗的惊叫与挣扎，但它无法摆脱电击。第二阶段，将狗置于中间立有隔板的房间中，隔板的一边有电击设备，另一边没有电击设备，狗是可以轻易跳过隔板的。将经过第一阶段实验的狗放入有电击设备的一边，它们除了在开始感到惊恐之外，后来便一直趴在地上接受电击，那么容易逃脱的条件，它们连试也不去试一下。而控制组的狗，不经过第一阶段的实验，直接从第二阶段开始，结果全部都能从有电击设备的一边跳到没有电击设备的一边，从而免受电击之苦。

后来这一现象在人的身上也得到了验证。有研究者发现，让实验组的被试经历一连串非常难的猜字谜问题后，随后的一些简单的问题，他们也放弃尝试，而控制组的被试则能轻易地解答这些简单的问题。这说明不断的挫折与失败的打击易使人陷入习得性无助的状态，即使成功的机会摆在面前，他们也鼓不起勇气去尝试。

人们在产生习得性无助感后，会有以下三种表现。

第一，动机减弱，消极被动，对什么都不感兴趣。

第二，认知出现障碍，形成任务或事件无法控制的心理定式，在学习方面则表现为本来可以学会的东西难以学会。

第三，情绪失调，最初是烦躁，后来变为悲观、沮丧，甚至陷入抑郁状态。

## 五、自我效能感理论

自我效能感这一概念最早是由班杜拉提出的，它是指人们对自己是否能够成功地进行某种活动所进行的主观判断。20 世纪 80 年代以后，自我效能感理论得到了丰富和发展。

班杜拉认为，个人在追求目标的过程中面临一项特殊工作时，对该项特殊工作动机的强弱，取决于其对自我效能的评估。自我效能感并不是对行为结果的预期，而是对自己有能力进行某种活动的信任程度，它意味着个体是否确信自己可以成功地进行某种活动，而结果预期是个体对其行为可能带来的结果的一种期望。班杜拉认为，当个体确信自己有能力进行某种活动时，他就会产生高度的自我效能感。自我效能感高的人倾向于选择富有挑战性的任务，遇到困难时勇于面对困难，相信通过坚持不懈的努力一定能克服困难。因此，在个人获得相应的知识、技能后，自我效能感就成了行为的决定因素。

影响自我效能感的因素主要有以下几个。

第一，个人自身行为的成败经验。这个因素对自我效能感的影响最大。一般来说，成功的经验会提高个人的自我效能感，反复失败的经验则会使个人的自我效能感降低。

第二，替代经验。替代经验是指个体通过观察他人而获得的间接经验，它对自我效能感也有很大的影响。当一个人看到与自己的能力水平相当的示范者在某项活动中取得了成功时，其自我效能感会提高，认为自己也有能力完成同样的任务；当他看到与自己的能力水平不相上下的示范者遭到失败时，其自我效能感会降低，觉得自己取得成功的可能性也很小。

第三，言语劝说。在影响自我效能感的各种因素中，言语劝说因简便、有效得到广泛的应用，但是由于它缺乏经验基础，所以形成的自我效能感不是十分牢固。

第四，情绪唤醒。班杜拉在“去敏感性”的研究中发现情绪唤醒也是影响自我效能感的一个重要因素。

自我效能感理论不仅指出结果预期会对人的行为产生重要影响，而且特别强调效能预期（即自我效能感）在调节人的行为方面具有非常重要的作用，它将个体的需要、认知和情感结合起来研究人们的行为动机，具有较大的科学价值。

## 第三节　学习动机的培养和激发

激发学生的学习积极性，防止学生产生厌学心理是每个教师面临的一个实际问题。在实际的教学过程中，必须坚持以内部动机为主、以外部动机为辅的原则，充分利用内部动机与外部动机相互转化的规律，创造条件培养学生的学习兴趣、学习热情、学习需要等，形成强大的学习动力。同时，教师也要尽可能地利用一定的诱因，使已经形成的学习需要等由潜在的状态变为活动的状态，形成学习的积极性。

### 一、培养学生的内部动机

学生的厌学心理并不是天生就有的，相反，人生来就具有好奇心，好奇心如果能得到正确的引导，就会发展成求知欲、学习兴趣、学习热情和学习需要，从而转化成对学习具有极大推动作用的内部力量。

#### （一）加强理想主义和人生观、价值观教育，培养学生明确的学习目的

从教学的角度来讲，对学生加强理想主义和人生观、价值观教育，是培养学生学习积极性的一种极为重要的方法。对于中学生而言，儿童时代比较单纯的好奇心已不再处于支配地位，处于支配地位的是理想和信念。正确的人生观、价值观，会使中学生树立远大的理想和坚定的信念，进而转化为强大的学习动力，推动学习行为，使其朝着预定的目标前进。中学生如果缺乏正确的人生观、价值观和远大的理想，就容易受社会上一些不正之风的影响，随波逐流，失去努力学习的动力。

#### （二）运用灵活多样的教学手段和教学方法，激发学生的学习兴趣

增强学习任务的趣味性是培养和激发学生内部动机的有效策略之一。心理学研究表明，新颖的刺激物能激发人的兴趣，吸引人的注意力，使人产生探究的愿望，一成不变的刺激

物则会使人感到厌倦。因此,教师在教学过程中要注意增强教学手段和教学方法的新颖性、趣味性,使学生产生新奇感,从而提高学生的学习兴趣。例如,教师在教学过程中,可以改变教学内容的呈现方式,采取不同的呈现方式,学生的学习兴趣是不同的。另外,教师也要注意选择能够激发学生学习兴趣的教学内容,教学内容越有趣,越能激发学生学习的内部动机。

### (三) 创设问题情境,激发学生的求知欲

创设问题情境,是指在教学过程中提出有一定难度的问题,使学生既感到熟悉,又不能利用已有的知识和惯用的方法去解决,从而激发学生思维的积极性和求知的欲望。现代认知心理学认为,当学生在认知上产生失调或不和谐时,这种状态常常能激发学生的好奇心,并激发其学习兴趣。

研究表明,激发学生的求知欲和好奇心应考虑信息量的大小。如果教师教给学生的信息量过大,学生就会感到难以接受,从而产生回避信息的行为;如果教师教给学生的信息量过小,学生则不会产生求知欲和好奇心。因此,教师首先要认真研究教材,然后在教学过程中根据学生原有认知结构的特点,结合教学内容,创设问题情境,实施启发式教学。

## 二、恰当地运用表扬与批评

教师正确地对学生进行评价,恰当地运用表扬与批评,是激发学生学习动机的重要手段之一。恰当地运用表扬与批评,可以提高学生的认识水平,激发和培养学生的上进心、自尊心、荣誉感。一般来说,表扬、鼓励比批评、指责能更有效地激发学生学习的积极性。赫洛克采用实验的方法证明了表扬、批评对激发学生学习动机的作用。

赫洛克把 106 名四、五年级的学生分成四个组,各组内学生的能力相当,赫洛克让他们完成难度相同的加法运算 5 天,每天 15 分钟。四组学生是在四种不同的情况下完成任务的:第一组为控制组,单独完成任务,不受到任何评价,并且与其他三组学生隔离;第二组为受表扬组,每次完成任务之后,不管成绩如何,始终受到表扬和鼓励;第三组为受批评组,每次完成任务之后,不管成绩如何,始终受到批评和指责;第四组为静听组,静听第二组、第三组的学生受到表扬或批评。最后探讨表扬与批评对平均成绩的影响(见图 8-2)。

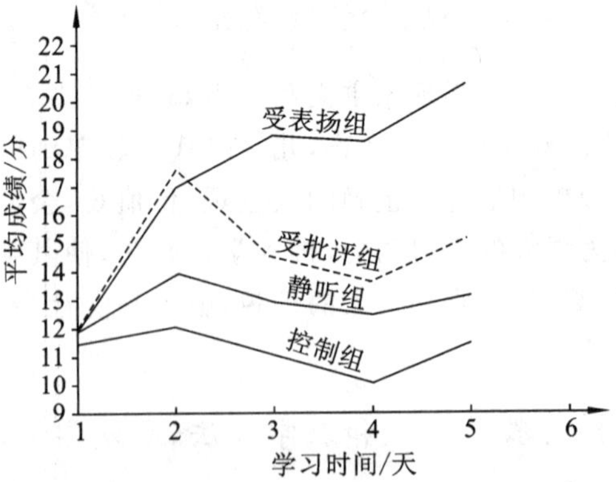


**图 8-2　表扬与批评对平均成绩的影响**

从图 8-2 可知，控制组的平均成绩最差，这是因为控制组未受到任何信息的作用。实验结果表明，对学习结果进行评价，能激发学生的学习动机，对学习有促进作用，并且适当表扬的效果优于批评，所以在激发学习动机方面，教师要注意给予学生表扬而非批评。

虽然表扬和奖励对学习具有促进作用，但使用过多或者使用不当，也会产生消极作用。许多研究表明，如果滥用外部奖励，不仅不能促进学习，反而会破坏学生学习的内部动机。教师应尽量利用教学内容来激发学生学习的内部动机，避免使用不必要的外部奖励。一般来说，在学生刚开始进行某一项学习活动时，可以使用外部奖励；当学生体验到活动的乐趣并取得成功时，可以逐步停止使用外部奖励。

教师在对学生进行表扬和批评时应注意以下几点。

第一，以表扬为主。

第二，实事求是地根据每个学生的实际情况进行表扬和批评，尽量使每个学生都能得到适当的表扬。

第三，要考虑学生的年龄特点和人格特点。

第四，要注意培养和保护学生的自尊心，不能采用嘲讽、羞辱的办法。

## 三、有效利用学习结果的反馈作用

学习反馈是指让学生了解和知悉其学习结果。让学生了解其学习结果，不论是成功的还是失败的，都能提高学生的学习热情，增强其进一步努力的动力，对学习起到一定的激励作用。要使反馈成为一个有效的激励因素，它必须是及时的，并且是明确的、具体的。

首先，反馈必须是及时的。罗西和亨利通过实验验证了及时反馈的激励作用。罗西和亨利曾把一个班的学生随机分为三组，每天学习以后进行测验，对于第一组学生，每天告知其测验结果；对于第二组学生，每周告知其测验结果；对于第三组学生，不告知其测验结果。实验进行 8 周以后改变实验条件，对于第一组学生，不再告诉他们测验结果；对于第三组学生，每天告诉他们测验结果，第二组的实验条件不变。实验再继续进行 8 周。实验结果如图 8-3 所示。

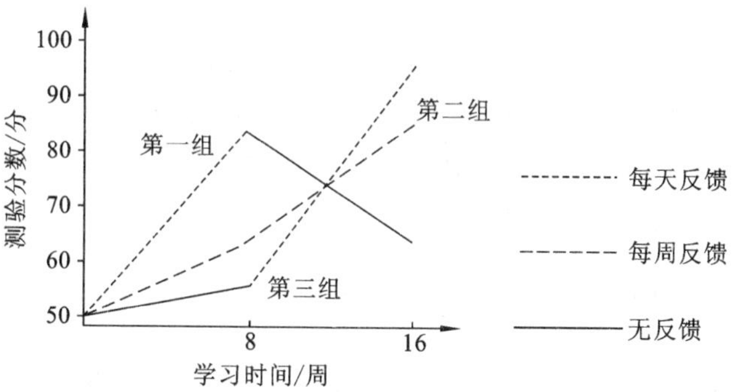


**图 8-3　实验结果**

从图 8-3 可知，在前 8 周，第一组的成绩迅速上升，第三组的进步很小，在后 8 周，第三组的成绩迅速上升，第一组的成绩迅速下降，而第二组自始至终保持着良好的上升趋势。这个实验说明，反馈越及时，它所起的激励作用就越大。

其次，反馈必须是明确的、具体的。明确的、具体的反馈可以告诉学生对在哪里，错在哪里，这样学生就可以知道以后该怎么做。如果学生仅仅受到表扬，没有得到任何具体的说明，他就难以知道以后如何做才有可能获得成功。美国心理学家佩奇通过实验证实了明确的、具体的反馈的激励作用。佩奇曾对 74 个班的 2000 多名学生的作文水平进行过研究。他把每个班的学生分成三组，分别给予三种不同的评价方式。第一组学生的作文只评定等级(如 A、B、C、D 等)，没有评语。第二组学生的作文不仅评定等级，而且给予特殊性评语，获得同一等级的作文的评语是一样的，获得不同等级的作文的评语是不一样的。第三组学生的作文除了评定等级外，还给予顺应性评语，即根据学生作文中存在的问题提出指导性意见。结果表明，三种不同的评价方式对学生后来的作文水平有不同的影响，在开学时，三组学生的作文水平差不多，但到期末时，三组学生作文水平的提高程度不一样，如图 8-4 所示。

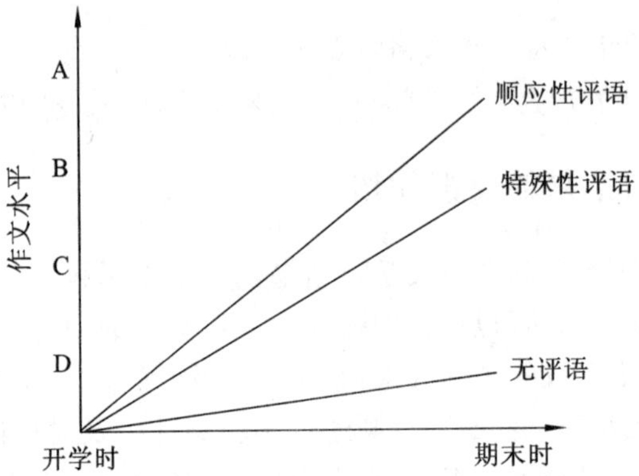


**图 8-4　评价方式对作文水平的影响**

从图 8-4 可以看出，顺应性评语由于具体、明确、针对性强，所以激励效果最好；特殊性评语虽然有激励作用，但效果不如顺应性评语。

因此，老师在表扬学生某项任务完成得很好时，应该具体指明好在何处。下面给出了几个例子。

(1)“干得不错！我很高兴你能用字典查找练习本上的生词。”

(2)“我认为这个答案不错。这说明你对我讲的自由和责任的问题进行了思考。”

(3)“这是一篇好文章。你首先陈述自己的观点，然后运用相关的事例来支持自己的观点。另外，你在词汇选用方面也很仔细，我很高兴。”

## 四、适当开展学习竞赛

开展学习竞赛是鼓励学生进取，激发学生的学习积极性的重要手段。在竞赛中，学生的成就动机表现得非常强烈，以竞赛中的名次或胜负为诱因，可以满足学生的自尊心和荣誉感的需要，从而在一定程度上提高学生学习的积极性，从而影响学习效果。

当然，竞赛也有一些消极影响：竞赛可能会增加差生的自卑感；竞赛可能会使学生产生嫉妒心理；竞赛可能会使学生的集体意识变得淡薄。因此，在学习竞赛方面，应以自我竞赛和团体竞赛为主。

## 五、帮助学生树立恰当的学习目标

在课堂教学中，学习目标可以用来激发学生的学习动机。对于学生来讲，学习成功就是最大的激励，因为成功可以让他们看到自己的力量，使他们的自尊心得到满足，自我价值感得到提升。而成功是一个相对的概念，考试得到 80 分对于有些学生来讲是成功，而对于那些经常考 90 分以上的学生来讲则是一种失败。因此，教师要帮助学生树立经过努力就可以达到的学习目标，通过多种途径，让每个学生都能体验成功。

**拓展阅读**

### 帮助学生设置目标①

心理学家就如何帮助学生设置目标提出了以下建议。

第一，尽可能让学生自己制定目标，因为让学生自己制定目标有助于他们为实现目标而努力。

第二，如果学生自己不会设置目标，教师可以给出若干个目标让学生选择。教师一定要向学生解释清楚这些目标是适宜的。

第三，使学生确认目标是可以达到的。教师可以告诉学生其他人已达到目标，并确保学生拥有达到该目标的资源。

第四，教会学生通过自我观察和自我表达来监控自己的进步情况。

## 六、引导学生进行积极的归因，促使学生继续努力

韦纳的成败归因理论告诉我们，不同的归因方式会影响个体今后的行为。如果学生将成功归因于运气，他就不会努力学习。如果学生将成功归因于努力，他就会更加努力。如果学生将失败归因于能力这种不可控的因素，他就会产生习得性无助感，这种归因将对学生学习的积极性产生消极的影响。为了防止习得性无助感的产生，教师要注意学生的归因倾向，帮助学生制定切实可行的目标和达到目标的步骤，当学生失败后，教师要引导学生将失败归因于不够努力或学习方法不当，让学生明白只要付出更大的努力，便会取得成功。必要时，教师可以对学生进行归因训练。归因训练的基本步骤如下。

（1）了解学生的归因倾向。

（2）让学生参与某种活动，并获得成败体验。

（3）让学生对自己的成败进行归因。

（4）引导学生进行积极的归因。

后三个步骤重复进行，可以使学生形成积极的归因倾向。

研究发现，差生常常将失败归因于能力不足，导致产生习得性无助感，造成学习积极性降低。积极的归因训练可以使他们学会将失败归因于不够努力，让他们从失望的状态中解脱出来。

---

① 吴庆麟：《教育心理学——献给教师的书》，华东师范大学出版社，2003 年。

研究也证明，训练学生将失败归因于学习方法不当，也能提高学生学习的积极性。

总之，激发学生学习动机的方式和手段是多种多样的。只要教师有效地利用各种手段来调动学生学习的积极性，学生就有可能积极、主动地去学习。

## 【课后思考】

1. 结合本章所学的内容，谈谈是什么原因使得“2016 全国最美教师”王伟平愿意放弃进城扎根农村的？

2. 请举例说明动机和行为之间的关系。

3. 结合自己的经历，谈谈你对成败归因理论的理解。

4. 怎样培养和激发学生的学习动机？

# 第九章
## 情绪与情感

**案例导入**

人有悲欢离合，月有阴晴圆缺。快乐、悲伤、思念、焦虑、郁闷……，每个人无时无刻不处在一定的情绪状态之下。快乐、幸福的生活，愉悦、无忧无虑的心情，是每个人都期盼的。然而，在现实生活中，人的情绪是复杂多变的。科学地管理情绪将有助于个体保持良好的情绪，培养健康的情绪，以积极的方式应对不良的情绪，保证身心健康发展。本章将探讨情绪与情感的概念和本质，介绍主要的情绪理论及管理情绪的方法。

# 第一节　情绪与情感概述

## 一、情绪与情感的含义

情绪和情感是指人对于客观事物是否符合自己的需要所产生的态度体验。情绪和情感都是人对客观事物所产生的态度体验，但是情绪更倾向于个体基本需求欲望上的态度体验，而情感则更倾向于社会需求欲望上的态度体验。

情绪包括生理反应、主观感受、认知过程及行为反应。例如，恐惧时，我们会产生心跳加快、呼吸急促、血压升高等一系列生理反应；感到不安、紧张；对相关事件的解释与评价会极大地影响这个事件对我们的意义；我们会通过面部表情、手势和语气等外显行为表达情绪体验。情绪这个概念既可以用于人类，也可以用于动物。

情感包括道德感、理智感和美感，具体表现为幸福、仇恨、厌恶等。情感这个概念只能用于人类。

需要是情绪产生的重要基础。凡是能满足需要或促进这种需要得到满足的事物，都会引起肯定和积极的情绪，如满意、愉快、喜爱等；凡是不能满足需要或妨碍需要得到满足的事物，都会引起否定和消极的情绪，如苦闷、哀伤、愤怒等。

## 二、情绪与情感的分类

### （一）情绪的分类

#### 1. 基本情绪

心理学家认为基本情绪有四种，即快乐、愤怒、恐惧和悲哀。这四种基本情绪可以组合成各种各样的复杂情绪。

快乐是指盼望和追求的目的达到后所产生的情绪体验。由于需要得到满足，愿望得以实现，所以紧张感被解除，快乐随之产生。快乐从强度上可以分为愉悦、欣喜、欢乐、狂喜等，这种差异与所追求的目的对自身的意义以及目的实现的难易程度有关。

愤怒是指所追求的目的受到阻碍，愿望无法实现时所产生的情绪体验。愤怒时，人的紧张感增加，有时候不能控制自己，甚至会出现攻击性行为。愤怒也有程度上的区别，一般的愿望无法实现时，只会感到不愉快或生气；当遇到不合理的阻碍或恶意的破坏时，愤怒的情绪会突然爆发。

恐惧是指企图摆脱和逃避某种危险情境而又无力应付时所产生的情绪体验。恐惧情绪的产生不仅与危险情境有关，还与个人应付危险情境的能力有关。一个初次出海的人遇到惊涛骇浪时会感到非常恐惧，而一个经验丰富的水手对此可能已经司空见惯，所以他们会表现得很平静。恐惧从强度上可以分为不安、忧虑、惧怕等。

悲哀是指失去心爱的事物，或愿望破灭时所产生的情绪体验。悲哀从强度上可以分为遗憾、失望、悲伤和哀痛等。

人类的基本情绪如图 9-1 所示。

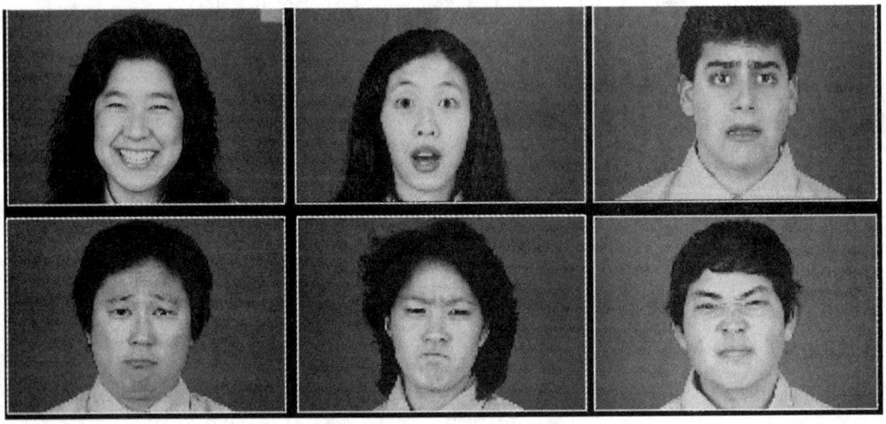

图 9-1　人类的基本情绪

#### 2. 情绪状态

情绪状态可以分为心境、激情和应激三种。

1）心境

心境是一种平静、持久的情绪状态。

心境具有弥散性和长期性。心境的弥散性是指当人具有某种心境时，这种心境表现出的态度体验会朝向周围的一切事物。例如，一个在单位受到表彰的人，回到家里会同家人谈笑风生，遇到邻居会笑脸相迎，走在路上会觉得天高气爽；而当他非常郁闷时，在单位、在家里都会情绪低落，无精打采，甚至会对花落泪，对月伤情。心境的长期性是指心境产生后会在相当长的时间内影响人的情绪表现。例如，有的人一生历尽坎坷，却总是豁达、开朗，以乐观的心境去面对生活；有的人总觉得命运对自己不公平，所以总是保持着抑郁、愁闷的心境。

导致心境产生的原因有很多，生活中的顺境和逆境，工作、学习上的成功和失败，人际关系的亲与疏，自然气候的变化，都可能引起某种心境。心境并不完全取决于外部因素，还与人的世界观和人生观有联系。一个有高尚的人生追求的人会无视人生的失意和挫折，始终以乐观的心境面对生活。

心境对人们的生活、工作和健康有很大的影响。人们每天都在一定的心境中学习、工作和交往，积极、良好的心境可以帮助人们提高学习和工作效率，克服困难，保持身心健康；消极、不良的心境则会使人意志消沉，无法正常工作和学习，甚至会导致一些身体和心理上的疾病。因此，保持一种积极、健康、乐观的心境对每个人都是非常重要的。

2）激情

激情是一种爆发式的、强烈的、持续时间较短的情绪状态。和心境相比，激情的强度更大，但持续时间一般较短。

激情具有爆发性和冲动性，同时伴随有明显的生理变化和行为表现。例如，有些人在暴怒之下，会双目圆睁，咬牙切齿，甚至拳脚相加。在激情得到宣泄之后，人又会很快地平静下来。

激情通常是由生活事件引起的，那些对个体有特殊意义的事件（如考上大学、找到满意的工作等）、让人意想不到的突发事件、违背个体意愿的事件都会引起激情。

3）应激

应激是出乎意料的危急情况所引起的情绪状态。例如，人们在日常生活中突然遇到火灾、地震，飞行员在执行任务的过程中突然遇到恶劣的天气，这些突发事件常常会使人们感到非常紧张，并产生相应的反应，这些都是应激的表现。

应激的生理反应大致相同，但外部表现可能有很大差异。积极的应激反应表现为沉着冷静、急中生智，全力以赴地排除危险，克服困难；消极的应激反应表现为惊慌失措、一筹莫展，或者做出错误的行为，使事态变得更严重。这两种截然不同的行为表现，既与个人的能力和素质有关，也与平时的训练和经验积累有关。

### （二）情感的分类

人的情感可以分为道德感、理智感和美感。

**1. 道德感**

道德感是用一定的道德标准去评价自己或他人的思想和言行时所产生的情感体验。在青年时期，随着世界观的初步形成和人生理想的确立，人的情感也更加独立、稳定，对人的行为会产生一种持久而强大的推动力。当他的行为符合自己的理想和价值追求时，他会有一种自豪感；当他的行为违背了自己的理想和价值追求时，他会感到痛苦、懊悔。道德感这种情感体验具有明显的自觉性，能对人们的行为产生调控和监督作用。

**2. 理智感**

理智感是在智力活动中，认识和评价事物时所产生的情感体验。例如，人们在探索未知事物时表现出的兴趣、好奇心和求知欲，以及在科学研究中面临新问题时表现出的惊讶、怀疑和困惑，都是人们在探索活动和求知过程中所产生的理智感。人们越积极地参与智力活动，就越能体验到更强烈的理智感。理智感是人们从事学习活动和探索活动的动力。当一个人认识到知识的价值和意义，体会到获得知识的乐趣以及追求真理过程中的幸福感时，他就会以一种忘我的奉献精神投入到学习和工作中。

**3. 美感**

美感是用一定的审美标准去评价事物时所产生的情感体验。在客观世界中，凡是符合我们的审美标准的事物都能引起美的体验。一方面，美感可以由客观景物引起，例如，桂林山水的秀丽、内蒙古草原的苍茫、故宫的辉煌、长城的壮美，都可以让人体验到大自然的美和人的创造之美；另一方面，人的容貌、举止和道德修养也可以引发美感，有时候善良、纯朴的性格，率直、坚强的品性，比身材和外貌更能体现人性之美。人在感受美的时候通常会产生一种愉快的体验，并且会表现出对美的客体的强烈的倾向性，所以美感体验有时可以成为人的行为的推动力。美感受社会生活条件的限制。不同民族、不同阶层的人对美的评价标准是不同的，所以他们对美的体验也是不同的。随着社会的进步和观念的开放，人们接触到越来越多的异域风俗和文化，我们应当教育学生在坚持本民族传统文化中的正确的审美观念的同时，去鉴别和吸收其他国家文化中的积极、健康的审美情趣。

## 三、情绪和情感的功能

### （一）适应功能

有机体在生存和发展的过程中，有多种适应方式。情绪和情感是有机体适应生存和发展的一种重要方式。情绪和情感的适应功能表现在两个方面：生存适应和社会适应。生存适应是指有机体通过情绪和情感来调动身心能量应对外界的危险和表达自己的基本需要。社会适应是指有机体运用情绪和情感来表达自己的社会性需要。

### （二）动机功能

情绪、情感是动机的源泉之一，它能够激励人的活动，提高人的活动效率。积极的情绪体验，如热爱科学、向往美好，会构成一个人奋发向上的行为特征，消极的情绪体验则会使人萎靡不振，甚至丧失奋斗的动力。研究表明，适度的紧张和焦虑可促使人积极地思考和解决问题，从而推动人高效地完成工作。

### （三）组织功能

情绪是一个独立的心理过程，对其他心理活动具有组织的作用，这种作用表现为积极情绪的协调作用和消极情绪的破坏、瓦解作用。例如，人在心情愉快时，思维会非常敏捷，而在心情沮丧时，则会反应迟钝。情绪的组织功能还表现在行为上。当人们处于积极的情绪状态时，他们会倾向于注意事物美好的一面，并且愿意接纳外界的事物；当人们处于消极的情绪状态时，他们会失望、悲观，放弃自己的愿望，有时甚至会产生攻击性行为。

### （四）信号功能

情绪和情感在人际交往过程中具有传递信息的功能。这种功能是通过情绪的外部表现，即表情来实现的。表情是心灵的信号，在许多场合，可以通过表情来传递信息，如用微笑表示赞赏等。表情也是语言交流的重要补充，它能使语言信息表达得更加明确。

## 四、情绪的生理机制

### （一）情绪的生理反应

因为有机体在情绪状态下会出现许多生理反应，所以我们可以运用各种仪器将生理指标的变化情况记录下来，作为情绪活动的客观指标之一。

**1. 呼吸**

呼吸的变化可以通过呼吸运动描记器记录下来，根据记录的曲线，可以分析情绪状态下呼吸频率和呼吸深度的变化。高兴时，呼吸深度不大，呼吸频率比平常略快；悲伤时，呼吸频率很慢；恐惧时，呼吸频率会变得非常快；愤怒时，呼吸频率和呼吸深度都会大大增加。

**2. 循环**

情绪状态下循环系统的活动一方面表现为心跳速度和强度的变化，另一方面表现为外周血管舒张与收缩的变化。愉快时，心跳节律正常；恐惧时，心跳加速，血压升高。

**3. 皮肤电反应**

由于情绪状态下皮肤汗腺的机能会发生变化，所以皮肤电阻会发生变化。当人处于紧张的情绪状态时，皮肤电阻会下降。

**拓展阅读**

**测谎技术**

使用多导生理记录仪可以同步记录多种生理指标，如心率、呼吸频率、皮肤电反应等，用来进行综合分析。测谎仪实际上就是一台多导生理记录仪。用多导生理记录仪测谎是基于这样的假定：当人说谎时，会产生某种情绪反应，这种情绪反应可以通过生理变化表现出来，由于生理变化受自主神经系统和内分泌系统支配，不受人的主观控制，所以测量结果是比较客观的。

测谎（见图 9-2）与一般的生理测量一样，在测定基础水平后，向被试提出一系列问题，这些问题中包括中性问题和有关键意义的鉴定性问题，问题之间有足够的时间间隔使被试的生理指标恢复正常。如果被试在回答鉴定性问题时产生紧张的情绪反应，其生理指标就会发生变化，主试通过生理指标的变化情况可以判断被试是否在说谎。

### （二）情绪的中枢机制

**1. 丘脑**

美国心理学家坎农认为，丘脑是调节和控制情绪的中枢。他用实验证明，当把猫的间脑

图 9-2　测谎

以上的脑结构全部切除，从而解除大脑皮层的抑制作用时，猫会出现瞳孔放大、不停地吼叫等反应。坎农还通过对人施以药物的方法，使丘脑从大脑皮层的抑制作用下释放出来，结果发现被试出现了笑和哭的情绪反应。根据这些事实，坎农认为丘脑是情绪产生的中枢。他解释说，丘脑一般处于被大脑皮层抑制的状态下，一旦大脑皮层的抑制作用被解除，情绪反应就会发生。

坎农的贡献在于第一次提出了情绪的脑定位的观点。但是，后来的许多研究表明，丘脑并不是情绪产生的唯一中枢。

**2. 下丘脑**

许多研究表明，下丘脑对情绪的产生起着重要作用。20 世纪 60 年代，欧兹和米勒在斯金纳箱内对老鼠进行了自我刺激实验，如图 9-3 所示。实验是这样进行的：将电极的一端埋藏在老鼠脑内的某一部位，另一端与连接电源开关的杠杆相连，老鼠按压杠杆时，微弱的电刺激会到达老鼠的脑部。实验表明，电极埋藏的部位不同，老鼠按压杠杆的反应也不同。当电极被埋藏在某些脑部位时，老鼠会不停地重复按压杠杆以得到电刺激，尤其是当电极被埋藏在下丘脑时，老鼠按压杠杆的频率高达 8000 次/小时，并连续按压 15～20 小时，直到筋疲力尽为止。这些脑部位被称为奖励或快乐中枢。对于另一些脑部位，老鼠会通过按压杠杆停止电刺激，这些脑部位被称为惩罚或痛苦中枢。

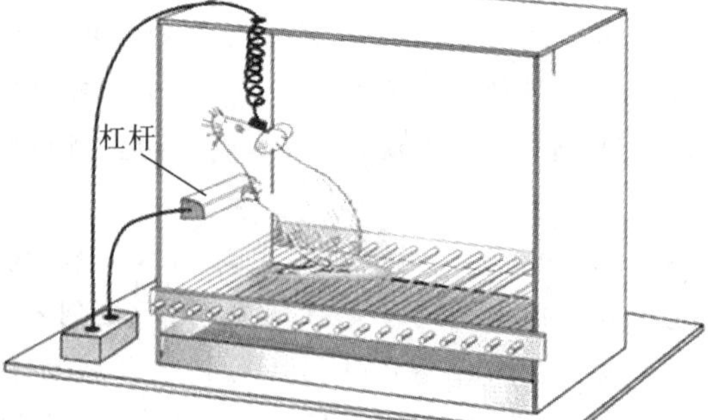


图 9-3　自我刺激实验

**3. 边缘系统**

边缘系统是指位于前脑底部环绕着脑干形成的皮层内边界。边缘系统的主要功能是调节自主神经系统的活动，控制某些本能行为。

神经生理学家帕帕兹于1937年系统地阐述了一个包括情绪行为与情绪体验的复合神经机构，即帕帕兹环路。该环路的主要结构就是边缘系统。帕帕兹认为，情绪过程在海马处开始建立，当海马被刺激时，冲动通过胼胝体下的白色纤维传递到下丘脑的乳头体，兴奋从下丘脑传递到丘脑前核，并上行到大脑内边界的扣带回，再回到海马和杏仁核，形成一个环路。兴奋在这个环路上经扣带回扩散到大脑皮层，冲动在这里附加于意识上，产生情绪体验。

实验证明，帕帕兹环路中的扣带回、杏仁核等部位与情绪的产生有密切关系。切除扣带回前部的病人会表现出失去恐惧情绪，并且在社交活动中会表现得冷漠无情。

#### 4. 大脑皮层

心理学家通过对脑损伤病人和正常人进行研究发现，大脑两半球具有情绪功能的不对称性，左半球为正性情绪优势，右半球为负性情绪优势。左半球受损的病人会表现出更多的哭泣反应，右半球受损的病人会表现出更多的愉快反应。左半球受损时，右半球释放更多的负性情绪，右半球受损时，左半球释放更多的正性情绪。

### （三）内分泌系统与情绪

情绪过程中的许多生理变化都与内分泌腺的活动有关，其中，肾上腺与情绪的关系最为密切。肾上腺由皮质和髓质两部分组成，这两部分通过两种神经内分泌途径对情绪行为产生影响：一种是下丘脑-垂体-肾上腺皮质系统，另一种是下丘脑-交感神经-肾上腺髓质系统。肾上腺既受自主神经系统的支配，又受中枢神经系统的调节。

#### 1. 下丘脑-垂体-肾上腺皮质系统

下丘脑和垂体不但是神经系统的一部分，它们本身也是内分泌腺。情绪产生时，下丘脑分泌促肾上腺皮质激素释放因子调节垂体前叶促肾上腺皮质激素的分泌，而促肾上腺皮质激素又控制着肾上腺皮质类固醇的分泌和血液的浓度。肾上腺皮质类固醇一方面影响身体各器官的生理效应，另一方面又对中枢神经系统和垂体具有反馈调节的作用。

#### 2. 下丘脑-交感神经-肾上腺髓质系统

肾上腺髓质是受交感神经控制的。在对情绪性刺激发生反应时，交感神经同时刺激内脏器官和肾上腺髓质。通过神经信息的作用，内脏器官立即进入应激状态，肾上腺髓质则分泌两种激素——肾上腺素和去甲肾上腺素，并促进生理应激反应。需要指出的是，去甲肾上腺素不仅是肾上腺髓质分泌的激素，同时也是交感神经的传递介质，这样，内分泌系统不仅具有化学激活作用，还具有神经激活作用。可见，中枢神经系统、自主神经系统和内分泌系统之间存在着网络性的交互作用关系。

## 五、情绪的外部表现

情绪的外部表现也称为表情，它是情绪的主观体验的外部表现模式。人的表情主要有三种：面部表情、语言声调表情和身体姿态表情。表情，特别是面部表情，是人际交往的一种重要工具。面部表情如图9-4所示。

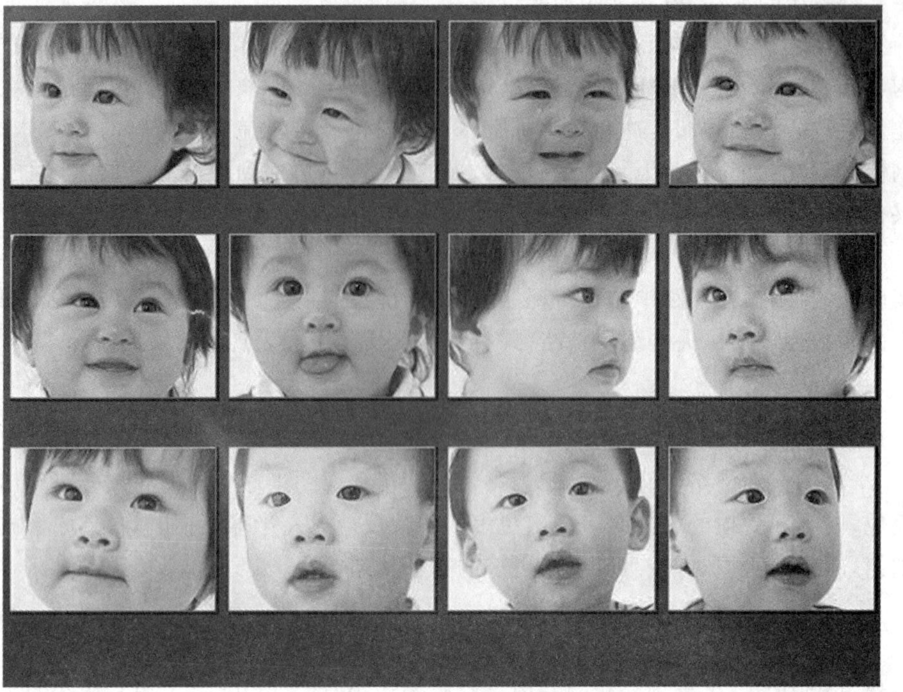

图 9-4 面部表情

（一）表情的先天遗传性

表情具有先天遗传性。达尔文曾指出，人类的情绪表达是从其他动物的类似表达进化而来的。

有研究者曾把代表快乐、愤怒、厌恶、恐惧和惊奇五种情绪的面部表情的照片给五个具有不同文化背景的人看，结果，他们很容易指出每种面部表情所代表的情绪。孟昭兰的研究也表明，成人基本情绪的面部表情在很大程度上保持了自儿童时期以来的原始模式，人们的面部表情具有一致性和继承性，如图 9-5 所示。

图 9-5 面部表情的一致性

### (二)表情的社会制约性

表情虽然具有先天遗传性,但也受到社会文化因素的制约,复杂情绪的表露更是如此。有研究者曾让美国和日本的大学生观看一部影片(单独观看或与其他人一起观看),在看到电影中最悲伤的情节时偷偷地拍下他们的表情。结果发现,单独观看时,美国和日本大学生的表情没有差别,但与其他人一起观看时,日本的大学生则较少表露不良情绪,而是用微笑掩盖真实的情绪,这是因为日本文化不鼓励人们公开表露自己的情绪。

由于我们的情绪表现能被他人识别,而情绪表现又具有一定的社会价值,在一定程度上可以反映一个人的真实态度,所以有时候人们会力图掩盖自己的真正情绪,这种情绪表达的特点显然是受社会文化因素制约的。

# 第二节 情绪理论

## 一、詹姆斯和兰格的情绪外周理论

美国心理学家詹姆斯在 1884 年发表的文章中提出,情绪体验主要是身体变化造成的。丹麦心理学家兰格几乎在同时提出了相似的理论,因此,这个理论被称为詹姆斯-兰格理论,也被称为情绪外周理论。该理论认为,当身体产生(生理)变化时,我们感受到这些变化,这就是情绪。他们强调情绪是植物性神经系统活动的产物。

詹姆斯根据情绪发生时引起的植物性神经系统的活动,以及由此产生的一系列机体的变化提出,情绪就是对身体变化的知觉。詹姆斯曾说:“人们通常认为,先产生某种情绪,之后才有机体的变化和行为的产生,但我的主张是先有机体的变化,之后才有情绪。”

兰格认为,情绪是内脏活动的结果。他特别强调情绪与血管变化的关系:血管的活动、血管直径的改变,以及各个器官中血液量的变化,是情绪产生的真正原因。兰格以饮酒和用药为例来说明情绪变化的原因。酒和某些药物都是引起情绪变化的因素,它们之所以能够引起情绪变化,是因为饮酒、用药都能引起血管的活动,而血管的活动是受植物性神经系统控制的,植物性神经系统活动加强,血管舒张,结果就产生了愉快的情绪;植物性神经系统活动减弱,血管收缩,结果就产生了恐惧的情绪。

詹姆斯和兰格的情绪外周理论片面强调植物性神经系统的作用,忽视了中枢神经系统的调节、控制作用,因此引起了很多的争议。但是这个理论让我们看到了情绪与机体变化的直接关系,对促进我们深入地理解情绪的本质具有特别重要的意义。

## 二、坎农和巴德的丘脑理论

坎农对詹姆斯和兰格的情绪外周理论提出了三点疑问:第一,机体的生理变化在各种情绪状态下并没有太大的差异,因此根据生理变化很难分辨各种不同的情绪;第二,机体的生理变化受植物性神经系统的支配,这种变化非常缓慢,不足以说明情绪瞬息万变的事实;第三,机体的某些生理变化可由药物引起,但药物只能激活某种生理状态,并不能产生情绪。坎农认为情绪的中心不在外周神经系统,而在中枢神经系统中的丘脑。

坎农认为,由外界刺激所引起的神经冲动,先通过神经通路传至丘脑,再由丘脑同时向上、向下发出神经冲动,向上传至大脑,产生情绪的主观体验,向下传至交感神经,引起机体的生理变化,如血压升高、心跳加快、瞳孔放大等,使个体在生理上进入应激准备状态。

坎农的理论得到了巴德的支持,巴德还进一步发展了该理论。

### 三、阿诺德和拉扎鲁斯的认知评价理论

美国心理学家阿诺德在20世纪50年代提出了认知评价理论。该理论认为,刺激并不是直接决定情绪的性质,从出现刺激到产生情绪,要经过对刺激的估量和评价。同一种刺激,由于对它的评价不同,会引起不同的情绪反应。

阿诺德认为,情绪的产生是大脑皮层和皮下组织协同活动的结果,大脑皮层的兴奋是产生情绪最重要的条件。阿诺德提出情绪产生的理论模式是:外界刺激作用于感受器,产生神经冲动,神经冲动通过内导神经元传至丘脑,在更换神经元后,再传到大脑皮层,在大脑皮层上对刺激进行评价,形成一种特殊的态度,这种态度通过外导神经元将大脑皮层的冲动传至交感神经,将兴奋传到血管和内脏,所产生的变化使个体获得感觉。

拉扎鲁斯是认知评价理论的另一位代表。他认为情绪是人与环境相互作用的产物,在情绪活动中,人不仅要接受环境中的刺激事件对自己的影响,也要调节自己对刺激的反应。情绪活动必须有认知活动的指导,只有这样,人们才能了解环境中刺激事件的意义,做出适当的动作反应。在情绪活动中,人们要不断地评价刺激事件与自身的关系。具体来讲,有三个层次的评价:初评价、次评价和再评价。初评价是指个体确认刺激事件与自己是否有利害关系,以及这种关系的程度。只要个体处在清醒的状态下,这种评价随时随地都会发生。次评价是指个体对自己的行为反应的调节和控制,它主要涉及人们能否控制刺激事件,以及控制的程度。再评价是指个体对自己的情绪和行为反应的有效性和适宜性的评价。如果再评价结果表明情绪和行为反应是无效的或不适宜的,人们就会调整自己对刺激事件的次评价,甚至初评价,并相应地调整自己的情绪和行为反应。

## 第三节　情绪管理

### 一、情绪管理的概念

情绪管理是指用心理学的方法有意识地调节和控制情绪,以保持适当的情绪体验与行为反应,避免或缓解不适当的情绪体验与行为反应的实践活动。其目的是提高对情绪的自觉意识,保持乐观的心态,培养健康的情绪,从而不断地进行自我激励、自我完善。

情绪可以分为积极情绪和消极情绪。积极情绪是以"愉快"这种体验为特点的情绪,如高兴、快乐等。消极情绪是以"不愉快"这种体验为特点的情绪,如紧张、悲哀、烦恼等。一般

来说，快乐、高心等积极情绪不仅能提高人的活动效率，而且有益于人的身心健康，烦恼、悲哀等消极情绪则不仅会降低人的活动效率，而且会对人的身心健康造成损害。

健康的情绪是一种积极、乐观的情绪状态，其具体表现为：情绪的基调是积极、乐观、愉快、稳定的；对不良情绪具有自我调控能力；情绪反应适度；理智感、道德感、美感等能得到良好的发展。

## 二、情商的概念

1995年，美国哈佛大学心理学博士丹尼尔·戈尔曼提出了"情商"的概念。他认为情商是个体最重要的生存能力，是一种发掘情感潜能，运用情感能力影响生活的各个层面的关键的品质因素。

心理学家认为，提高情商是情绪管理的重要内容。根据一些心理学家的观点，情商包括以下五个方面的能力。

(1) 情绪的自我觉察能力。情绪的自我觉察能力是指了解自己内心的一些想法和心理倾向的能力。

(2) 情绪的自我激励能力。人在任何时候都要对自己所从事的工作充满激情，不怕挫折，勇于进取。

(3) 情绪控制能力。情绪控制能力指克制冲动，保持情绪平衡的能力。

(4) 人际沟通能力。人要善于理解、体察别人的情绪，具有同理心和管理人际关系的能力，维系友谊，消除分歧。

(5) 觉察他人的情绪的能力。这种觉察他人的情绪的能力就是所谓的同理心。同理心越强的人，越容易进入他人的内心世界，也越能觉察他人的情绪状态。

## 三、管理情绪的方法

### (一) 认知调控法

人的情绪变化是由认知评价引起的。当一个人对周围的事物或自己的行为、思想做出消极的评价时，会给自己一种不良的暗示，导致出现各种消极的情绪。例如，一个人在面临挫折和失败时，会认为自己的能力差，各方面条件都不行，每次遇到类似的情况都做出这样的评价，久而久之，就会形成一种自卑心理，对自己缺乏信心。认知调控法就是基于认知评价直接影响人的情绪这一点，来对情绪问题进行治疗的。

常见的消极认知评价主要有以下几种。

(1) 思想绝对化。思想绝对化是指评价情境与身心变化时容易走极端，要么全对，要么全错，往往把生活看成非黑即白的单色世界，没有中间色，思维缺乏灵活性。

(2) 过度泛化。过度泛化是指在单一事件的基础上得出关于能力或价值的普遍性结论。

(3) 认知消极性。认知消极性是指看问题时只看到消极的一面，看不到积极的一面，形成了消极的认知倾向。

(4) 妄自菲薄或自大。妄自菲薄或自大是指对自己和他人都过于苛刻，总觉得自己不如别人或过分抬高自己。

(5) 自责。自责是指对当前的状态进行检讨、反省时,总喜欢从自身去寻找原因,并产生内疚的心理状态。

对于上述的消极认知评价所导致的不良情绪反应,可以从以下几个方面去调节。

(1) 学会自我悦纳,正确地分析自己的优势与不足,能够合理地接受自己的优点与缺点。人只有悦纳自己,才会产生对自己的认同感和自信心,否则就会产生自我厌恶的情绪。

(2) 辩证地看待问题。在任何情况下都要看到问题的两面性,不能只看到好的一面,也不能只看到坏的一面。同时,评价一件事情时一定要客观、公正,尽量排除个人主观因素的影响。

(3) 学会换一种角度去思考问题。在对待一些看起来不太好的事情时,如果我们试着从其他角度去剖析它,我们会发现坏事有可能会变成好事。

(4) 在适当的时候,我们可以用"塞翁失马,焉知非福""破财消灾"等来安慰自己。

### (二) 自我激励法

自我激励是人的精神生活的动力源泉之一,主要指用生活中的哲理、榜样的事迹以及自身的优势来激励自己,使自己树立信心,同各种不良情绪做斗争。

### (三) 情绪疏泄法

情绪疏泄法可以分为直接疏泄法和间接疏泄法。直接疏泄法是指在刺激引发情绪反应之后,即时表达自己的内心感受。间接疏泄法是指在脱离引发强烈情绪的情境之后,向与情境无关的人表达自己当时的内心感受,发泄自己的愤怒、悲痛等情绪体验。疏泄情绪的方法有很多种,每个人可以根据自己的实际情况,选择适当的方法,合理地疏泄不良情绪。

"男儿有泪不轻弹"不仅是对人性的一种错误认识,也是对心理健康的一种损伤。从医学的角度来讲,人在激动时流出的眼泪中含有高浓度的蛋白质,可以减轻甚至消除人的不良情绪。因此,短时间的痛哭是释放不良情绪的最好方法。不过,哭泣也要把握一个度,如果遇到事情就哭,反而会加重不良情绪。

### (四) 活动转移法

活动转移法是指在处于情绪困境时,暂时将问题放下,去从事自己所喜爱的活动以改变情绪体验的性质,达到调控情绪的目的。

事实证明,音乐是调控情绪的最佳方式之一。忧郁、烦恼时可以听《渔舟唱晚》等轻松、愉快的乐曲;失眠时可以听《摇篮曲》等优雅、宁静的乐曲。每个人可以根据自己的情绪状态,选择合适的音乐来调节自己的情绪。除了听以外,唱也能起到同样的作用。高声歌唱是消除紧张、激动情绪的有效手段。

研究表明,体育运动可以使人的不良情绪得到合理的宣泄,从而消除不良情绪,达到心理平衡。因此,经常参加体育锻炼是一种很好的调节和控制情绪的方法。实验表明,羽毛球、乒乓球、排球、跳绳等运动对减轻焦虑情绪有很大的帮助;足球、篮球、健美操、集体舞等运动对减轻抑郁情绪有很大的帮助;游泳、溜冰、拳击等运动则对克服恐惧情绪有很好的效果。

### （五）情绪升华法

情绪升华法是指改变不被社会接受的动机和欲望，使之符合社会规范和时代要求，将消极情绪引导到对别人、对自己、对社会都有利的方向上去。

在上述方法都没有效果的情况下，可以去找心理医生进行咨询、倾诉，在心理医生的指导和帮助下，消除不良情绪。

## 拓展阅读

### 情绪 ABC 理论

情绪 ABC 理论的基本观点是：人的情绪不是由某一诱发性事件本身引起的，而是由经历了这一事件的人对这一事件的解释和评价引起的。在情绪 ABC 理论中，A 是指诱发性事件（Activating events）；B 是指个体在遇到诱发性事件之后所产生的信念（Beliefs），即他对这一事件的看法、解释和评价；C 是指个体的情绪及行为反应的结果（Consequence）。通常人们会认为，人的情绪和行为反应是直接由诱发性事件 A 引起的，即 A 引起 C。情绪 ABC 理论则指出，诱发性事件 A 只是引起情绪及行为反应的间接原因，人们对诱发性事件所持的信念 B 才是引起人的情绪及行为反应的直接原因。也就是说，由于所持的信念不同，同样的一件事情发生在不同的人身上，会导致截然不同的情绪和行为反应。

心理学家认为，不合理的信念具有以下几个特征。

(1) 绝对化的要求。绝对化的要求是指人们以自己的意愿为出发点，对某一事物持有其必定会发生或必定不会发生的信念，它通常与“必须”等字眼联系在一起。这种绝对化的要求在现实生活中是行不通的，如果事情的发展没有达到个人的预期，那么失望所导致的情绪障碍就在所难免。

(2) 过分概括化。这是一种以偏概全的不合理的思维方式的表现。过分概括化是不合逻辑的，就好像以一本书的封面来判断其内容是好还是坏一样。过分概括化包括两个方面：①对自身的不合理评价，例如，遭遇一次失败，就认为自己一无是处、缺乏能力等，从而导致自责、自卑等心理，以及焦虑、抑郁等情绪；②对他人的不合理评价，即别人稍有差错，就认为他很坏、一无是处等，这样会导致一味地责备他人，从而导致愤怒等情绪。

(3) 糟糕至极。这是一种将可能的不良后果无限严重化的思维定式。即使发生的是一个小问题，也会认为是非常可怕、非常糟糕的，甚至是一场灾难。这将导致个体陷入极端不良的情绪体验中，不能自拔。

我们每个人或多或少都会出现一些不合理的信念，只要我们能很快地从不良情绪中解脱出来就不会影响我们的心理健康。如果一个人长期受不合理的信念的影响，以致不能自拔，那么他的生活质量就会十分差。这时，求助于专业的心理咨询师是他的最佳选择。

## 【课后思考】

1. 解释下列名词：情绪、情感、心境、激情、应激、情绪管理。
2. 怎样理解情绪与需要的关系？

3. 简述情绪和情感的功能。
4. 我们应怎样看待应激？在生活中如何才能做到临危不乱？
5. 试述阿诺德和拉扎鲁斯的认知评价理论。
6. 简述情绪 ABC 理论的基本观点。
7. 管理情绪的主要方法有哪些？
8. 谈谈你对情商的理解。

# 第十章 能力

## 案例导入

方仲永的故事家喻户晓。方仲永小时候非常聪明，可以说是神童，但最终却“泯然众人矣”。王安石不禁发出感慨：“仲永之通悟，受之天也。其受之天也，贤于材人远矣。卒之为众人，则其受于人者不至也。”这个故事向我们展现了天资和教育、努力和能力之间的关系。

# 第一节　能力概述

## 一、能力的含义

什么是能力？有的人认为能力是人在观察、记忆、联想等智力活动的基础上形成的掌握知识、运用知识、进行创新的本领。有的人认为能力是人顺利地完成某种活动必须具备的心理特征。不同的研究者对能力有着不同的定义。那么，我们该如何理解能力这一概念的内涵呢？由于能力总是和个体完成一定的实践活动联系在一起，所以离开了具体的实践活动，个体的能力就无法展现与评价。如果个体能顺利地解决实践中遇到的问题或顺利地完成需要完成的任务，我们就会说他是有能力的，反之，我们会认为他能力有限。因此，在心理学领域，能力可以理解为一种保障个体顺利完成活动并直接影响个体的活动效率的心理特征。有一点需要指出的是，能力虽然是保证活动取得成功的基本条件，但不是唯一的条件。活动能否顺利地进行，能否取得成功，往往还与人的个性特点、工作态度、物质条件、健康状况、人际关系等因素有关。在这些条件相同的情况下，能力强的人比能力弱的人更容易取得成功。

人与人之间的能力有较大差别。例如，有的人善于规划与决策，有的人善于组织和管理，有的人执行力很强，有的人学术研究能力很强，有的人社交能力很强。

从上面对能力的描述可知，当前人们对能力的理解比较笼统，主要是从其具备的功能的角度出发对其进行描述，没有回答能力的本质是什么这个问题，要想回答这个问题，人们需要进行更深入的探索。

## 二、能力的分类

人的能力有很多种，我们可以按照不同的标准对其进行分类。

### （一）一般能力与特殊能力

按照能力适用范围的不同，可以将能力分为一般能力与特殊能力。

**1. 一般能力**

一般能力是指人们在进行各种活动时必须具备的基本能力，如感知能力、记忆力、想象力、思维能力、注意力等，其中，思维能力与想象力是核心，因为思维能力决定着能力发展的水平，而想象力与创新发展有着深刻的内在联系。

**2. 特殊能力**

特殊能力又称为专门能力，是指人们顺利地完成某种专门的活动必须具备的能力，如音乐能力、绘画能力、数学能力、运动能力等。各种特殊能力都有自己独特的结构。例如，音乐能力的基本组成成分包括：①曲调感，即区分旋律的曲调特点的能力；②节奏感，即感受音乐的节奏并能准确地再现它的能力。

人要顺利地完成某种活动，必须具备一般能力和相应的特殊能力。一般能力和特殊能力之间的关系是辩证统一的。一方面，一般能力在某种特殊活动领域得到特别发展时，可能会成为特殊能力的重要组成部分；另一方面，在特殊能力发展的同时，也发展了一般能力。人在完成某种活动时，常常需要一般能力和特殊能力的共同参与。总之，一般能力的发展为特殊能力的发展提供了更好的内部条件，特殊能力的发展也会积极地促进一般能力的发展。

### （二）再造能力与创造能力

按照创造程度的不同，可以将能力分为再造能力与创造能力。

**1. 再造能力**

再造能力也称为模仿能力，是指在活动中顺利地掌握前人所积累的知识、技能，并按现成的模式进行活动的能力。这种能力有利于保持正常的生活、工作与学习。再造能力是人和动物的一种重要的学习能力，是个体社会化的重要途径。

**2. 创造能力**

创造能力是指在实践中创造出独特的、新颖的、有社会价值的产品的能力。创造能力需要个体摆脱思维定式和传统观念的束缚，在习以为常的事物和现象中发现新的联系，提出新的观点，创造新的产品。艺术作品、科学理论和奇特的建筑等都是创造能力的具体体现。

再造能力和创造能力是相互联系的。再造能力是创造能力的基础，任何创造活动都不可能凭空产生。因此，为了发展创造能力，必须先虚心地学习、模仿，只有这样，创造能力的发展才会有持续的动力。在实际活动中，这两种能力是相互渗透的。

### （三）认知能力、操作能力与社交能力

根据能力发挥作用的领域的不同，可以把能力分为认知能力、操作能力和社交能力。

**1. 认知能力**

认知能力是人脑加工、存储和提取信息的能力，如观察力、记忆力、想象力等。人们认识客观世界，获得各种各样的知识，主要依赖于认知能力。

**2. 操作能力**

操作能力是指人们操纵自己的肢体以完成各项活动的能力，如艺术表演能力、体育运动能力、实验操作能力、劳动能力等。操作能力是在操作技能的基础上发展起来的，之后又成为顺利地掌握操作技能的重要条件。操作能力与认知能力是相互联系的。操作能力的形成和发展，必须以一定的知识和经验为前提，同时，操作能力的发展，也可以推动认知能力的发展。

**3. 社交能力**

社交能力是指人们在社会交往活动中表现出来的能力，如组织管理能力、判断决策能力、调解纠纷的能力、处理意外事故的能力等。这种能力对促进人际交往和信息沟通有重要作用。

这三种能力虽然存在着明显的差异，但彼此之间的关系非常密切。比如，认知能力会对操作能力与社交能力产生直接的影响。

### （四）优势能力与非优势能力

个体的能力系统中包含着多种能力，这些能力在发展水平上存在着明显的差异。根据能力在个体的能力系统中所处的地位与发展水平的不同，可以将能力分为优势能力和非优势能力。

**1. 优势能力**

优势能力是指在个体的能力系统中发展水平高，处于突出地位的能力。不同的人有着不同的优势能力。例如，有的人抽象逻辑思维能力很强，有的人空间想象能力很强，有的人记忆力很强，有的人心算能力很强，有的人观察力很强，有的人语言表达能力很强，有的人情感表达能力很强。优势能力的不同使得个体的整体能力呈现出明显的个人特色。

**2. 非优势能力**

非优势能力是指在个体的能力系统中发展水平不高，处于非突出地位的能力。所有能力都是优势能力的人是不存在的。

对于个体的发展而言，了解自己的优势能力是成功地规划自己的职业生涯的重要基础。在教育方面，发挥优势能力的作用，对于因材施教、加速人才的培养具有重要的意义。当然，优势能力与非优势能力的划分是相对的，在实践过程中可能会发生变化。

## 三、能力与知识、技能的关系

我们都知道，人的能力有强有弱，人的知识有多有少，人的技能有高有低，那么，能力与知识、技能之间的关系是怎样的呢？

能力和知识、技能既有区别，又有联系。

首先，知识、技能不同于能力。知识是人类社会历史经验的总结和概括，技能是个人通过练习而掌握的动作方式，能力是个体调节行为、活动的相应的心理过程的概括化结果。例如，证明一道几何题，人在推理的过程中，所应用的公理、定理、定义、公式等属于知识，而在推理过程中思维活动的严密性和灵活性则属于能力的范畴。

其次，知识、技能的学习和积累与能力的提高不是同步的，能力的发展比知识的获得、技能的掌握要慢得多。知识和技能在人的一生中可以随着年龄的增长而增长，能力则不一样，在人的一生中，随着年龄的增长，能力会表现出逐渐形成、发展、停滞和衰退的过程。学习同样的东西，老年人通常比年轻人学得慢，运用起来也不如年轻人灵活，这是能力衰退造成的。

再次，能力和知识、技能是有密切联系的。一方面，能力是在掌握知识、技能的过程中形成和发展起来的，例如，学生在掌握绘画技能的同时，也就形成了绘画能力；另一方面，掌握知识、技能又是以一定的能力为前提的，能力会影响掌握知识、技能的速度和程度。

# 第二节　智力理论

智力理论是指心理学家对人类智力所做的理论性与系统性的解释。随着心理科学研究的深入与发展，心理学家对智力的认识逐渐丰富和深刻。下面将对一些在智力研究史上产生过重大影响的智力理论进行简单的介绍。

## 一、智力的二因素论

智力的二因素论，是英国心理学家斯皮尔曼于 1904 年提出的。斯皮尔曼认为，人的智力包含两种因素，即一般因素（G 因素）和特殊因素（S 因素），人完成任何一种活动的过程都是由 G 因素和 S 因素共同决定的。虽然人们都有 G 因素，但每个人具有这种智力因素的水平是不同的。S 因素是个体完成各种特殊活动必须具备的智力因素。一个人具备完成这种特殊活动的特殊因素，不一定具备完成其他特殊活动的特殊因素。也就是说，每个人的 S 因素既有大小的区别，也有有无的区别。不论个体有几种 S 因素，这些 S 因素之间可能相互独立，也可能彼此有些重叠，他们必定都含有一定的 G 因素。斯皮尔曼还认为，G 因素是智力结构的基础和关键，它代表一般的心理能量，相当于生理能量，各种智力测验的目的就是通过取样来求出 G 因素。

智力的二因素论可用图 10-1 表示。

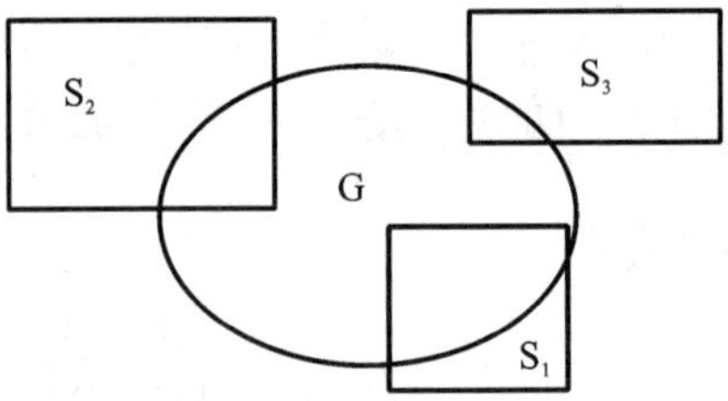


图 10-1　智力的二因素论

## 二、智力的群因素论

智力的群因素论又称为基本心理能力论，是美国心理学家瑟斯顿提出的。瑟斯顿凭借多因素分析的方法，突破过去的智力因素理论的框架，提出了群因素论。

瑟斯顿认为，个体的智力包括七种基本能力，这些基本能力的不同搭配构成了每一个人独特的智力整体。七种基本能力详述如下。

(1) 语词理解能力，即理解语词含义的能力。

(2) 语词流畅性，即在语言方面迅速反应的能力。

(3) 数字运算能力，即迅速、正确地进行计算的能力。

(4) 空间知觉能力，即辨别方位及判断空间关系的能力。

(5) 联想记忆能力。

(6) 知觉速度，即凭知觉迅速辨别事物异同点的能力。

(7) 推理能力，即根据经验进行归纳和推理的能力。

智力的群因素论可用图 10-2 表示。

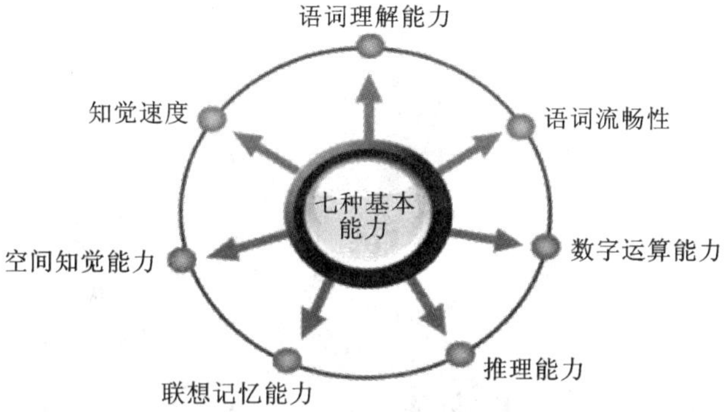


**图 10-2　智力的群因素论**

## 三、智力的层次结构理论

智力的层次结构理论是英国心理学家弗农于 1961 年提出的一种关于智力的理论。在智力的层次结构理论中，弗农以智力的一般因素为基础，设想出了智力因素间的层次结构。弗农认为，智力的第一层次为一般因素；第二层次为大因素群，大因素群可以分为两大群，即语言和教育方面的因素（V：E），以及机械和操作方面的因素（K：M）；第三层次为小因素群；第四层次为特殊因素。

智力的层次结构理论比智力的二因素论和智力的群因素论前进了一步，因为它在一般因素和特殊因素之间增加了大因素群和小因素群，明显地改变了将一般能力和特殊能力对立的局面。

智力的层次结构理论可用图 10-3 表示。

## 四、智力的三维结构理论

智力的三维结构理论是美国心理学家吉尔福特在 1977 年提出的一种智力理论。吉尔

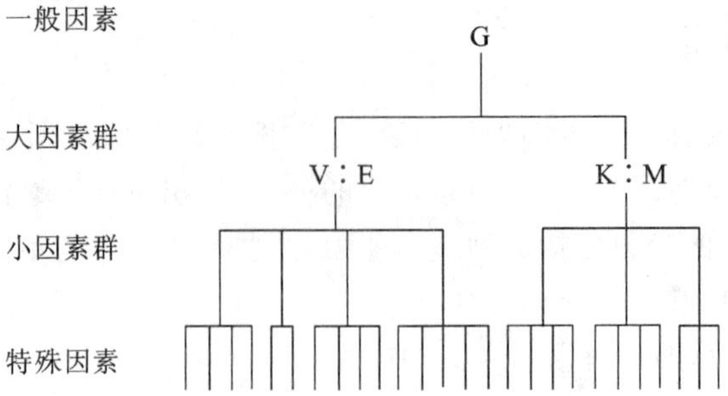


**图 10-3　智力的层次结构理论**

福特把智力区分为三个维度：内容、操作和产物。智力活动的内容包括图形、符号、语义和行为。它们是智力活动的对象和材料。智力的操作包括认知、记忆、发散思维、聚合思维和评价。智力活动的产物是指智力加工所产生的结果，这些结果可以按单位计算（单元），可以分类处理（类别），也可以表现为关系、系统、转换和蕴涵。

智力的三维结构理论可用图 10-4 表示，图中的每个小立方体都代表一种智力因素。

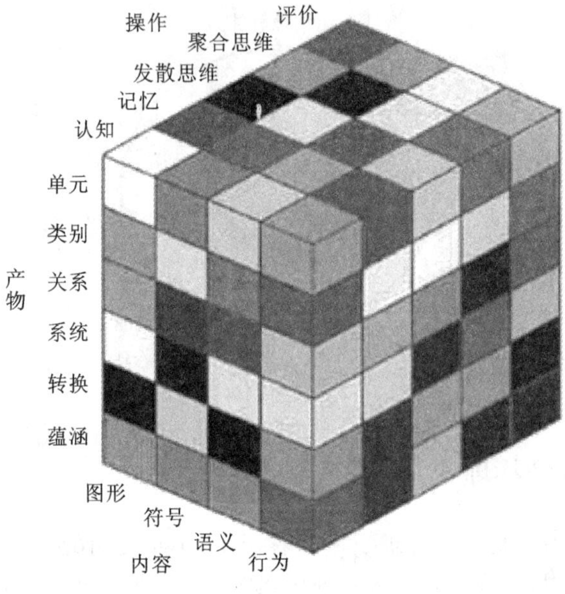


**图 10-4　智力的三维结构理论**

## 五、流体智力与晶体智力理论

流体智力与晶体智力理论由美国心理学家卡特尔等人提出。卡特尔等人认为，智力由两种成分构成，一种是流体智力，另一种是晶体智力。流体智力是人的一种潜在智力，主要与神经系统的结构和功能有关，很少受社会教育的影响，它与个体通过遗传获得的学习能力和解决问题的能力有联系，如瞬时记忆能力、知觉的整合能力等。神经系统受到损伤时，流体智力会发生变化。这种智力几乎可以转换到一切要求智力练习的活动中，所以称为流体智力。晶体智力主要是后天获得的，受文化背景的影响很大，与知识经验的积累有关，是流体智力运用在不同的文化环境中的产物。流体智力与学习能力密切相关。这种智力表现为经验的结晶，所以称为晶体智力。

新生儿有流体智力，没有晶体智力，这是因为晶体智力是在后天的学习和生活实践中逐渐形成的。当人进入中老年时期之后，虽然流体智力逐渐下降，但是晶体智力不下降，反而稳步上升。流体智力的发展与晶体智力的发展是不同的，流体智力随着年龄的增长不断增长，到十四五岁时达到高峰，之后逐渐下降；晶体智力一直到60岁才逐渐开始下降。

卡特尔的智力理论由于对人与生俱来的智力与后天通过学习而获得的智力进行了区分，所以在智力研究中给了人们很大的启发。这一理论的重要意义是彻底地改变了过去人们对老年人智力的消极看法。

## 六、智力的PASS模型

智力的PASS模型是加拿大心理学家戴斯等人在“必须将智力视为认知过程来重构智力概念”的思想的指导下，经过多年的研究提出的。PASS模型最初只是作为一种信息加工模型，随后又被描述为一种信息整合模型，直到1988年，才被肯定为是一种认知评价模型。

PASS模型中，P表示planning（计划），A表示attention（注意），S表示simultaneous（同时性加工），S表示successive（继时性加工）。同时性加工和继时性加工是功能平行的两个认知过程，它们构成一个系统。注意系统又称为注意-唤醒系统。三个功能系统是分层次的。注意系统是基础，同时性加工-继时性加工系统处于中间层次，计划系统为最高层次。三个功能系统的协调合作保证了一切智力活动的正常进行。三个功能系统之间有一种动态的联系，在这种动态的联系中，它们对个体的经验做出反应，形成相互联系的系统。所有的这些过程都受知识基础的影响。戴斯认为，有效的加工是按照特定任务的需求通过整合知识与计划、注意、同时性加工和继时性加工来完成的。

智力的PASS模型可用图10-5表示。

## 七、多元智能理论

多元智能理论是由美国哈佛大学的心理学家加德纳在1983年提出的。加德纳认为，人类存在许多种不同的思维方式，他将人类的智能分成了八种，详述如下。

（1）语言智能，指听、说、读、写的能力，表现为个人能够顺利而高效地利用语言描述事件、表达思想、与人交流的能力。

（2）音乐智能，指感受、辨别、记忆和表达音乐的能力，表现为个人对音乐（包括节奏、音调、音色和旋律）的敏感性，以及通过作曲、演奏和歌唱等表达音乐的能力。

（3）逻辑智能，指运算和推理的能力，表现为对事物间的各种关系（如类比、对比、因果等）的敏感性，以及通过运算和推理等进行思维的能力。

（4）空间智能，指感受、辨别、记忆和改变物体的空间关系并借此表达思想和感情的能力，表现为对线条、形状、结构、色彩和空间关系的敏感性，以及通过平面图形和立体造型将它们表现出来的能力。

（5）运动智能，指运用四肢和躯干的能力，表现为能够较好地控制自己的身体、对事件能够做出恰当的身体反应，以及善于利用身体语言来表达自己的思想和感情的能力。

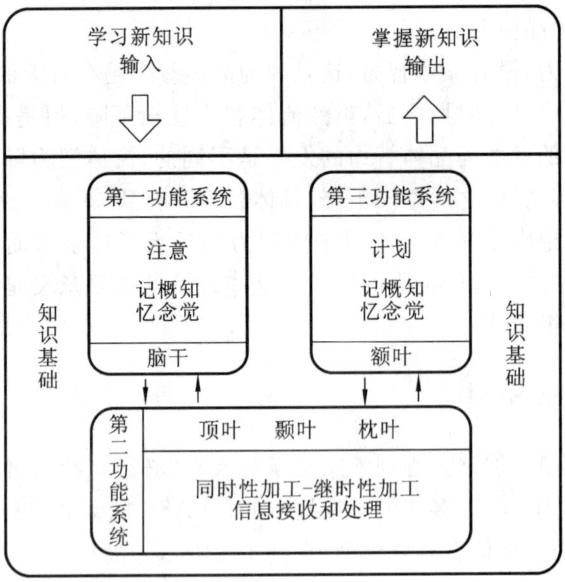


图 10-5 智力的 PASS 模型

(6) 内省智能,指认识、洞察和反省自身的能力,表现为能够正确评价自身的情绪、动机、欲望、个性、意志,并在正确的自我评价的基础上形成自尊、自律和自制的能力。

(7) 人际智能,指与人相处和交往的能力,表现为觉察、体验他人的情绪、情感和意图并据此做出适当的反应的能力。

(8) 自然探索智能,指个体认识和探索环境(既包括自然环境,也包括人造环境)的能力。

多元智能理论认为真正的能力应表现为能够成功地解决问题,这是实践的能力观,与素质教育要求培养学生的实践能力的理念相一致。多元智能理论从创立至今已经有三十多年了,得到了世界各地教育界人士的积极响应和支持,并被广泛地应用于教育教学实践中。多元智能理论提示各教育阶段的教师在安排教学活动时要同时兼顾八种领域的学习内容,综合运用多样化的教学方法,提供有利于八种智能发展的学习情境,让每个学生的八种智能都得到充分的发展。

## 八、智力的三元理论

智力的三元理论由美国心理学家斯腾伯格于 1985 年提出。斯腾伯格认为,完善的智力理论必须说明智力的三个方面,即成分智力、经验智力和背景智力。它们在智力活动中起着不同的作用。

成分智力是指人们在计划和执行一项任务时的心理机制。它包含三种机能的成分。

(1) 元成分,指人们决定智力问题的性质、选择解决问题的策略,以及分配资源的过程。

(2) 执行成分,指人们执行任务的过程。

(3) 知识习得成分,指人们筛选相关信息并对已有知识进行整合从而获得新知识的过程。

经验智力包括两种能力，一种是处理新任务和新环境时所需要的能力，另一种是信息加工过程自动化的能力。

背景智力有三种形式，详述如下。

(1) 适应能力，指人们通过发展有用的技能和行为使自己适应环境的能力。在不同的文化中，人们对环境的适应方式是不同的。

(2) 选择能力，指人们在环境中找到适合自己的位置的能力。

(3) 塑造能力。

## 九、成功智力理论

成功智力理论由美国心理学家斯腾伯格于 1996 年提出。成功智力是指用以达到人生中的主要目标的智力。斯腾伯格认为，成功智力包括分析性智力、创造性智力和实践性智力三个方面。分析性智力是进行分析、评价、判断、比较的能力。创造性智力是指运用现有的知识和才能创造出更有价值的产品的能力。实践性智力是一种将理论应用于实践，将思想转化为实际成果的能力。

创造性智力是成功智力中极为重要的一个方面，因为成功有许多因素，但创造性是其中至关重要的一个因素。然而，强调创造性智力在成功智力中的价值并不等于否定其他两种智力的重要作用，斯腾伯格尤其强调，成功是通过分析、创造和实践三个方面的智力的平衡获得的。

斯腾伯格认为，具有成功智力的人必须具备以下条件。

(1) 能主动寻找楷模，然后使自己也成为楷模。

(2) 敢于对假设提出质疑，也鼓励别人这么做。

(3) 允许自己犯错，也允许别人犯错。

(4) 倾向于合理冒险，也鼓励别人这么做。

(5) 能为他人和自己寻找发挥创造力的任务和工作。

(6) 能主动地对问题进行定义和再定义，也鼓励别人这么做。

(7) 能够忍受模棱两可，也鼓励别人这么做。

(8) 能勇敢地面对和克服活动中所遇到的困难。

(9) 能够把握成长的关键时期，并且愿意成长。

(10) 了解个人和环境相适应的重要性。

斯腾伯格认为，成功者具有以下共同特征。

(1) 能自我激励。

(2) 能控制自己的情绪。

(3) 知道什么时候应该坚持。

(4) 知道如何充分发挥自己的能力。

(5) 能将思想转变为行动。

(6) 能完成任务。

(7) 不害怕失败。

(8) 从不拖延。

(9) 能接受合理的批评。

(10) 具有较强的独立性。

(11) 能集中精力达到自己的目标。

(12) 既不会对自己要求过高,也不会对自己要求过低。

(13) 具有延迟满足的能力。

(14) 具有实现目标的信心。

# 第三节 智力的测量

个体间的智力无论是在类别上还是在程度上均存在着明显的差异,如果能将个体的智力客观、准确地测量出来,则可以将测量结果用于职业生涯规划、人才选拔等方面。测量个体智力的方法有很多种,利用公认的量表作为测量工具是一种常用的方法。

## 一、心理测量的必备条件

我们选用某种心理测量工具来测量心理特征时,一定会想到:我们所测得的结果是否稳定、可靠(信度)?它是否能有效地测量出我们想要测量的特征(效度)?其他人在同样的测验中所得的分数是多少(常模)?我们在选用心理测量工具时必须首先考虑信度、效度和常模这三个指标,只有这样,我们才能对被试的心理特征进行客观的测量,并对测量结果做出合理的解释。

### (一) 信度

信度是指测量结果的可靠性、稳定性。我们之所以相信尺子,是因为我们用它测量同一件物品,无论是今天测还是明天测,测量结果都是一样的。

### (二) 效度

效度是指测量工具能准确地测量出事物特征的程度。任何一种测量工具都有一定的使用范围。例如,尺子是用来测量长度的,秤是用来测量重量的,用秤来测量重量是有效的,用它来测量长度则是无效的。同样,智力测量工具只能用来测量智力,用它来测量性格,那便是无效的。因此,在使用心理测量工具前,一定要先了解它的功能和使用范围。

### (三) 常模

个人接受测验时所得的分数叫原始分数。原始分数本身没有任何实际意义,只有将它与别人在该测验中所得的分数进行比较,才能判断其处在一个怎样的水平。为了使原始分数有意义,同时为了使不同的原始分数之间可以进行比较,在编制量表时必须建立解释原始分数的参照标准,这个参照标准就是常模。

## 二、常用的智力测量工具

### （一）斯坦福-比纳智力量表

世界上第一个实用的智力量表是20世纪初法国政府为鉴别智力落后的群体而聘请心理学家比纳和他的同事西蒙编制的。这个量表叫比纳-西蒙智力量表，于1905年首次发布，该量表发布后，美国、英国、德国、日本、意大利等国家都有心理学家将其翻译成本国文字并结合国情进行了修订。其中，经斯坦福大学的心理学家推孟修订而成的斯坦福-比纳智力量表最有名。

在斯坦福-比纳智力量表中，用比率智商来描述个体的智力发展水平。比率智商的计算公式为：

比率智商=（智力年龄/实际年龄）×100

在这个公式中，智力年龄指的是通过量表测得的年龄。中国版的斯坦福-比纳智力量表中的题目是按年龄分组的，每个年龄组有6道题目，完成1道题目，获得2个月的月龄。如果某儿童的实际年龄为6岁，他在完成中国版的斯坦福-比纳智力量表时，6岁组的题目都会做，7岁组的题目会做2道，8岁组的题目都不会做，则该儿童的智力年龄为6岁4个月。因此，其比率智商为(76/72)×100=106。

如果比率智商等于100，表示个体的智力年龄与实际年龄是吻合的，个体的智力发展水平正常。如果比率智商大于100，则表示个体的智力年龄大于实际年龄，其智力发展水平是超前的。如果比率智商小于100，则表示个体的智力年龄小于实际年龄，其智力发展水平是滞后的。

### （二）韦氏智力量表

韦氏智力量表是当今国际心理学界公认的并且已被广泛运用的智力量表，由美国心理学家韦克斯勒编制。该量表包括韦氏成人智力量表、韦氏儿童智力量表与韦氏学龄前幼儿智力量表，它们分别适用于不同年龄段的被试。

韦氏智力量表的重要特点是废弃了智力年龄的概念，保留了智商的概念，但是韦氏智力量表中的智商已不是传统的比率智商，而是离差智商。离差智商的计算公式为：

$$离差智商=100+15\times(X-M)/S$$

其中：$X$为某被试的原始分数；$M$为该被试所在团体的平均分数；$S$为该被试所在团体分数的标准差。

智力测验的种类很多，除了前面介绍的两种个人智力测验外，还有团体智力测验，如适用于中、小学生的洛奇-桑代克智力测验和美国陆军所使用的陆军普通分类测验等。

## 三、创造力的测验

智力测验的内容一般是常识性的，并且只有一个正确答案，测验的结果主要反映个体的观察能力、记忆能力、理解能力和推理能力。创造力测验的内容不强调对现有知识的记忆和理解，而是强调思维的变通性、流畅性和独特性，测验的结果主要反映个体的发散思维能力。

盖茨尔斯和杰克逊设计的一套创造力测验包括五个分测验。

(1) 词汇联想测验。让被试对"螺钉""口袋"等十分普通的词汇,说出尽可能多、尽可能新颖的定义,根据定义的数目、类别、新颖性等进行评分。

(2) 物体用途测验。让被试对"砖"等普通物品,说出尽可能多的用途,根据说出用途的种类及独特性进行评分。

(3) 隐蔽图形测验。向被试呈现一张印有各种隐蔽图形的卡片,让被试找出这些隐蔽的图形,根据所找出的隐蔽图形的复杂性和隐蔽性进行评分。

(4) 寓言解释测验。向被试呈现几个寓言,寓言缺少结尾,要求被试对每个寓言都给出三种不同的结尾:有教育意义的、幽默的和悲伤的,根据结尾的数量、恰当性和独特性进行评分。

(5) 组成问题测验。向被试呈现几节短文,让被试用所给的材料组成尽可能多的数学问题,根据问题的数量、恰当性、复杂性及独特性进行评分。

## 第四节　能力的发展与培养

### 一、能力发展的一般趋势

人的一生大致可以分为八个不同的时期,即乳儿期、婴儿期、幼儿期、童年期、少年期、青年期、成年期和老年期。在人的一生中,能力的发展不是等速的。能力发展的一般趋势如下。

(1) 从出生到四五岁是能力发展最快的时期。有些心理学家认为,幼儿期是能力发展的关键时期。幼儿期的儿童,在良好的环境和教育的影响下,能力发展得特别迅速。心理学家平特纳指出,从出生到 5 岁是能力发展最迅速的时期。美国心理学家布鲁姆也认为,从出生到 4 岁是能力发展最快的时期。他认为,如果把 17 岁所具有的能力作为 100%的话,那么从出生到 4 岁就已经获得了 50%,4～8 岁获得 30%,剩下的 20%在 8～17 岁获得。

(2) 童年期和少年期是能力发展最重要的时期。这一时期,能力的发展几乎是等速的。

(3) 人的能力在 18～25 岁达到顶峰(也有人说到 40 岁)。当然,能力的不同成分达到顶峰的时间是不同的。

(4) 成年期是能力发展最稳定的时期。

(5) 老年期的能力呈现出衰退的趋势。

能力发展曲线如图 10-6 所示。

### 二、影响能力形成和发展的因素

#### (一) 遗传

遗传就是父母把自己的性状和机能特点传给子女的现象。基因是遗传的基本单元。

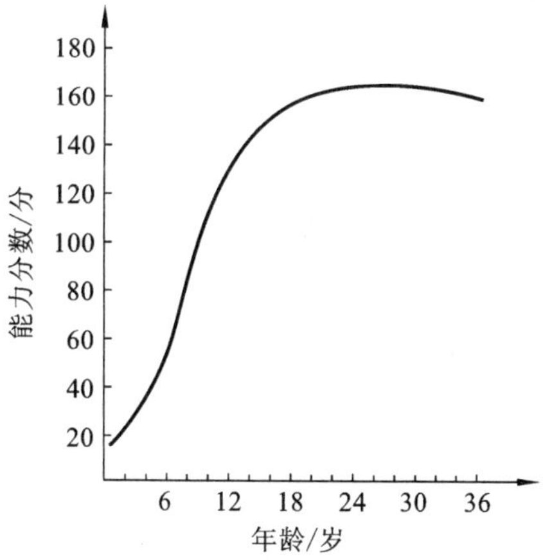


**图 10-6　能力发展曲线**

关于遗传在人的能力的形成和发展过程中的作用，心理学家曾进行过三类研究：一是研究血缘关系不同的人在能力上的相似程度；二是研究养子女与亲生父母和养父母在能力上的相似程度；三是对分开抚养的同卵双生子进行跟踪研究。

1963 年，厄伦迈耶-金林和贾维克对过去半个世纪 8 个国家中 52 项关于血缘关系与智力的研究进行了总结，如表 10-1 所示。

**表 10-1　血缘关系与智力的关系**

| 关　系 | 相关系数 |
| --- | --- |
| 无血缘关系又生活在不同环境者 | 0.00 |
| 无血缘关系在同一环境下长大者 | 0.20 |
| 养父母与养子女 | 0.30 |
| 亲生父母与亲生子女(生活在一起) | 0.50 |
| 同胞兄弟姐妹在不同环境下长大者 | 0.35 |
| 同胞兄弟姐妹在同一环境下长大者 | 0.50 |
| 不同性别的异卵双生子在同一环境下长大者 | 0.50 |
| 同性别的异卵双生子在同一环境下长大者 | 0.60 |
| 同卵双生子在不同环境下长大者 | 0.75 |
| 同卵双生子在同一环境下长大者 | 0.88 |

结果表明，血缘关系愈近，测得的智力愈相近。这项研究一方面说明遗传对智力的重要影响，另一方面也说明环境对智力的重要影响。

应当说明的是，能力是一种心理特质，它本身是不能遗传的。遗传对能力的影响主要表现在遗传素质上，如发音器官的特征、四肢的特征、脑的形态和结构特征等。遗传素质是能力形成和发展的自然前提。没有这个自然前提，任何能力都无从产生。例如，生来双目失明的人无法形成绘画能力，生来聋哑的人无法形成音乐能力。遗传素质对能力形成和发展的影响是不可忽视的。但遗传素质不等同于能力本身。具有相同遗传素质的人，可以发展出几种不同的能力，而具有良好遗传素质的人如果得不到应有的培养和训练，能力也不可能形成。这说明在能力形成问题上,否认或夸大遗传素质的作用都是不科学的。良好的遗传素质是能力形成和发展的一个重要条件。

### (二) 环境和教育

环境和教育对能力形成和发展的作用是不可低估的。

**1. 产前环境的影响**

胎儿的产前环境(即在母体内的环境)对胎儿的发育和出生后的智力发展有着重要的影响。研究表明,母亲怀孕的年龄常常会影响儿童智力的发展。以唐氏综合征的发病率为例进行说明。母亲怀孕年龄低于 29 岁的,发病率只有 1/3000;母亲怀孕年龄为 29～34 岁的,发病率为 1/600;母亲怀孕年龄为 34～39 岁的,发病率为 1/280;母亲怀孕年龄为39～45岁的,发病率为 1/70;母亲怀孕年龄为 45～49 岁的,发病率则高达 1/40。唐氏综合征儿童一般脑袋小而圆,眼睛向外、向上斜,嘴巴小,嘴角向下,智力低下。唐氏综合征不是遗传病,而是母体内的卵子长期暴露在体内环境中受到损害,出现额外染色体的结果。

产前环境中影响能力发展的因素还有母亲服药、母亲的营养等。

**2. 早期经验的作用**

从狼孩等一些例子,我们可以知道,人出生之后的环境剥夺对智力的发展会造成极其显著的影响,而丰富的环境刺激则有助于儿童智力的发展。研究发现,缺乏母亲爱抚的婴儿,可能会出现智力发展上的问题。

**3. 学校教育的作用**

学校教育对学生能力的形成和发展具有特殊的意义。学校教育不仅可以使学生掌握知识和技能,也可以促进学生能力的形成和发展。

### (三) 实践活动

人的能力是在实践活动中形成和发展起来的。离开了实践活动,即使有良好的遗传素质、环境和教育,能力也难以形成和发展。事实证明,音乐能力只有在音乐实践活动中才能形成和发展,科研能力也只有在科研实践活动中才能形成和发展。人如果不参加实践活动,就谈不上能力的形成和发展。

### (四) 人的主观能动性

能力的发展离不开人的主观能动性。一个人如果刻苦努力,积极向上,具有广泛的兴趣和强烈的求知欲,他的能力就会得到发展。相反,一个人如果不求上进,胸无大志,对周围的一切事物态度冷淡,他的能力就不可能有很好的发展。坚强的意志对能力的发展具有重要作用。一些人能取得成功往往不是因为他们具有高于常人的天分,而是因为他们具有坚强的意志。推孟曾对 800 名男性被试中成就最大的 20%与成就最小的 20%进行比较,结果发现在这两组被试中,最明显的差异是个性特点不同,成就最大者在谨慎、自信、不屈不挠等个性特点方面要明显优于成就最小者。能力的发展还依赖于自我分析和自我评价的能力。一个善于自我评价的人,能及时发现自己在能力方面的优势和劣势,并通过自己的努力,使能力向着确定的目标发展。

## 三、能力的培养

### （一）早期教育与能力的培养

在人的一生中，能力发展的速度是先快后慢的，这一规律告诉我们，早期经验是非常关键的，它对个人能力的发展起着极为重要的作用。因此，重视早期教育已经成为广大家长和教师的共识。但是，关于如何实施早期教育，却存在着许多值得探讨的问题。我们认为，在对儿童进行早期教育和早期训练的过程中，应该注意以下几个问题。

**1. 创造良好的心理环境**

良好的生活环境和心理环境是儿童早期能力发展的前提条件。只有在充满爱和温暖的环境中，儿童的能力才可能得到良好的发展。父母、老师要具有正确的教育观和儿童观，给儿童创造一个良好的心理环境。有人提出，成人对儿童应具有下列观点：尊重儿童的感情、感受和兴趣；聆听儿童的问题；欣赏儿童的游戏活动和表现；接受儿童的意见；赞许儿童的成就；了解儿童的才能，为儿童提供良好的榜样。格林等人通过研究发现，造成儿童发展受阻的一个重要原因是家庭成员之间有矛盾，家庭气氛紧张，使儿童感受到一种无形的压力。

**2. 根据儿童身心发展的特点，提供适宜的教育内容**

早期教育应根据儿童身心发展的特点，采取适宜的教育措施，提供适宜的教育内容。婴幼儿期是儿童的语言能力和学习能力发展的最佳时期，因此，家庭、托儿所和幼儿园应注意采取适当的方式，如看图讲故事、表演、游戏、郊游、参观、访问等，使儿童广泛地接触丰富多彩的事物，培养儿童的语言能力和学习能力。优良的读物、富有启发性的玩具，以及各种棋类和绘画工具等，对于培养儿童的能力是必需的。

### （二）课堂教学与能力的培养

学生能力的形成和发展是以掌握知识、技能为中介的。学校的教育教学活动对学生能力的形成和发展起着重要作用。在教学活动中，学生在教师的指导下，通过学习和运用知识，使自身的能力得到发展。课堂教学是培养学生的能力，开发学生的智力的重要途径。

**1. 重视学生对程序性知识的学习**

知识可以分为两类：一类是陈述性知识，这类知识主要用来回答事物“是什么”的问题；另一类是程序性知识，它是个人在特定条件下可以采用的一系列操作步骤，主要用来解决“怎么做”的问题。学生在学校学习，不仅要掌握陈述性知识，更重要的是要掌握程序性知识，能够运用所学的概念和规则解决问题。长期以来，我国学生的能力不强，不善于运用所学的知识去解决问题，这其中固然有很多原因，但轻视学生对程序性知识的学习是主要原因之一。要培养学生的能力，教师只向学生传授陈述性知识是远远不够的，必须把陈述性知识的教学和程序性知识的训练有机地结合起来，重视培养学生将陈述性知识转化为程序性知识的能力。

**2. 因材施教**

学校教学要因材施教，对于智力发展水平不同的学生，教师要考虑到他们之间的差异，给予他们不同的学习指导，甚至不同的教材和作业。这样，差生不会因为落后于其他学生而感到自卑，优等生也不会因为班级水平而影响到他们的发展。

### （三）智力训练

学生的智力是可以通过训练得到提高的。我国心理学家吴天敏认为，人的智力是指记忆、思维、想象等心理过程在针对某个目标具体活动时所表现出来的相互利用、相互配合的统一协调能力。若一个人有着较好的记忆能力，他记忆中所储存的材料很丰富，但是在思考问题时，他不能自如地使用记忆材料，那么，他还算不上是一个智力水平高的人。吴天敏认为，提高学生智力水平的根本办法是培养与训练学生的脑神经活动能力。吴天敏曾在高一和初一学生中开展实验研究，让实验班的学生早晨上课前在教室里进行10分钟的动脑筋练习，经过一学期64次的练习以后，实验班学生的智商发生了明显的变化，对照班学生的智商则没有发生变化，如表10-2所示。

**表10-2　动脑筋练习前后智商比较**

| 组别 | 练习前的智商 | | 练习后的智商 | | 练习前后智商的差异 | |
| --- | --- | --- | --- | --- | --- | --- |
| | 平均值 | 标准差 | 平均值 | 标准差 | 提高数 | 显著水平 |
| 高一实验班 | 94 | 7.81 | 100 | 7.12 | 6 | <0.001 |
| 初一实验班 | 100 | 8.67 | 105 | 7.29 | 5 | <0.001 |
| 初一对照班 | 102 | 9.64 | 102 | 8.19 | 0 | <0.05 |

曾有心理学家采用直接授课的形式，教给学生有效的思维方法，从而培养他们良好的思维习惯，提高他们的思维能力，取得了明显的效果。

因此，在教学中采取适当的训练方法，对提高学生的智力水平是有效的。

### （四）在实践活动中培养学生的能力

学校可以组织学生参加各种实践活动，如科技活动、课外活动等。健康、丰富的科技活动和课外活动，有助于培养学生广泛的兴趣，提高学生的观察力、想象力、动手操作能力和创造力。学校还可以组织棋类、球类、航模、手工制作等多种形式的实践活动，这种活动不仅可以增长学生的知识，培养学生运用所学的知识解决问题的能力，还能提高学生思维的敏捷性、判断的正确性和反应的灵活性，这对提高学生的能力大有裨益。

## 拓展阅读

**最重要的是教育而不是天赋**

“只要上帝赐给我一个孩子，而且你们认为他不存在智力障碍，那我就一定能把他培养成非凡的人。”这是德国教育学会会员卡尔·威特在一次会议上所说的话。在这次会议上，有人发表言论说：“对孩子来说，最重要的是天赋而不是教育。”卡尔·威特不同意这个观点，他反驳说：“对孩子来说，最重要的是教育而不是天赋。孩子成为天才还是庸人，不是取决于天赋，而是取决于他从生下来到五六岁时所接受的教育。那些只具备一般禀赋的孩子，只要得到适当的教育，也能成为非凡的人。”

不久，卡尔·威特真的有了一个儿子，也取名为卡尔·威特。小威特不仅不聪明，而且出生时体重不到 2 千克，两只手和两只脚不停地抖动，哭叫声也与一般小孩的哭叫声不一样。邻居们都在背后议论，说小威特存在智力障碍。然而，老威特没有失望，他认真地教育起小威特来。他教小威特读书时，先买来小人书和画册，把其中有趣的故事讲给他听，然后对他说："如果你认识字，这些书你都能看明白的。"有时，他干脆不把书中的故事讲给小威特听，而是对小威特说："这个故事非常有趣，可爸爸没时间讲给你听。"这样就激发了小威特一定要识字的愿望。这时，他才开始教小威特识字。

小威特有了读书的兴趣，就很刻苦了。他七八岁时就已经掌握了德语、法语、拉丁语等六种语言，通晓物理、化学，尤其擅长数学，9 岁时就考入了莱比锡大学。这个大学的校长说："小威特的智力水平已经超过了十八九岁的青年。"很显然，这是老威特对他实施早期教育的结果。1814 年 4 月，未满 14 岁的小威特获得了哲学博士学位。两年后，小威特又获得了法学博士学位。

后来，老威特把对小威特 14 岁以前的教育写成了一本书，书名叫《卡尔·威特的教育》。

## 【课后思考】

1. 解释下列名词：能力、一般能力、特殊能力、再造能力、创造能力、流体智力、晶体智力、比率智商、离差智商。

2. 能力与知识、技能有什么关系？

3. 简单阐述几种主要的智力理论。

4. 心理测量应具备哪些必要的条件？

5. 简单阐述能力发展的一般趋势。

6. 哪些因素制约着能力的形成和发展？

7. 在教学中如何培养学生的能力？

# 第十一章
## 人　格

## 案例导入

哪个是真正的我？

网络上你的完美得让我奋不顾身，现实中你的卑鄙得让我万念俱灰。某大学生网恋三次被骗，最终绝望，服毒自杀。为何同一个人会有如此多的面貌？学习完本章的内容，你将会知道答案。

# 第一节 人格概述

"人格"(personality)一词来源于拉丁文"persona"，其本义是指演戏时演员所戴的面具，实际上包含个体的外在表现和内在特性两层意思。心理学家定义人格时，有的偏重个体的外在表现，有的偏重个体的内在特性，也有的兼顾内、外两种特性，因此形成了多种定义。

## 一、人格的多种定义

人格的定义大致分为以下几种类型：总和式定义认为人格是个人所有特质的总和；整合式定义认为人格的各种属性只是构成整个人格的元素，强调人格各种属性的组织性和整体性；层次性定义认为人格的各种属性(特征)是有组织的，并按一定的层次结构进行排列，使人格特征层次分明，具有内在的统一性；适应性定义的提出受达尔文进化论的影响，认为人格是个体在适应环境的过程中所形成的独特的适应方式；区别性定义强调个体人格的独特性；本质性定义则强调人格是个体最本质的行为模式，是那些具有代表性的特征。[①]

上述定义虽然都指出了人格的某些特征，但都不够全面。美国人格心理学家奥尔波特在总结前人对人格的定义的基础上，提出了以下定义：人格是个体内部心理和生理系统的动力组织，决定人的行为和思想的独特性。这个定义包括了上述几种定义的基本观点，比较全面，为西方国家的大多数学者所认同。陈少华将人格定义为个体在遗传的基础上，通过与后

① 郭永玉等：《人格心理学导论》，武汉大学出版社，2007年。

天环境相互作用而形成的相对稳定、独特的心理行为模式。[1] 郑雪认为，人格是个体在行为上的内部倾向，它表现为个体在适应环境时在能力、情绪、需要、动机、价值观、气质、性格和体质等方面的整合。[2] 从以上定义可以看出，学者们强调人格的整体性，即人格是在各种交互作用中形成的内在的动力组织和相应的行为模式的统一体。[3]

## 二、人格的基本特征

### （一）稳定性

“江山易改，本性难移”体现了人格的稳定性。人格的稳定性表现在两个方面：一是人格跨时间的持续性，“三岁看大，七岁看老”在一定程度上讲的就是这个道理；二是人格跨情境的一致性，例如，一个外向的人不仅在熟悉的场合喜欢和他人交往，在不熟悉的场合也会愿意和陌生人交流。

“江山易改，本性难移”中说的是“难移”，而不是“不可移”，也就是说，人格的稳定性并不意味着人格一成不变。人格变化有两种情况：第一，随着年龄的增长，人格特征的表现方式会发生变化；第二，个体在成长过程中所遇到的重大事件，如疾病、家庭变故等，有可能会使人格的某些特征，如价值观、信仰等，发生变化。不过要注意的是，人格改变与行为改变是有区别的，行为改变往往是表面的变化，是由不同情境引起的，不一定都是人格改变的表现，人格改变则是比行为改变更深层的内在特质的改变。

### （二）独特性

人格的独特性是指人与人之间的心理与行为是各不相同的，每个人都有各自的需要、兴趣、动机、价值观、认知风格等。由于人格是根植于文化和社会环境的，所以人格的独特性有时会体现为“性相近”，也就是同一民族、同一阶层、同一群体的人在心理与行为上会体现出相似的人格特征，例如美国人爱冒险、德国人严谨、法国人浪漫等。

### （三）复杂性

人是世界上最复杂的动物。从结构上讲，人格由许多复杂的因素构成；从功能上讲，人格处在各种复杂的关系中。

### （四）整体性

人格的整体性是指人格的任何一个部分都不是独立存在的，一个正常人的人格的各个方面是紧密联系，不可分割的。当一个个体的人格不能被完整地统合在一起时，可能会出现人格分裂。

---

① 陈少华：《新编人格心理学》，暨南大学出版社，2004 年。

② 郑雪：《人格心理学》，暨南大学出版社，2007 年。

③ 郭永玉：《人格心理学——人性及其差异的研究》，中国社会科学出版社，2005 年。

# 第二节　人格理论

人格理论是心理学家对人格及其差异进行描述和解释时所使用的概念体系。人格理论要回答的问题是我们可以从哪些方面去了解一个人。比如:他是一个什么样的人?他是怎么变成现在这个样子的?他是否需要改变?有没有什么方法可以帮助他改变?其中,第一个问题可以用人格的特质与类型理论来回答,后面的几个问题可以用人格的形成与发展理论来回答。

## 一、人格的特质与类型理论

在日常生活中,当我们被问及"你是一个什么样的人?"时,我们经常会用一些词汇(如勤劳、善良、冷漠等)来描述,有的时候我们也可以这样回答,比如"我是一个多血质的人""我是一个抑郁质的人"。前者描述的是人格的特质,后者描述的是人格的类型。

### (一)奥尔波特的人格特质理论

美国人格心理学家奥尔波特是第一个提出人格特质理论的人。他认为特质是人格的基础,是心理组织的基本建构单位,是每个人以其生理系统为基础而形成的一些稳定的性格特征。

奥尔波特将人格特质区分为共同特质和个人特质。共同特质是人所共有的一些特质,所有人都具有这些人格特质。个人特质则是个人所特有的特质,代表着个人独特的行为倾向。

奥尔波特将个人特质视为一种组织结构,每一种个人特质在个体的人格结构中处于不同的地位,与其他的个人特质处于不同的关系之中。他将个人特质区分为以下三种。

(1)首要特质,指最能代表一个人的特点的人格特质,它在个体的人格结构中处于主导地位,影响着个体行为的各个方面。

(2)中心特质,指能代表一个人的性格的核心成分。

(3)次要特质,指一个人所具有的某种具体的偏好或反应倾向,如特别喜欢某种颜色的衣服、喜欢收拾房间等。

显然,某种特质是一个人的首要特质,但在第二个人身上却有可能是中心特质,在第三个人身上可能只是次要特质。

### (二)卡特尔的人格特质理论

卡特尔认为不是所有的特质在人格结构中都处于同等的地位,他根据特质层次的不同,把人格特质分为表面特质和根源特质。表面特质是外在的,是根据人的外显行为认定的;根源特质是内隐的,是在表面特质的基础上经过推理得出的。表面特质是根源特质的外在表现。卡特尔认为,根源特质是人格结构最重要的部分,是构成人格最基本的要素,它控制着表面特质,是人行为的最终根源。卡特尔用因素分析的方法最终确定构成人格的根源特质有16种,如表11-1所示。[①]

**表11-1 16种根源特质**

| 根源特质 | 低分描述 | 高分描述 |
|---|---|---|
| 乐群性 | 保守、冷淡、呆板 | 开朗、热心、好相处 |
| 聪慧性 | 迟钝、学识浅薄 | 聪慧、学识广博 |
| 稳定性 | 情绪化、容易激动 | 情绪稳定、成熟 |
| 恃强性 | 恭顺、温柔、随和、宽容 | 武断、咄咄逼人、顽固 |
| 兴奋性 | 庄重、谨慎 | 逍遥自在、乐观 |
| 有恒性 | 敷衍、不顾规则 | 诚心诚意、坚持、理智 |
| 敢为性 | 胆怯、退缩 | 敢于冒险、敢为 |
| 敏感性 | 理智、现实 | 敏感、感情用事 |
| 怀疑性 | 忠诚、易适应 | 多疑、固执己见 |
| 幻想性 | 现实、受外界约束 | 爱幻想 |
| 世故性 | 直率、谦逊、单纯、朴实 | 精明、世故 |
| 忧虑性 | 自信、满足、安详 | 忧虑、自责、喜欢担忧、烦躁 |
| 激进性 | 保守 | 激进、思想开放 |
| 独立性 | 依赖团体、追随别人 | 足智多谋、当机立断 |
| 自律性 | 漫不经心 | 拘泥、刻板、严谨 |
| 紧张性 | 平静、沉着 | 紧张、被动、过度劳累 |

卡特尔根据16种根源特质编制了16种人格因素量表,该量表在心理学界和相关领域得到了广泛应用。

### (三) 大五人格

20世纪80年代以来,人格研究者们在人格描述模式上达成了共识并提出了人格五因素模式,该模式被称为"大五人格"。人格结构中的五个因素是神经质、外倾性、开放性、宜人性和严谨性。

**1. 神经质**

神经质是关于个体在情绪稳定性方面的描述。消极情绪有不同的种类和不同的原因,也需要个体用不同的方式去应对。在现实生活中,有一类个体,即在神经质方面得分比较高的个体,非常容易体验到消极的情绪,如愤怒、内疚、焦虑,而那些在神经质方面得分比较低的个体,在日常生活中则表现得温柔、平静,他们一般不容易出现不良的情绪反应。

**2. 外倾性**

外倾性反映个体神经系统的强弱及其动力特征,该维度的两端分别为外向和内向。外向的个体乐观、豁达、友好、自信、精力充沛;内向的个体稳重、含蓄。

---

① 陈少华:《新编人格心理学》,暨南大学出版社,2004年。

**3. 开放性**

开放性反映个体对经验的开放程度。在开放性方面得分高的人往往是独立的思想者，他们往往会探究新的方法来解决问题；在开放性方面得分低的人往往比较传统，他们更喜欢那些自己熟知的事物，在解决问题的时候，他们往往会采用一些传统的方法。

**4. 宜人性**

宜人性反映的是人性中的人际关系取向和人道主义方面。在该维度上得分高的人心肠好、脾气好、性格直率、宽宏大量，得分低的人通常粗鲁、多疑、愤世嫉俗、残忍、报复心强。

**5. 严谨性**

严谨性反映的是个体自我约束的能力，以及个体在追求成功的过程中的动机和责任感。在该维度上得分高的人的人格特征是可靠、勤奋、自立、细心、有抱负、有毅力、严谨、踏实、有责任心，得分低的人的人格特征是不可靠、懒惰、粗心、马虎、见异思迁。

## 二、人格的形成与发展理论

通过对人格的形成与发展理论的学习，我们可以了解人格形成和发展的影响因素，并知道如何培养健全的人格。

### （一）人格的生物学理论

人格的生物学理论关注遗传对人格的影响，此处论述的人格主要是指气质层面。气质是指那些与生俱来的心理与行为特征，这些心理与行为特征，受遗传和生理影响较大，受文化和教养影响较小。

古希腊医生希波克拉底认为，人体内有四种体液，即黏液、黄胆汁、黑胆汁和血液，不同个体体内占优势的体液不同。古罗马医生盖伦认为占优势的体液决定一个人的气质，后人在这个理论的基础上提出了气质类型学说。该学说的基本观点是，人体内的四种体液，每一种都具有寒热、干湿两种性质，不同的人体内占优势的体液不同，因而有四种不同类型的人。多血质的人，血液占优势，而血液具有热而湿的性质，所以这种人像春天一样热情，他们活泼、好动、喜欢与人交往。胆汁质的人，黄胆汁占优势，而黄胆汁具有热而干的性质，所以这种人像夏天一样暴躁，他们情绪不稳定、急躁、莽撞、易发怒。抑郁质的人，黑胆汁占优势，而黑胆汁具有寒而干的性质，所以这种人像秋天一样忧伤，他们敏感、多疑、抑郁、孤单。黏液质的人，黏液占优势，而黏液具有寒而湿的性质，所以这种人像冬天一样冷漠，他们冷静、少言寡语、反应迟缓、行为平静。[①]

心理学家常常通过研究双生子来研究遗传对人格的影响。有研究者选取了 139 对四岁半的同卵和异卵同性双生子，分别在他们的情绪稳定性、活动性、社会性三种人格特质上进行了比较。结果表明，在这三种人格特质上，同卵双生子的相关系数均显著高于异卵双生子的相关系数。后来有人质疑这种结果，认为同卵双生子的人格特质比异卵双生子的人格特质的人格特质更相似，很可能是由于他们生存的环境是一样的。于是，研究者又把双生子分

① 全国十二所重点师范大学：《心理学基础》，教育科学出版社，2002 年。

开抚养，并将研究结果与过去共同抚养的双生子进行比较。结果表明，在分开抚养和共同抚养的条件下，同卵双生子人格特质的平均相关系数分别为0.49和0.52，而异卵双生子人格特质的平均相关系数则分别为0.21和0.23。这说明无论是在分开抚养还是在共同抚养的条件下，同卵双生子的人格特质都比异卵双生子的人格特质更相似，这个研究结果证实了遗传对人格形成有着重要的作用。[①]

### （二）精神分析学派的人格理论

**1. 人格的结构**

弗洛伊德把人格划分为本我、自我和超我三个部分。本我遵循快乐原则，其目的是满足个体与生俱来的原始冲动或欲望。超我遵循完美原则，要求个体以遵循社会道德与规范的面貌行事。自我就是现实生活中体现出来的我，自我一方面受本我的控制，另一方面受超我的监督。由于人格中的三个部分分别代表三种不同的力量，各自有各自的追求，本我追求快乐，自我面对现实，超我追求完美，所以冲突也就不可避免。一般情况下，本我、自我、超我处于平衡状态，当它们进入失衡状态的时候，个体就会产生神经官能症甚至心理失常。

**2. 人格的发展阶段**

弗洛伊德被称为泛性论者，其理论中最受争议的是幼儿性欲论。他在研究过程中发现那些有神经官能症的个体的童年经验往往与不愉快的性经历有关。他认为，性作为一种能量（力比多），人一出生就具有，只是在不同的年龄阶段，他们有不同的表达方式和发泄途径而已。力比多通过身体的不同部位来获得满足，这些部位被弗洛伊德称为性感区。弗洛伊德根据性感区的不同将人格的发展分为五个阶段。

第一阶段是口唇期（0～1岁），也称为口腔期。这一阶段婴儿欲望的满足通过口腔的吮吸、咀嚼、吞咽等活动来实现。由于这一阶段婴儿欲望的满足离不开他人（主要为抚养人）的支持，所以如果这一阶段婴儿的欲望得到满足，则表现为信任他人；如果欲望没有得到满足，则表现为悲观、不信任他人。

第二阶段为肛门期（1～3岁）。这一阶段个体肉体的快感来自便溺的排泄，但个体却不能随地大小便，所以要学会克制。这一阶段如果父母对儿童的训练过于严苛，会使儿童对父母产生敌意。如果父母对于肛门期的儿童在养育方式上采用过度纵容的方式，则个体会不遵守秩序，不讲卫生。

第三阶段为性器期（3～6岁）。这个阶段的儿童开始关注性别差异，欲望的满足通过触摸生殖器来实现。该阶段的儿童会记恨同性父母，而对异性父母产生依恋之情，具体表现为男孩的恋母情结和女孩的恋父情结。

第四阶段为潜伏期（6岁至青春期）。这一阶段的儿童，注意力会从自己以及父母转向外部的环境，由于该阶段是小学阶段，因此，他们主要的注意力会转向学习、游戏以及同伴关系，从而使得性心理的发展进入潜伏状态。

第五阶段为两性期（青春期以后）。这一阶段，个体的性需求转向同龄的异性，性心理发展走向成熟，人格逐渐完善。

---

① 全国十二所重点师范大学：《心理学基础》，第2版，教育科学出版社，2008年。

弗洛伊德把人格的发展划分为以上五个阶段，其中，前三个阶段(0～6岁)对人一生的发展起着关键作用，这种观点被称为早期决定论。在前三个阶段，力比多的过分满足或过分限制都会导致人格发展的停滞，这种现象叫作固着。在个体成长的晚期，当他遇到困境的时候，会有一种倒退的力量回到以前的停滞点，这种情况叫作退行。比如，有些人在焦虑的时候会像婴儿一样啼哭，会抽烟、酗酒、暴饮暴食等，这就是人格退行到口唇期的表现。

### (三) 行为主义学派的人格理论

行为主义学派的心理学家认为，个体的人格不是取决于他有什么样的遗传素质，而是取决于他所处的环境。环境塑造人，除了那些生来就具有生理缺陷的人之外，大多数人生来并没有什么差别，一个人会成为什么样的人，完全取决于他所处的生活环境。个体在其出生以后所发生的事情，使得一个人或成为干体力活的人，或成为外交家，或成为成功的商人，或成为著名的科学家。

对人格的形成和发展有影响的环境因素主要有：产前环境和出生过程、家庭环境、学校教育。

#### 1. 产前环境和出生过程

环境对人的影响，并不是从个体出生以后才开始的，而是从受精就开始了。子宫是个体成长的第一个环境，母亲的身体健康状况、是否吸食毒品、是否接触烟酒，以及分娩过程等，都可能会对个体的发展产生不同的影响，从而直接或间接地影响人格的发展。

#### 2. 家庭环境

个体早年的经历对人格的形成与发展有很大影响。许多研究表明，儿童在1岁前对养育者所形成的安全依恋感，会成为日后影响其人格的重要因素。那些在早年形成了安全依恋感的孩子，长大以后会表现得热情、坚毅，容易成为领导者，那些缺乏安全依恋感的孩子，长大以后，不喜欢社交，难以与他人建立亲密的关系，不信任他人。

#### 3. 学校教育

随着个体年龄的增长，学校会成为他们重要的活动场所。人一生中有很长的时间是在学校度过的，而这段时间恰恰也是一个个体人格形成的重要时期，学校中影响人格形成的因素有师生关系、同伴关系、集体氛围，以及学校里的各种教育教学活动。

### (四) 人本主义学派的人格理论

20世纪五六十年代兴起的人本主义学派认为精神分析学派太过于关注那些心理异常的个体。人本主义学派认为，一个人仅仅免于心理疾病是远远不够的，他还应该充分地挖掘自身的潜能，使自己成为健康、富有创造性的个体。他们关注的问题是什么是健全的人格，怎样才能拥有健全的人格。

马斯洛通过研究那些著名的科学家和伟大的历史人物，发现他们都是一些自我实现者，这些自我实现者具有以下16种人格特征。

(1) 客观地认识现实。自我实现者能客观地看待周围的人和事，而不是把世界看成自己想要的样子，他们对事实具有很强的洞察力。

(2) 全面接纳自己、他人及周围的世界。自我实现者能接受自己的天性，宽恕他人的缺点,但对阻碍人格发展的缺点很敏感,并力图克服它们,比如懒惰、嫉妒。

(3) 自然地表达思想情感,而不是矫揉造作。

(4) 热爱工作,有责任感和献身精神,很少考虑金钱、荣誉和权利等。

(5) 有独处和独立的需要。自我实现者不回避与他人接触,但也不依附于任何人,他们不害怕孤独,有时喜欢独处。

(6) 能超越环境和传统的限制,自主地去实现自己的目标。

(7) 对平凡的事物不感到厌烦,对日常生活永远感到新鲜。

(8) 经历过高峰体验并受到震撼,认为这种体验对人生具有重要的意义。

(9) 爱人类并认同自己是全人类的一员。

(10) 与为数不多的人有深厚的感情。

(11) 民主。

(12) 能明确地分辨善与恶,在不同的情境下,能坚持自己的道德标准。

(13) 有幽默感。

(14) 富有创造性。

(15) 在重大问题上不随波逐流,不墨守成规。

(16) 能弥合各种分裂和对立,从而达到整体协调的状态。

自我实现者并不是完美无缺的,有时他们也会固执、蛮横、焦虑,但是与平常人相比,自我实现者更接近于完善。如何才能成为一个自我实现者呢?马斯洛指出了八种途径:充分地体验生活;面临选择时,总是做出趋向成长的选择,而不是做出趋向倒退的选择;倾听自己内心的呼唤,让自己的天性自发地显现出来;不隐瞒自己的观点;敢于面对真实的自己,敢于与众不同;用高标准要求自己,并通过努力达到这一标准;创造条件去经历高峰体验;善于识别,有勇气放弃自己的防卫心理。①

### (五) 人格的认知理论与社会学习理论

#### 1. 人格的认知理论

人格的认知理论认为,人格的差异既不是由遗传决定的,也不是由环境决定的,而是由人们加工信息的方式决定的,也就是说,人的思维方式决定人的人格。凯利认为,每个人都有一套相对稳定的建构系统,这套建构系统能使人对世界进行解释与控制,它决定了人的行为方式。比如,面对同一事物,不同的个体可能会进行不同的建构,这种不同的建构会导致不同个体对同一事物做出不同的反应。实际上,一个人的人格就是他的建构系统。

#### 2. 人格的社会学习理论

人格的社会学习理论是一种整合性的人格理论,该理论试图把影响人格的所有因素综合起来进行考虑,其代表人物是班杜拉。班杜拉发现,行为主义学派的学习强调直接强化,比如,吃一堑,长一智。但是在现实生活中,有些人长了智,并不是因为亲自吃了堑,而是因为这些人学会了观察他人的行为,并从中获得学习。班杜拉把这种通过观察他人的行为获得的学习称为观察学习。观察学习是在社会情境中发生的,所以这种学习也被称为社会学

---

① 全国十二所重点师范大学:《心理学基础》,第 2 版,教育科学出版社,2008 年。

习。观察学习中也会使用强化，但是这种强化并非总是直接强化，而有可能是间接强化，也就是说，看到别人的某一种行为受到强化，自己的相应行为间接地受到强化。在观察学习的过程中，当一个人模仿榜样的行为时，他会按照榜样的标准来要求自己，评价自己，这就是自我规范或自我调节，如果个体认为自己的行为符合榜样的标准，他就会感到满足，这种满足就是对相应行为的强化，这种强化称为自我强化。总之，人的行为既会受到外部环境的影响，也会受到内部因素的影响，所以，人格是内因、外因和行为三者交互作用形成的。

# 第三节　人格的测量和评定

为了了解个体的人格差异而做的心理测验就是人格测验。人格测验的常用方法有自陈式测验和投射式测验。

## 一、自陈式测验

自陈式测验量表通常由一组精心设计的、结构式的、测量人格特质的题目所组成。题目分为两部分，一部分是题干，另一部分是选项。题干部分是对个人行为表现和心理感受的描述，选项部分则需要由被试根据题干所描述的内容与本人的实际情况进行回答与判定。这类测验的基本假设是：被试最了解自己的心理特点和行为表现，并且被试会认真答题，积极配合。因此，主试可根据被试的答题情况准确地测量出被试的人格特质。

下面介绍几种常用的自陈式测验工具。

### （一）卡特尔16种人格因素量表

卡特尔16种人格因素量表适用于16岁以上的人群。下面以该量表中的两道题目为例进行说明。

22. 在工作中，我愿意：

①和别人合作；

②不确定；

③自己单独进行。

35. 在公共场合，如果我突然成为大家注意的中心，我会感到局促不安。

①是的；

②介于①和③之间；

③不是的。

第22题是独立性维度中的一题，第35题是敢为性维度中的一题。卡特尔16种人格因素量表不仅可以描述被试的16种人格特质，还可以描述四项双重因素（内向-外向、适应-焦虑、感情用事-安详机警、懦弱-果敢）和四项社会成就因素（心理健康因素、专业成就因素、创造力因素、环境因素）。卡特尔16种人格因素量表是进行大范围人格调查和研究的较理想的量表。

### （二）艾森克人格问卷

艾森克将人格划分为外向性、神经质和精神质三个维度，并编制了艾森克人格问卷。这个问卷包括成人问卷和少年问卷两种，分别适用于16岁以上和7～16岁两个年龄段的人群。艾森克人格问卷在我国有两个版本，分别由陈仲庚和龚耀先主持修订，这里我们以陈仲庚主持修订的版本为例进行说明。此问卷的成人版本包括85个题目，少年版本包括74个题目，以下题目来自成人版本。

1. 你是否有广泛的爱好？

是　　　否

11. 你是否时常担心自己会说出或做出不应该说或做的事情？

是　　　否

22. 如果条件允许，你喜欢经常外出（旅行）吗？

是　　　否

27. 有坏人想要害你吗？

是　　　否

30. 你是一个容易担忧的人吗？

是　　　否

57. 是否有那么几个人时常躲着你？

是　　　否

在以上题目中，第1题和第22题是用来测外向性的，第11题和第30题是用来测神经质的，第27题和第57题是用来测精神质的。艾森克人格问卷涉及的人格维度较少，容易掌握，测量方便，因此得到了广泛应用。

### （三）明尼苏达多项人格问卷

明尼苏达多项人格问卷由美国明尼苏达大学教授哈萨威和麦金利编制而成，他们从大量已有的人格问卷、医学档案、病人自述、医生笔记及书本描述中收集题目，让精神病人和正常人回答，将正常人和精神病人反应有差异的题目保留，这样得到了500多个题目。该问卷主要用于心理异常的诊断，在精神医学界及有关心理健康的工作中使用较多，也常用于科学研究。明尼苏达多项人格问卷适用于16岁以上的人群，其测验内容和高分者的典型表现如表11-2所示。

**表11-2　明尼苏达多项人格问卷的测验内容和高分者的典型表现**

| 序　号 | 测验内容 | 高分者的典型表现 |
|---|---|---|
| 1 | 疑病 | 有许多叙述不清的身体不适、不愉快 |
| 2 | 抑郁 | 缺乏自信、易怒、胆小、悲观、苦恼、嗜睡 |
| 3 | 癔症 | 用否认和压抑来处理压力，在高压力下常伴随着身体症状 |
| 4 | 精神病态 | 冲动、常常违反纪律 |
| 5 | 男性化-女性化 | 女性有男性化倾向或男性有女性化倾向 |
| 6 | 偏执 | 多疑、孤独、警惕、过分敏感 |

续表

| 序　　号 | 测 验 内 容 | 高分者的典型表现 |
|---|---|---|
| 7 | 精神衰弱 | 紧张、焦虑、反复思考、恐惧、刻板、自责 |
| 8 | 精神分裂 | 混乱、情绪不稳定、想法奇怪 |
| 9 | 狂躁 | 冲动、精力过度充沛、夸张,甚至情绪紊乱,反复无常 |
| 10 | 社会退缩 | 内向、胆小、不善于交际、羞怯 |

## 二、投射式测验

投射式测验是指采用某种方法绕过被试的心理防御,在他们没有防备的情况下探测其真实想法。在投射式测验中,主试向被试呈现一系列的模糊刺激,如可以有多种解释的未完成的图片等,要求他们对这些模糊刺激做出反应,由于被试的解释会带有自己潜意识的投射,所以通过让被试完成图片或讲述图片中的内容,可以达到探测其真实想法的目的。下面介绍罗夏墨迹测验、主题统觉测验、房树人测验。

### (一) 罗夏墨迹测验

罗夏墨迹测验由瑞士精神病学家罗夏于 1921 年设计而成,测验材料包括 10 张墨迹图片,其中,5 张为彩色图片,5 张为黑白图片。测试时,主试向被试呈现墨迹图片,同时问被试"你看到了什么?""这可能是什么东西?""你想到了什么?"等问题。被试可以从不同的角度观看图片并自由地回答问题,主试记录被试的语言反应,并注意其情绪表现和动作。罗夏墨迹测验材料如图 11-1 所示。

### (二) 主题统觉测验

主题统觉测验材料包括 30 张模棱两可的图片和 1 张空白图片。图片内容多为人物,也有一部分图片的内容为风景。测试时,主试向被试呈现图片,让被试根据看到的内容编故事。被试必须回答以下问题:图片中发生了什么事?为什么会出现这种情境?图片中的人物正在想什么?故事的结局会怎样?主题统觉测验材料如图 11-2 所示。

图 11-1　罗夏墨迹测验材料

图 11-2　主题统觉测验材料

### （三）房树人测验

房树人测验，又称为屋树人测验。John Buck 于 1948 年发明了这种测验方法，被试只需要在 3 张白纸上分别画屋、树及人即可完成测试。动态屋树人测验由 Robert C. Burn 在 1970 年发明，被试需要在同一张纸上画屋、树及人。屋、树及人三者有互动作用，例如，从屋与人的位置和距离可以看出被试与家庭的关系。

## 第四节　健全人格的培养

教育的终极目的是使学生具有健全的人格。健全的人格就是以正面的态度对待世界、他人与自己，过去、现在与未来，顺境与逆境，做一个自立、自信、自尊、自强、幸福的进取者。[①] 心理健康具有层次性，人格健全属于高层次的心理健康。那么，如何培养健全的人格呢？

健全人格的培养是贯穿人生全程的系统工程。在人生的各个阶段，都要关注个体的营养摄取、能力锻炼、教养方式、情绪调节，并且要根据个体人格发展的不同阶段的特点进行针对性的教育和引导。这样有利于个体减少或消除各类生活事件或危机带来的不良情绪和行为，帮助他们解决在发展过程中面临的诸多问题，更重要的是在此基础上培养个体面对和处理各种问题或危机的积极态度和能力，促进个体人格的健康发展和社会适应能力的提高。针对当前儿童及青少年在心理辅导中出现的问题以及人格发展的特点，提出以下几个需要注意的问题。[②]

第一，熟悉和掌握儿童及青少年在各发展阶段的正常心理和行为表现，这样才能有一个对照的标准，从而更准确地将心理发展迟滞或不健康的个体鉴别出来，并对其进行针对性的辅导和教育。

第二，用发展的眼光看待儿童和青少年的心理健康问题。儿童和青少年处于身心发展非常迅速的时期，他们在某一段时间内出现的影响学习的不良心理或行为表现可能会随着时间的推移以及个体的成熟自然消失，如果父母或老师过度关注并且一定要把这类心理或行为表现当作心理问题或行为障碍来根除的话，那么可能会产生更大的危害。例如，如果没有达到多动症的程度，儿童的多动倾向会随着年龄的增长自然消失，但是很多家长为了孩子在学习上获得更高的分数，甚至有些专业人员为了迎合家长的期望，不管孩子症状的轻重，均倾向于用药物进行治疗，结果反而容易影响孩子大脑的发育，造成不可逆转的影响。

第三，根据心理特点的不同因材施教。不同个体由于遗传素质的不同，在心理发展上会存在较大差异。比如，有的孩子活泼，有的孩子安静，有的孩子外向，有的孩子内向，有的孩子坚持性好，有的孩子灵活性好，这些心理特点的差异都是正常的，各有千秋，没有好坏之

---

① 黄希庭，郑涌，李宏翰：《学生健全人格养成教育的心理学观点》，《广西师范大学学报（哲学社会科学版）》，2006 年第 3 期。

② 刘启珍：《心理学导论》，湖北人民出版社，2006 年。

分。但是有些家长和老师硬要违反孩子的本性，要安静的孩子变得活泼，要内向的孩子变得外向，有时这些做法不但不能取得明显的效果，反而会为人格分裂埋下隐患。

第四，不要将儿童和青少年在某一方面或某一情境下的特殊心理问题主观地泛化为人格问题。个体在发展过程中有时会遇到一些事件或过渡性的发展问题，这些短暂的困境可能会引起个体某些特殊的心理或行为反应，但是随着困境的消失，这些问题会自然地消除。

第五，学校、家长、老师要通力合作。儿童和青少年受环境的影响非常大，有的时候有些心理问题是所处的不良环境造成的。例如，家庭结构不完整、不良的家庭教育方式、学校过重的学习压力、较差的人际关系、教师不科学的教学态度等都可能会造成儿童和青少年的心理健康问题。因此，家长、学校、班主任和任课老师要通力合作，促进儿童和青少年健康成长。

第六，尽量不要给有心理或行为问题的儿童和青少年贴标签，否则，容易使当事人感到紧张，导致恶性循环。

第七，倡导学校既要通过专门的心理辅导渠道对学生进行专门辅导，又要在各种活动中渗透心理辅导的理论、原则和方法，既有重点突破，又有春风化雨，将不同的教育形式有效地结合起来，可能会产生意想不到的效果。

## 拓展阅读

### 本能与压抑

由于受到能量守恒定律的影响和启发，弗洛伊德把人的身心看成是一个能量系统，能量虽然可以受到压抑，但是并不能从根本上消除，它可能会在一定的时机寻找适合的途径释放出来，而这些与生俱来的能量就是本能。弗洛伊德曾把人的本能分为性本能和自我本能。弗洛伊德非常重视性本能，把它看成是人类行为最重要的动力。性本能的满足，在很多情况下，可能会受到个体所在的社会文化情境以及具体环境的约束，从而使个体产生焦虑。为了缓解焦虑，人们会形成一些防御机制，以减少焦虑。防御机制有很多种，详述如下。

（1）压抑，是指个体将那些没有被接受的动机、心理冲突、痛苦的经历等排除于意识之外，使其进入潜意识。压抑虽然可以暂时减轻痛苦，但是由于能量还存在，所以个体会通过其他的形式将能量释放出来，如做梦、开玩笑等。

（2）退行，是指个体为了避免成人角色所导致的焦虑，或者为了获得别人的关注，而采用幼稚的行为。

（3）合理化，是指用一些看似合理的理由解释那些不被接受的行为。

（4）投射，是指将引起焦虑、愧疚的行为或动机归咎于他人。

（5）反向，是指以与真实欲望相反的方式行事。

（6）转移，是指将某一种情绪转向另外一个目标。

（7）隔离，是指将情绪、感受排除于意识之外，而信息内容依然存在。

（8）补偿，是指个体利用某种方法来弥补其生理或心理上的缺陷，从而掩盖自己的自卑感和不安全感。

## 【课后思考】

1. 人格形成和发展的影响因素有哪些？
2. 弗洛伊德如何解释心理疾病形成的原因？
3. 行为主义学派的强化和社会学习学派的强化有何差异？
4. 评价自陈式测验和投射式测验。

# 第十二章
## 社会心理

**案例导入**

随着网络的发展，世界越来越小了。咱们来做一个游戏：你试着给一位陌生人写信(电子邮件也可以)，已知收信人的姓名、地址和职业，你可以使用任何方式将这封信寄出去，但只能寄给你的一个熟人，然后你的熟人把信以同样的方式寄给他的一个熟人，如此传递下去，直到你最初期望的那位收信人收到此信。

这件事似乎不可能完成，但是，据统计，现实中平均只需要通过 6 个人就能完成这件事。

# 第一节　社会思维

## 一、社会角色

### (一) 社会角色的定义

社会上的每个个体同时属于多个社会群体，他们在每一个群体结构中都占有一定的位置，人们对在不同社会位置的行为模式的期望就是社会角色。对于不同的社会角色，其社会责任是不同的。社会角色一般可以分为两类：一类是规定角色，即指定的个人无法控制的角色，如男性或女性、父亲或母亲、中华人民共和国公民等；另一类是自认角色，即通过社会生活经验自发获得或者通过努力得到的角色，如校长、教师、学生、管理人员等。

### (二) 社会角色的作用

人作为社会结构中的一个成员，社会环境和其周围人群与其发生的直接的或间接的、外显的或内隐的、真实的或想象的联系，会在个人态度和行为的各个层面上发生相互作用，人们会按照社会期望结合自身的个性最终做出反应。社会角色综合反映着个体的社会状态，其基本作用是促使个体按照社会期望表达一定社会身份所要求的行为方式和态度。社会角色还可以反映个体在团体中的社会地位，社会地位越高，所拥有的权力就越大。

## 二、社会认知

### （一）印象形成

社会认知是指人在社会活动中对他人、对自己和对群体的认知过程。社会认知既是根据认知者以往的经验及对有关线索的分析来进行的，也是通过认知者的思维活动来进行的。社会认知的范围很广，包括对他人表情的认知、对他人性格的认知、对人与人之间关系的认知。印象形成过程是社会认知的基础。印象是个体头脑中有关认知对象的形象。个体接触新的社会情境时，总是按照以往的经验，对情境中的人或事进行归类，明确它对自己的意义，使自己的行为获得明确的方向，这个过程就是印象形成。一般来说，人们常常采取下列三种信息选择倾向进行印象形成：自然特征的信息选择倾向，如性别、种族、外表等；社会特征的信息选择倾向，如社会角色、所属群体等；心理特征的信息选择倾向，如人际关系、智力特征等。在印象形成的过程中，个体所获得的信息总是认知对象的各种具体特征，但个体最终形成的印象并不停留在各种具体特征上，而是在对各种具体信息进行综合后，按照逻辑一致性和情感一致性的原则，形成一个总体印象。

### （二）社会认知偏差

在社会认知过程中，认知者和被认知者总是处于相互影响和相互作用的状态。在认知他人、形成有关他人的印象的过程中，由于认知者、被认知及环境因素的相互作用，社会认知往往会发生这样或那样的偏差，比较显著的有下列三种情形。

**1. 首因效应与近因效应**

首因效应是指最初接触到的信息所形成的印象对人们以后的行为和评价的影响。人与人在第一次交往中给人留下的印象，在对方的头脑中形成并占据着主导地位，这种效应就是首因效应，即第一印象。一般来说，这种印象的作用最强，持续的时间也长。

近因效应是指在多种刺激一次出现的时候，印象的形成主要取决于后来出现的刺激。我们对他人最近、最新的认识占据了主导地位，掩盖了以往形成的对他人的评价，这种效应就是近因效应。

在学习和人际交往中，这两种现象都很常见。相对于首因效应而言，近因效应不那么普遍和明显，但是更可靠。

**2. 晕轮效应**

晕轮效应又称为光环效应，是指当认知者对一个人的某种人格特征形成好或坏的印象之后，会倾向于据此推论该人其他方面的人格特征。

**3. 社会刻板印象**

人们的社会认知偏差不仅发生在对个人的认知中，也发生在对一类人或一群人的认知中。如果社会认知偏差发生在对一类人或一群人的认知中，就会产生社会刻板印象。社会刻板印象是指人们对某个社会群体所形成的一种概括而固定的看法。一般来说，生活在同一地域或同一社会文化背景中的人，在心理和行为等方面总会有一些相似性；从事同一职业的人在观念、社会态度和行为等方面可能比较接近。例如，在地域方面，人们会觉得法国人自由、浪漫，德国人作风严谨，东方人观念保守；在职业方面，人们会觉得教师文质彬彬，农民朴实、憨厚。人们在认识社会时，会自然地概括这些特征，并把这些特征固定化，这样便产生了社会刻板印象。

### （三）归因

我们常常会根据一些信息推测人们为什么会发生某种行为，这是归因的过程。为了推测行为的动因，我们通常会从三个方面进行考察：行为者（谁）、行为对象（做了什么）和行为场合（什么场合下做的，包括社会或物理环境）。

在现实生活中，人们在归因时有内因和外因两种倾向。外因是指人以外的因素；内因是指人的生理性需要、人格特质等。内因和外因二者之间可以相互影响。人们在归因时经常会犯错误，最常见的错误是把别人的行为归因于内因，而把自己的行为归因于外因，这类错误被称为基本归因错误。在涉及我们自己的行为的时候，我们更愿意认为外因可以在更大程度上解释行为，换句话说，我们在解释行为的过程中存在着一种“行为者-观察者偏差”。作为观察者，我们常常把他人的行为归因于意愿、动机、人格特质，而作为行为者，我们倾向于为自己的行为找外因，尤其是在失败的时候。

## 三、态度

### （一）态度概述

态度是指个体对特定对象（人、观念、情感或者事件等）所持有的稳定的心理倾向。这种心理倾向蕴含着个体的主观评价以及由此产生的行为倾向性。

态度具有对象性、评价性、稳定性和内在性四种基本特性，详述如下。

（1）对象性。态度是有对象的，它总是针对某种事物。

（2）评价性。态度意味着是否赞同某种事物。

（3）稳定性。态度相对于情绪具有稳定性，它是一种对事物比较持久的心理倾向，而不是偶然的心理倾向。

（4）内在性。态度是个体内在的心理状态，往往不能被别人直接观察到，但它最终会通过个体的言行表现出来。

态度是个体一种综合的心理机制表现，常常具有下列功能。

（1）适应功能。这种功能使得人们寻求那些与奖励联系在一起的态度，而避免那些与惩罚相联系的态度。例如，孩子们对父母的态度就是适应功能的最好体现。

（2）认知功能。态度能给个体待人接物的行为方式提供必要的信念，以利于个体保持清醒的意识状态。

（3）自我防御功能。态度决定行为的潜在动机，能够促进个体解决心理冲突，实现预期的目标。

（4）价值表现功能。态度有助于人们表达自我概念中的核心价值。例如，一个人对志愿者的工作持积极的态度，那是因为这些活动可以使他表达自己的社会责任感，而这种责任感恰恰是他自我概念中的核心价值，表达这种态度能使他获得内在的满足。

### (二) 态度的改变

态度是相对稳定的，但是在某些情况下，人们的态度也会发生变化。例如，广告宣传就是引导消费者改变态度的过程，社区工作者也是通过劝说来引导人们遵守社区秩序的。在大多数情况下，可以从传递者、沟通信息、接受者和情境四个角度来解释劝说的有效性。

第一，传递者的威信、吸引力、与接受者的相似性等都会影响劝说的有效性。威信越高，吸引力越大，与接受者的相似性越大，劝说的有效性越好。

第二，在劝说过程中所传递的信息的特点会影响劝说的有效性，具体表现在下列三个方面。

(1) 信息差异。任何态度的转变都是在所传递的信息与接受者原有的态度存在差异的情况下发生的，这种差异越大，引发的态度转变就越大。

(2) 畏惧。在大多数情况下，畏惧的唤起能增强说服效果，但是，如果畏惧太强烈，会使接受者产生防御心理，结果使态度不发生转变或转变较少。研究表明，中等强度的畏惧信息具有较好的说服效果。

(3) 信息的倾向性。对于一般的接受者，单一倾向的信息的说服效果较好；对于文化水平较高的接受者，提供正、反两方面的信息，说服效果较好。

第三，一切旨在改变人们态度的劝说，只有在接受者接受的情况下才会发生作用。具体而言，体现在以下三个方面。

(1) 原有的态度与信念。已经内化了的态度作为接受者信念的一部分，难以改变。

(2) 接受者的人格因素。依赖性较强的接受者相信权威，比较容易改变态度；自我评价较高的接受者不易改变态度。

(3) 个体在面临改变态度的压力时，其逆反心理、心理惯性等心理倾向会使其拒绝他人的影响，从而影响态度的改变。

第四，态度的转变是在一定的背景下发生的，以下情境因素会影响态度的转变。

(1) 预先警告。它具有双重作用。如果接受者原有的态度不够坚定，预先警告可促使其改变态度；如果预先警告与接受者的利益有关，往往会使其抵制态度的转变。

(2) 分心。它的影响也是复杂的。如果分心使接受者分散了对沟通信息的注意，将会减弱他对传递者的防御，从而促进态度的转变；如果分心干扰了劝说过程本身，将会使接受者得不到沟通信息，从而使说服效果变差。

(3) 重复。沟通信息的重复频率会影响说服效果，重复频率过低或过高，说服效果均不好。

# 第二节　社 会 关 系

## 一、沟通

### (一) 沟通的概念和意义

沟通是人们相互交流思想、观点、意见、知识、消息、情感、态度、动作等的过程，是人与人之间发生相互联系的最主要的途径。随着科学技术的发展，人们的沟通方式也在发生着翻天覆地的变化，除了原有的一些沟通方式外，一些新的沟通介质正在改变着人们的生活。

我们与其他人进行沟通时，总是带着一定的目的：①分享信息，以协调大家的行动；②促使他人改变态度；③宣泄情感，求得自己的精神安慰；④日常寒暄，保持与他人的正常关系。沟通不仅仅是信息本身的传递和交流，更重要的是沟通双方可以借助于信息在心理和行为上相互影响。沟通的意义具体体现在以下三个方面。

(1) 沟通是人在社会上生存的必要条件。社会性是人的本质属性，只有在人类的政治、经济、文化、教育等社会实践活动中才能体现人所具有的社会性，人才能成为真正意义上的"人"，而社会实践活动必须依赖于人与人之间的沟通。

(2) 沟通是交换信息，建立和发展人际关系的必要条件。人作为独立的个体，本身是有限的，而沟通可以使人在思想情感、行为等方面变得无限。人们在沟通的过程中相识、相知，甚至相依、相伴、相恋，建立和维系亲情、友情、爱情等丰富多彩的情感联系。

(3) 沟通是形成自我意识的必要条件。人需要在沟通过程中，通过感受、反省、比较他人对自己的认识和评价逐渐形成自我意识。

### (二) 沟通过程的基本要素

整个沟通过程主要由以下五个基本要素构成。

(1) 信息源。信息源也称为信息发出者，是指拥有信息并试图沟通的人。

(2) 信息。它常常以文字、图像、声音、图形、色彩、数字、符号、动作等形式存在。

(3) 通道。通道是指传递信息所使用的载体或媒介，如电话、广播、电视、报纸、手机、计算机等。

(4) 信息接收者。信息接收者接收信息时不是被动的，而是积极、主动的。在这个过程中，他们会根据自己掌握的知识经验来分析和还原信息的意义，即进行译码，以便自己能够理解。

(5) 信息反馈。信息反馈是信息接收者将经过译码的信息返回给信息发出者，以使双方进一步调整动作，多次互动形成一个沟通回路的过程。

### (三) 沟通的工具

沟通过程中存在着两种符号系统：语言符号系统和非语言符号系统。

语言是一种约定俗成的符号系统，是最普遍、最准确、最有效的沟通方式，它使人的沟通过程可以超越时间和空间的限制。语言主要有口头语言和书面语言两种形式。口头语言是由有声的自然语言构成的语音符号系统，是供人们说和听的语言，广泛应用于人际沟通中。口头语言有对话语言和独白语言两种形式。双方有问有答时常常使用对话语言，演讲、授课时常常使用独白语言。书面语言是文字符号系统，是供人们写和读的语言，多用于间接沟通中，如信函、文件、报刊、书籍等，不受时空的限制，可长期保存。

人们常常使用大量的表情、动作、姿态等进行沟通，这就是非语言符号系统在沟通过程中的应用。人类的非语言符号系统丰富多彩，是人类在生活过程中的自然表现。

**拓展阅读**

### 近体学

美国心理学家霍尔曾对人际空间距离进行过研究，并提出了“近体学”的概念。霍尔认为，人们在沟通时，互动双方的空间距离可以分为四种，分别为亲密距离、个人距离、社交距离和公共距离。

(1) 亲密距离(0～0.44 米)，通常用于父母与子女之间、情人之间等，此时，双方均可以感受到对方的气味、呼吸、体温等私密性刺激。

(2) 个人距离(0.45～1.22 米)，一般用于朋友之间。

(3) 社交距离(1.23～3.70 米)，一般用于上下级之间、顾客与售货员之间、医生与病人之间等。

(4) 公共距离(3.71～7.5 米)，一般用于陌生人之间。

人们对人际空间距离的处理，除了受亲密程度的影响外，还受文化背景、社会地位、性别等因素的影响。

## 二、人际交往

### (一) 人际吸引

人需要和别人交往，并建立和保持良好的人际关系，交往的意愿和行为非常重要。为了使自己的人生具有价值，人需要了解别人，需要通过别人来了解自己，需要爱与被爱，需要帮助别人和得到别人的帮助，这些都使人需要同别人保持一定的人际关系，通过自我表现来吸引别人，同时又根据自己的喜好来选择对方。人际吸引就是人与人之间的相互接纳。不同层次的人际关系反映了人们相互吸引的程度。研究表明，影响人际吸引的因素很多，主要包括熟悉性、相似性、人格魅力等。

熟悉性是影响人际吸引的主要因素。一首歌越唱越喜欢，一个人越看越觉得漂亮，一种菜肴越吃越爱吃，这些都可以说明这一点。

相似性也可以影响人际吸引。生活中，我们经常可以见到一大群人在一起，通过观察可以发现，他们中的大多数人在年龄、性别、籍贯、职业、经历、兴趣、态度、人格、信仰、社会背景或教育程度等方面比较相似。

人格魅力是吸引人的最直接的因素，体现在外表吸引力、才能、个性品质等方面。人们常说不能以貌取人，但人的外表在人际交往中的作用很大。人们一般都会喜欢聪明能干、富有才华的人。满腹经纶的学者让人敬佩，篮球高手让人羡慕。但是，当一个人的才能达到了超凡的地步时，人们常常会敬而远之，所以有才能的人偶尔来点“犯错误效应”，可以增加自己的吸引力。个性品质对人的吸引力最稳定、最持久。在与人交往的过程中，人们通常会喜欢真诚、正直、友好、热情的人，讨厌虚伪、狡诈、自私、贪婪的人。显然，要赢得友谊，真诚待人是非常重要的。

### （二）爱情

爱情与一般的人际吸引有所不同，它还有更高水平的要求：情绪唤起和性渴望。这种感受人们只有在坠入情网的时候才能体会到。

爱情三角理论是美国心理学家斯腾伯格提出的爱情理论。该理论认为，爱情由激情、亲密和承诺组成。在爱情三角理论中，激情是爱情中的性欲成分，表达着爱情的动力；亲密是指在爱情关系中能够引起的温暖体验，表达着爱情的情感；承诺是指维持关系的保证，表达着爱情的认知。爱情三角理论如图 12-1 所示。爱情的基本组成部分（亲密、激情、承诺）分别位于三角形的三个角上，并对应一种爱情形式。成分的配对和所形成的爱情形式位于三角形的三条边上。包含着三种成分的完美的爱情位于三角形的中间。如果你和某个人在一起时很亲密，充满激情并且想对他或她做出承诺，那么你正在享受的就是完美的爱情，这是爱情最理想的状态。

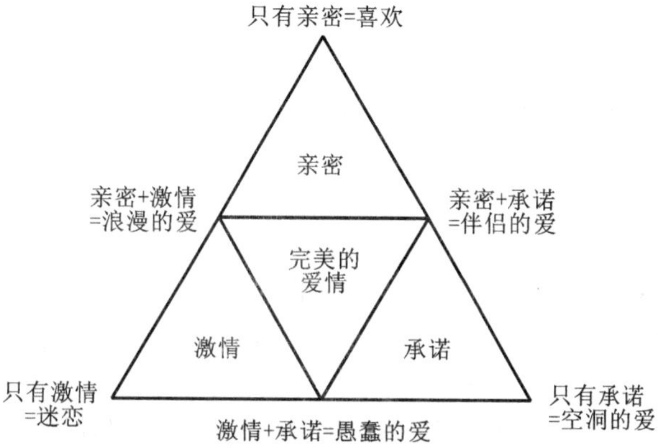


**图 12-1　爱情三角理论**

与喜欢相比，爱情中包括恋人之间深深的相互迷恋，当恋爱中的人凝视对方眼睛的时候，他们会将恋人理想化，这样有利于维持双方之间的关系。人类在择偶模式上，性别偏好的演化与男、女性在繁衍后代任务中的不同角色是对应的，女性更倾向于关注配偶在双方关系上投入的时间和资源，男性则主要把注意力集中在配偶的忠诚度上。有时候，在恋爱过程中，当出现干扰爱情的外在力量时，恋爱双方的情感反而会加深，恋爱关系也会更加牢固，这种现象称为“罗密欧与朱丽叶效应”。

### （三）人际交往的原则

古人云：“得道者多助，失道者寡助。”这里的“道”可以理解为“人际关系之道”。一个人不懂得人际关系之道不是小事，离开了人际关系，人就会成为无源之水、无本之木。“己所不欲，勿施于人”和“己之所欲，乐施于人”很好地阐释了人际交往的核心原则。“己所不欲，勿施于人”是人际交往中的白银法则：我不愿意他人对我做的事情，我也不对他人做。“己之所欲，乐施于人”是人际交往中的黄金法则：我乐意他人对我做的事情，我也乐意对他人做。与白银法则相比，黄金法则的意义更为积极。

根据黄金法则和白银法则，结合生活实际，我们在人际交往中应遵循以下原则。

(1) 互相尊重。人与人之间应当保持平等的关系,无论是对别人说话还是听别人说话,都要注意尊重别人。尊重别人等于尊重自己,只有尊重别人,才能获得别人的尊重。

(2) 言而有信。内心真诚,言而有信,是做人的根本。与人交往,守时也是守信的表现。

(3) 同气相求。与人相处,尤其是与不认识或刚认识的人相处时,要努力寻找双方的共同点、相似点,找到沟通的桥梁。

(4) 取长补短。取长补短就是互补。互补,是协同的前提,事物之间只有通过互补、协同,才能有结构的稳定性、进程的有序性和功能的最优化。人与人相处时,如果双方的需要正好互补,就会产生强烈的吸引力,从而促进良好的人际关系的形成。

(5) 坦诚相见。人与人相处,最难能可贵的就是自我坦露。研究表明,人们更喜欢与袒露自己的思想性格的人交往,而对于那种喜欢伪装的人,人们则不太喜欢与其交往。在人际交往中,每个人都有自己的隐私权,但同时也需要自我坦露,这是人际沟通的需要,也是信任他人的一种信号。

(6) 宽容。宽容,是个体对自己的力量充满信心的一种表现,也是人际交往过程中化解矛盾、隔阂、怨恨,甚至仇恨的有效方法。

## 三、助人行为与侵犯行为

### (一) 助人行为

助人行为是指以特定的个人或群体为对象的亲社会行为。这里所说的“特定的个人或群体”一般不指亲朋好友或者自己喜欢的人,而是指陌生的人或群体。关于助人行为,有许多不同的观点,详述如下。

(1) 社会生物学观点:有利他天性的生物将有更好的种族存留机会。

(2) 社会交换论观点:有助人行为的人在助人之前会对助人行为能否给自己带来快乐或减少痛苦进行评估。

(3) 社会规范论观点:人倾向于帮助对自己有善意的人。

(4) 进化心理学观点:助人行为导致的双方受益是进化的条件。

在向他人提供帮助之前,人们的决策过程是一致的,包括四个步骤:第一步,注意到所发生的事情;第二步,将这件事情视为紧急事件;第三步,决定自己必须承担责任;第四步,选择行动方案,向他人提供帮助。其中,第三步是最关键的一步。在许多人在场的时候,会出现责任扩散效应,这种效应会限制个体的助人行为。一般情况下,看到一个人处于困境中,通常会导致人的唤起水平提高,从而刺激他去帮助别人。如果人们认为这样做得不偿失,那么帮助他人的可能性就会降低。除了一般性的唤起之外,潜在的助人者还会感受到一种共情唤起,这样也可以唤起帮助他人的动机。助人行为能够起到很好的榜样作用,对被帮助者来说,也有一种鼓励作用。

### (二) 侵犯行为

历史上的战争、校园里的欺凌、家庭中的暴力事件等体现了人类的一种特殊行为——侵犯行为。侵犯行为是一种有意地违背社会规范的伤害行为。人类的侵犯行为的一个重要特征就是具有多样性。从侵犯方式来看,可分为言语侵犯和动作侵犯;从侵犯动机来看,可分为报复性侵犯和工具性侵犯；从侵犯的指向性来看，可分为直接侵犯和间接侵犯。一般来说，儿童期的欺负行为会长期危害欺负者和被欺负者的心理健康，青少年时期的欺负行为会导致严重的暴力行为，如谋杀、自杀。

关于侵犯行为的成因，有许多不同的解释。

(1) 本能论认为人类天生具有攻击性。

(2) 生物论认为侵犯行为源于个体内部的生物基础，人类大脑内部的某些区域能够激发或者终止侵犯行为。

(3) 受挫论认为侵犯行为是人们受到的挫折引起的。

(4) 社会学习论认为侵犯行为是直接经验和观察学习的结果。

研究表明，侵犯行为与个体的人格因素、侵犯行为的情境因素（高温、酒精刺激等）、社会因素（文化、媒体宣传等）有关。

要想控制和预防侵犯行为，可以从以下几个方面着手：培养个体的共情能力、完善个体的个性、畅通宣泄渠道。

# 第三节　社会影响

## 一、社会权力

社会影响是指一个人的行为导致另一个人的行为发生变化的现象。力量是个体所拥有的特质，权力则具有社会性。一个人可能在某一种情境下拥有权力，而在另一种情境下则没有权力。Raven 认为个体有五种社会权力，详述如下。

(1) 奖赏权力，指对人们表现出的行为进行奖励的权力。例如，教师有奖赏学生的权力，老板有奖赏员工的权力。

(2) 强制权力，指对不照章办事的人实施惩罚的权力。例如，国家的执法人员可以对违规企业进行处罚。

(3) 法定权力，如公民的选举权、教师管理课堂的权力等。

(4) 参照权力，指向某个人或某个团体表示认同和尊重的权力。

(5) 专家权力，指那些被认可的专家在其专业领域中所具有的权威性。医生、律师、企业家分别具有不同领域的专家权力。

## 二、社会影响的基本表现

### (一) 从众

从众是指个人的观念与行为由于直接压力的作用而与多数人相一致的社会现象。从众是个体受到社会影响力的作用之后所产生的一种适应性行为反应。第一个对从众现象进行研究的人是阿希，实验材料如图 12-2 所示。

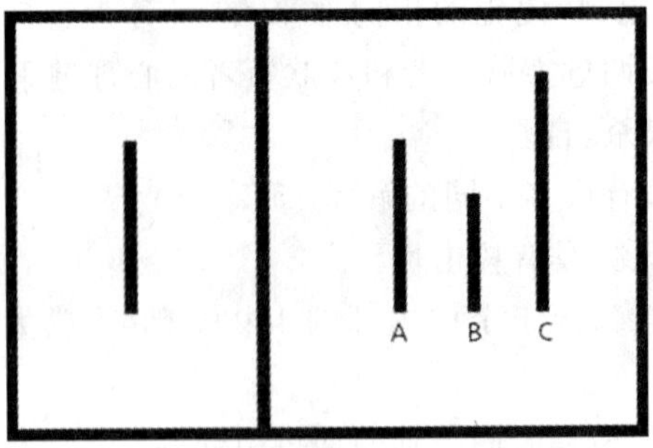


图 12-2　阿希的从众实验中所用的材料

实验过程是这样的：阿希请大学生们自愿做他的被试，并告诉他们这个实验的目的是研究人的视觉情况。当某个来参加实验的大学生走进实验室的时候，他发现已经有 5 个人先坐在那里了，他只能坐在第 6 个位置上。他不知道，这 5 个人其实是跟阿希串通好的假被试。阿希让大家比较线段的长度。他先拿出一张画有一条线段的卡片，然后让大家比较这条线段和另一张卡片上的 3 条线段中的哪一条线段等长。实验共进行了 18 次。事实上，这些线段的长短差异很明显，正常人是很容易做出正确的判断的。然而，在两次正常判断之后，5 个假被试故意异口同声地说出了一个错误的答案。于是，许多真被试被迷惑了，他们是相信自己的眼力呢，还是说出一个和其他人的答案一样，但自己心里认为不正确的答案呢？结果当然是不同的人有不同程度的从众倾向。

在大多数团体中，如果你从众，就会得到团体的认同，如果不从众，就会受到团体的冷落。因此，从众会受到团体约束力的影响。实验结果表明，那些对于确定性需求较高的人，以及那些焦虑的、缺乏自信的人比较容易从众。

### （二）依从

依从是指听从一个几乎没有社会权力或权威的人而改变自己的行为的现象。依从是个体的一种自主行为，其基本方式是“被要求—默许”。

依从策略有许多种，主要有三种形式：登门槛效应、虚报低价技术、留面子效应。登门槛效应是指一个人如果开始答应了别人一个较小的要求，随后可能会答应一个较大的要求。虚报低价技术是指先利用低价策略得到别人的认可，在别人答应一个较大的要求（如同意购买）之后，再在成交之前用各种各样的手段提高价格。留面子效应是指人们在拒绝一个较大的要求之后一般会答应一个较小的要求。

### （三）服从

服从是指直接听命于具有社会权力的人而改变自己的行为的现象。学生背完书后才能放学回家就是生活中常见的服从现象。

任何社会，都是一个按整体功能要求组织起来的结构化实体，在这个实体中拥有合法权利的人自然就拥有指挥、命令其他人的权力，在一定的条件下，其他人服从权威是必要的。服从者的个人特质，尤其是道德发展水平，直接影响着服从过程。不同民族和文化背景下的人在服从方面的表现是不同的。在强调个人主义文化价值的社会中，服从行为较少；在强调集体主义文化价值的社会中，服从行为比较普遍。

## 三、群体的作用

人际交往有一个很重要的作用，就是可以把原本分散的个体组织起来，形成群体。例如，家庭、单位、球队、协会等都是群体。群体可以分为正式群体和非正式群体。正式群体是指组织结构确定、角色分配明确的群体，如学校、医院、企业等；非正式群体是指成员依照各自的喜好自发形成的没有明确的角色分配和权利义务规定的群体。在群体中，个体的积极性、工作效率、行为方式、思想观念、情感表现等都与独处时有很大不同，主要表现在以下三个方面。

### （一）社会助长与社会惰化

社会助长是指个人对他人的意识所带来的行为效率的提高，简单来说就是当有他人在场时，人们倾向于表现得更好。他人在场是否会使行为效率提高，取决于个体对自己能力的自信程度。如果个体对自己的能力非常自信，他人在场就会使行为效率提高；如果个体对自己的能力不那么自信，他人在场就会导致行为效率降低，这就是社会惰化。

社会助长之所以会发生是因为群体背景唤起了人们的竞争意识和被评价意识。社会惰化之所以会发生是因为人们认为他们个人对于群体的贡献无法被识别和认可。

### （二）群体极化与群体思维

群体决策中常常出现两种偏差现象：群体极化和群体思维。

群体极化是指原先群体中多数人支持的意见经过群体讨论后成为主导观点的现象。

群体思维是一种群体决策时具有倾向性的思维方式。群体思维大多出现在凝聚力较高的群体中，当个体的意见与其他人的意见不一致时，他可能最终会放弃说出自己的意见而顺从其他人的意见。群体思维发生的原因是具有较高凝聚力的群体使得成员将自己封锁在其中而不考虑外界的意见，因此，群体思维往往会导致错误的决策结果。

### （三）合作与竞争

合作和竞争是两种常见的人际互动形式，几乎与我们所经历的所有重大事件有关。合作是指互动的个体之间为了达到共同的目标而协同活动，促使双方获得利益的行为，竞争则是指互动的个体为了同一个目标展开争夺，促使自己获得利益的行为。在合作条件下，群体成员之间能建立和保持良好的人际关系，多数情况下，个体的活动效率会提高。竞争能够使个体增强主体意识，发挥出自己的潜力，从而大大提高活动效率。

竞争和合作对当今社会中的每一个人都是不可缺少的。一方面，现代社会是一个充满竞争的社会，只有在竞争中才能充分体现自我价值，获得更多的满足；另一方面，个人的能力和资源是有限的，个体需要通过与群体中的其他成员合作来实现共同的目标。通过合作，我们学会了与人相处，取人之长，补己之短；通过竞争，我们增强了意志，提升了能力，从而进一步具备了合作的实力。

## 【课后思考】

1. 试分析一个合格的父亲可能具有哪几种社会角色。

2. 态度与行为是一致的吗？

3. 依从策略有哪几种形式？

4. 我们都知道，电视中的暴力镜头会增加观众的攻击性行为，那么，是否可以利用电视来增加观众的亲社会行为？

# 第十三章
# 压力与健康

## 案例导入

某公司一直以发展迅速、竞争力强著称，但该公司总裁最近为公司各级员工之间钩心斗角感到担忧。许多员工抱怨他们没有得到真正的关怀，不知道公司正在发生的事情，也没有人告诉他们工作绩效的情况。工作职责划分不太明确，导致该公司内部的竞争十分激烈。管理人员常常分配给员工许多任务并要求他们按时完成。那些能够圆满完成任务的员工晋升很快，但大多数员工则因为不能完成任务最终选择了离职。

该公司总裁要求各级管理人员表现出对下属的真正关心、认真评估员工的绩效，并将评估结果及时反馈给员工，同时详细解释奖金分配的依据。

你认为该公司员工工作压力的来源有哪些？公司总裁减轻员工工作压力的措施是否可行？为什么？

# 第一节　压力概述

## 一、压力的定义和特点

### （一）压力的定义

压力也称为应激，是由“stress”一词翻译而来的，也有许多学者将其译为“紧张”或“紧张状态”。“压力”一词在医学、心理学和社会学等领域曾经有过不同的定义，到目前为止，压力的定义有300余种。

压力的定义可以分为三种类型，实际上体现了三种理论。

**1. 强调生理上的变化与反应**

这种理论认为应激是一种一般适应性综合征，是有机体对环境或压力事件做出的非特异化生理反应。有机体在给定的时间，会以相同的生理模式做出反应，不随环境而变化。

**2. 强调心理上的变化与反应**

有人认为压力是指由出乎意料的紧急情况，以及对个体具有重要意义的社会生活情境、严重生活事件等引起的一种紧张的情绪状态。

**3. 强调认知和评价的作用**

这种理论认为，心理压力作为人的一种特殊的心理状态，是主、客体交互作用的产物。该理论的基本假设是：当人们遭受压力时，首先对压力做出评价，然后根据评价结果做出情绪或行为上的反应。当环境中的压力源作用于人体时，人体产生对其适应或应付的需要，如果自身的应付能力不能满足这种需要，就会产生压力反应。

心理学领域目前对压力比较普遍的看法是，压力是个体面临具有威胁性的刺激情境时，所产生的一种使躯体机能以及心理活动发生改变的身心紧张状态。

### （二）压力的特点

一般来说，压力具有以下特点。

(1) 压力是个体对某个事件的反应。不同的人对相同的压力事件会有不同的反应。例如，蹦极和跳伞对一些人来说是非常愉快而刺激的事情，但对另一些人来说却是非常有压力的。

(2) 压力会不断地发生变化。大多数人在第一次开车、第一次演讲时，都会感到有压力，但是经过反复练习与多次尝试后，压力就会慢慢变小。

(3) 压力是会逐步积累的。长期的压力会让人感到非常疲劳，甚至会让人产生不堪重负的感觉。当然，压力的这种积累效应对有些人来说并非难以忍受，相反，他们会产生抵抗和忍受同类压力的能力。

## 拓展阅读

**心理压力自测量表**

下面有15道题，回答“没有”计1分，“偶尔有”计2分，“经常有”计3分，“时刻有”计4分。

1. 我会为小事烦恼。
2. 我似乎神经过敏。
3. 若受到阻碍，我会很不耐烦。
4. 我对事情往往会做出过度的反应。
5. 我很容易心烦意乱。
6. 我很容易受刺激。
7. 我感到自己长期处于高度警觉的状态。
8. 我感到自己很容易被惹怒。

9. 我感到很疲劳。

10. 我觉得很难让自己安静下来。

11. 受刺激后，我很难让自己平静下来。

12. 我神经紧张。

13. 我感到很难放松。

14. 我感到忐忑不安。

15. 我很难忍受工作上受到阻碍。

将所得的分数相加，低于15分，说明你没有心理压力；16～30分，说明你有轻度的心理压力；31～45分，说明你有中度的心理压力，需要自我调节或寻求心理咨询师的帮助；46～60分，说明你已处于重度的心理压力之下，需要寻求心理咨询师或精神科医生的帮助，根据情况进行治疗。

## 二、压力源

压力产生于压力源，我们生活中所遇到的压力源可能存在于自身，也可能存在于环境中。存在于自身的压力源称为内因性压力源，包括痛苦、疾病、罪恶感等；存在于环境中的压力源称为外因性压力源，包括热、冷、噪声、灾害等刺激情境。人类最主要的压力源是人，人际关系是造成压力的最主要来源。

心理学家对造成压力的各种生活事件进行了分析，提出了四种类型的压力源。

### （一）躯体性压力源

躯体性压力源是指通过对人的躯体直接产生刺激作用而造成身心紧张状态的刺激物，包括物理的、化学的、生物的刺激物，如过高或过低的温度、变质食物等。躯体性压力源是引起生理压力和压力的生理反应的主要原因。

### （二）心理性压力源

心理性压力源是指来自人们头脑中的紧张性信息，如心理冲突、不切实际的期望、不祥的预感等。心理性压力源与其他类型的压力源的不同之处在于它直接来自人们的头脑中，反映了心理方面的困难。

### （三）社会性压力源

社会性压力源主要是指造成个人生活方式上的变化，并要求人们对其做出调整和适应的情境与事件。社会性压力源既包括个人生活的改变，也包括社会生活中的重要事件。

个人生活的改变常常会给人带来压力。心理学家霍曼和瑞希编制的生活改变与压力感量表列出了43种大部分人都会经历的生活事件，其中包括生活条件的改变、经济地位的改变、个人习惯的改变、娱乐方式的改变、社会活动的改变等。

社会生活中的重要事件包括环境污染、政治动荡、经济衰退、过度拥挤、战争创伤等。此外，核泄漏事故、艾滋病威胁等社会事件也会给人们造成巨大的压力。不仅当事人有压力感，知情者也会产生压力。

### （四）文化性压力源

文化性压力源最常见的是文化性迁移，即从一种语言环境或文化背景进入到另一种语言环境或文化背景中，它会使人面临全新的生活环境、陌生的风俗习惯和不同的生活方式，从而产生压力。如果不改变原来的习惯，常常会出现不良的心理反应。

**拓展阅读**

**压力是一把双刃剑：有消极作用，也有积极作用**

塞里认为压力具有正、负两种性质。

(1) 正性压力。这种压力可以使个体产生一种愉快、满意的体验，可以促进个体的成长和职业的发展，具有积极的作用。

(2) 负性压力。这种压力类似于我们所说的烦恼，它会使个体产生一种不愉快、痛苦的体验。

塞里认为，人若完全脱离压力就等于死亡，过高或过低的压力对个体都是不利的，其中，负性压力是要避免的。

心理神经免疫学是研究心理、神经与免疫系统之间的关系的学科。相关研究结果表明，压力可能会导致三种结果。

(1) 压力会引起直接的生理反应，如血压升高、激素分泌增多、免疫系统的机能下降。

(2) 压力会使人沉溺于危害健康的行为中，如过量吸烟、喝酒和服用药物等。

(3) 压力会导致健康水平下降。

## 三、压力状态下的身心反应

当人们面临压力时，会产生一系列身体上和心理上的反应。这些反应在一定程度上是机体主动适应环境变化的需要，它能唤起和发挥机体的潜能，增强抵抗能力。但是如果反应过于强烈或持久，就可能会导致生理、心理功能的紊乱。

### （一）压力状态下的生理反应①

个体在压力状态下会出现一系列的生理反应，主要表现在自主神经系统、内分泌系统和免疫系统等方面，如心跳加快、血压升高、呼吸急促、激素分泌增多、出汗等。压力状态下的生理反应可以调动机体的潜在能量，提高机体对外界刺激的感受和适应能力，从而使机体更有效地应付变化，但过久的压力会使人的适应能力下降。

### （二）压力状态下的心理反应

压力状态下的心理反应包括警觉、注意力集中、思维敏捷、精神振奋，这是正面的心理反应，有助于个体应付压力。过度的压力会带来负面的心理反应，如忧虑、焦躁、愤怒、沮丧、悲

① 生理反应是个体受到外界刺激而使机体有所反应的一种紧张状态。

观、失望、抑郁等，会使人自我评价降低、自信心减弱、注意力分散、记忆力下降。个体在压力状态下的心理反应存在很大差异，这取决于个体对压力的知觉和解释，以及个体处理压力的能力。

### （三）压力状态下的行为反应

当个体面临压力时，会有各种行为变化，这些变化取决于压力的大小以及个体所处的环境。压力状态下的行为反应可分为直接反应与间接反应。直接反应是指直接面对引起紧张的刺激源时，为了消除刺激源而做出的反应，例如，在路上遇到歹徒，选择与其搏斗或逃跑。间接反应是指借助于某些物质暂时减轻与压力体验有关的苦恼，如借酒消愁。

## 四、影响压力感的因素

压力是由刺激引起的，不良的刺激会引起压力，愉悦的刺激也会引起压力。生活中，压力是不可避免的，但每个人感受到的压力是不同的，即使是同样的刺激，不同的人感受到的压力也是不同的。

影响压力感的主要因素有以下几种。

### （一）经验

当面对同一种情境时，经验会影响人们对压力的感受。有人曾对两组跳伞者的压力状况进行调查，结果发现，有过 100 次跳伞经验的人不但恐惧感小，而且会自觉地控制情绪，而没有跳伞经验的人在整个跳伞过程中恐惧感非常强。由此可见，增加经验能增强个体抵抗压力的能力。

### （二）认知和评价

认知和评价在增加压力感和缓解压力方面起着重要作用。面对同样的压力情境，有些人觉得非常痛苦，而有些人则可以平静地对待，这与他们对压力的认知和评价有关。当一个人面对压力时，在没有任何实际的压力反应之前，他会先辨认压力和评价压力。如果对压力的威胁性估计过大，对自己应付压力的能力估计过低，那么压力反应必然会大。例如，当你在安静的房间里看书时，忽然听到走廊里响起脚步声，如果你认为是将要入室抢劫的坏人来了，就会惊慌、恐惧，如果你认为是亲戚朋友来拜访，就会轻松、愉快。有人曾说，人类不是被问题本身困扰，而是被他们对问题的看法困扰。

### （三）性格

不同性格的人对压力的感受不同。那些竞争意识强、工作努力、争强好胜、说话办事讲求效率、时间紧迫感强、成天忙忙碌碌的 A 型性格的人在面对压力时，性格中的不利因素就会显现出来。A 型性格与心脏病有着密切的关系。研究发现，A 型性格者患心脏病的人数是 B 型性格者患心脏病的人数的 2～3 倍。B 型性格的人个性随和，生活悠闲，对工作要求不高，对成败与得失看得很淡。

（四）环境

一个人的压力来源与他所处的小环境有直接关系，小环境主要指工作单位、家庭等。工作中角色不明、沟通不良等都会使人产生压力感。家庭的压力常常来源于夫妻关系、子女教育、家务劳动分配、邻里关系等。如果工作称心如意，家庭和睦美满，来自环境的压力就会很小。

## 第二节　健康概述

20 世纪初，美国耶鲁大学学生比尔斯因为从小目睹患有癫痫病的哥哥发病时痛苦的样子，非常害怕，担心自己有一天也会这样，所以一直生活在恐惧、焦虑之中。终于有一天，他因为长期的精神负担而崩溃，自杀未遂，被送进了精神病院。住院期间，比尔斯亲眼看见并亲身感受到了精神病患者所遭受的种种不公平待遇。3 年之后，他病愈出院，毅然投身于心理卫生事业。1908 年 3 月，比尔斯根据自己的亲身经历撰写了《自觉之心》一书，著名的心理学家詹姆斯对该书做出了高度评价。自此，一场以保持和促进心理健康、防御和治疗心理疾病、维护和增进人类幸福为主题的心理健康运动正式兴起，并迅速传遍美国直至世界各地。

### 一、科学的健康观念

根据世界卫生组织的解释，健康不仅指一个人在身体上没有出现疾病或虚弱现象，而且指一个人在生理上、心理上处于较好的状态。世界卫生组织提出了健康的十个标准。

（1）有充沛的精力，能从容不迫地承担繁重的工作，而且不会感到非常紧张、疲劳。

（2）积极、乐观，乐于承担责任，不挑剔。

（3）睡眠质量好。

（4）应变能力强，能适应外界环境的各种变化。

（5）能够抵抗一般性的感冒和传染病。

（6）体重适当，身体匀称。

（7）眼睛明亮，眼睑不易发炎。

（8）牙齿清洁，无龋齿，牙龈颜色正常，无出血现象。

（9）头发有光泽，无头屑。

（10）皮肤有弹性。

健康的含义是多元的，包括生理、心理和社会适应性三个方面，其中，社会适应性归根结底取决于生理和心理状况。心理健康是身体健康的精神支柱，身体健康又是心理健康的物质基础。良好的情绪状态可以使生理功能处于最佳状态，反之，则会破坏某种生理功能而引起疾病。身体状况的改变可能会带来相应的心理问题，生理上的缺陷、疾病，往往会使人感到烦恼、焦躁、忧虑，从而导致各种不正常的心理状态。

由此可见，健康包括生理和心理两个方面，缺一不可。衡量一个人是否健康，必须从生理、心理、行为等方面进行分析，不仅要看他有没有身体上的器质性或功能性异常，还要看他有没有主观不适感，有没有社会公认的不健康行为。

## 二、心理健康的概念

从广义上讲，心理健康是一种高效的、令人满意的、持续的心理状态；从狭义上讲，心理健康是指人的基本心理活动的过程内容完整、协调一致，即知、情、意、行、人格完整、协调一致。

### （一）判断心理健康与否的方法

一个人心理健康与否，可以从以下三个方面进行判断。

（1）心理活动与外部环境是否具有统一性。

（2）心理活动的过程是否具有完整性和协调性。

（3）心理特征是否具有相对的稳定性。

### （二）心理健康水平的等级

根据国内外的研究与实践，人的心理健康水平大致可以分为三个等级。

（1）一般常态心理。具体表现是心情愉快，适应能力强，能与他人很好地相处，具有承受挫折、调节情绪的能力。

（2）轻度失调心理。具体表现是与他人相处时略感困难，独自应对生活、工作时，感觉有些吃力。如果能主动进行调节或寻求专业人士的帮助，可以恢复健康。

（3）严重病态心理。具体表现是长期处于焦虑、痛苦等消极情绪中，严重影响正常的生活和工作。如果不及时接受治疗，长期发展下去可能会成为精神病患者。

## 三、心理健康的标准

心理学家一般从个体适应环境的角度提出心理健康的标准，包括自我意识的水平、调控情绪的能力、忍受挫折的能力、社会交往能力、适应环境的能力等。

综合国内、外学者和专家对心理健康标准的论述，结合我国的实际情况，我们将心理健康的标准总结为以下七个方面。

### （一）智力正常

智力是一种以大脑的神经活动为基础的，偏重于认知方面的潜在能力，其核心是抽象思维能力。智力正常是一个人正常生活最基本的心理条件，也是衡量一个人心理是否健康的重要标准。

### （二）情绪稳定、协调

情绪可以分为积极情绪和消极情绪。积极情绪包括愉快、高兴、兴奋等，消极情绪包括伤心、郁闷、恐惧等。一个心理健康的人，其身心一般处于乐观、积极的状态，对生活充满希望，并且情绪反应符合周围的环境，同时善于控制自己的情绪，在适当的时候能通过合理的方式宣泄自己的消极情绪。

### （三）有正确的自我意识

正确的自我意识是指人们对自己的各个方面都能进行全面、客观的分析，面对自己的优点时，不骄不躁，不狂妄自大，并且能产生相应的自豪感；面对自己的不足时，不自暴自弃，并且能尽自己最大的努力不断地完善自己。

### （四）人际关系良好

良好的人际关系是衡量一个人心理是否健康的重要标准。心理健康的人，乐于与他人交往，并且在交往过程中，能愉快地接纳自己与他人。

### （五）人格健全、统一

一个人的人格能体现其独特的心理特征。也就是说，人格能反映一个人的心理和行为，包括兴趣、理想、动机和价值观等。健全、统一的人格，是指一个人的所思所想与其所说所做的能完全一致，并且内心感到愉快；能正确地评估自己的能力，设定符合自己实际的生活目标；能根据环境的变化，及时调整目标。

### （六）有较强的社会适应能力

心理健康的人能正确认识社会现实，对环境做出客观的评价，不歪曲事实；珍惜和热爱生活，能在生活中感受到不同的乐趣；能积极、主动地适应和改造环境，使自己的言行举止符合周围环境的需要。

### （七）心理与行为符合年龄特征

人的一生要经历七个心理时期，分别是婴儿期、幼儿期、童年期、少年期、青年期、中年期、老年期。个体在每个心理时期都有不同的心理特点。个体的心理与行为总是随着年龄的增长不断变化。每个人的认识、情感、言行应该符合自己的年龄特征，这才是心理健康的表现。

## 四、压力与疾病

### （一）压力与心血管系统疾病

压力对心血管系统有很大影响。当人处于压力状态下时，心跳会加快，血压会显著升高。如今，许多发达国家和发展中国家所有死亡（包括意外死亡）中有一半是由心血管系统疾病引起的。现在，很多国家都将心脏病列为健康的头号“敌人”。

研究表明，导致冠心病的与压力有关的因素有以下几种：工作努力但对工作不满意；不被领导欣赏；承担的责任过多；和领导、同事有严重并且持续的人际关系冲突；面临失业或者类似的其他威胁。长期处于压力之下还会导致心律失常、心绞痛、心肌梗死和动脉硬化等心血管系统疾病。

### （二）压力与消化系统疾病

常见的消化系统疾病包括消化道溃疡、胃炎、肠炎、阑尾炎、便秘等。统计显示，至少有10％的人受到消化系统问题的困扰。

有人曾对不同职业人员的健康记录进行了分析，结果发现，采用高血压、冠心病和消化道溃疡作为压力的评价指标时，最有压力的群体是不熟练的技工、装配线检查员、中层管理者、行政负责人、服务生。

### （三）压力与免疫系统疾病

免疫系统相当于身体的防卫系统，它的作用是保护我们的身体免遭细菌、病毒的侵犯。过度操劳、疲惫不堪会使免疫系统的防卫能力下降，此时，人体会十分容易受到细菌、病毒的攻击。

### （四）压力与骨骼肌肉系统疾病

压力会导致腰痛、肌肉疼痛等。肌肉紧张本身是一种正常的压力反应，但是，当这种压力反应过度的时候，结果就可想而知了。

### （五）压力与精神心理疾病

除了身体上的疾病之外，承受压力的人还经历着非常痛苦的心理过程。一个情绪不稳定的人通常不能够做出正确的判断。压力阻碍了他们与其他人的有效沟通，并且会引起酗酒、吸毒、人际关系不良、失眠等。抑郁作为压力反应的一个重要表现，在健康方面是一个重要的评价指标。研究表明，抑郁的人死于心脏病的风险更高。

# 第三节　压力的应对

压力在日常生活中不可避免，我们应该如何应对压力呢？为了更好地应对压力，我们应该了解面对压力时解决问题的过程、应对压力的策略和方法。

## 一、面对压力时解决问题的过程

个体从面临压力到解决问题一般要经历三个阶段。

第一个阶段为冲击阶段。如果冲击过大，会使人感到惊慌、不知所措。例如，突然听到亲人过世的消息，大多数人会发愣、惊慌，只有少数人能保持镇定和冷静。

第二个阶段为安定阶段。在这个阶段，当事人会努力地控制情绪，使受到损害的认知功能得以恢复。

第三个阶段为解决问题阶段。在这个阶段，当事人会将自己的注意力转向引起压力的刺激，冷静地分析压力产生的原因，并努力地解决问题。

## 二、应对压力的策略

一般而言，应对压力的策略有两种：处理困扰与减轻不适感，如表 13-1 所示。

表 13-1　应对压力的策略

| | 处理困扰 | 减轻不适感 |
|---|---|---|
| 定义 | 直接改变压力源或改变个人与压力源的关系 | 通过使自己觉得较舒适的活动调节情绪 |
| 具体方法 | (1)攻击；<br>(2)逃避；<br>(3)寻找其他途径(如商讨、交涉等) | (1)以身体为主的活动(如使用药物、放松等)；<br>(2)以认知为主的活动(如分散注意力、幻想等) |

**拓展阅读**

**合理宣泄不良情绪**

(1) 说一说：向同学、朋友、心理医生等倾诉。

(2) 写一写：在日记、博客、朋友圈中写下烦恼和痛苦。

(3) 哭一哭：男儿有泪不轻弹是错误的，流泪可以让压力得到释放。

(4) 喊一喊：在没有人的地方大声喊叫。

(5) 跳一跳：运动可以使人心情愉快。

(6) 笑一笑：一个人在大笑的时候，压力会得到释放。

## 三、应对压力的方法

常用的应对压力的方法有以下几种。

### (一) 正确地认识自我

我们应该了解自己的能力，制定合理的目标。人们往往会把自己看作一切的中心，高估别人对自己的关注度。其实，别人并不会像我们自己那样关注我们。

### (二) 培养广泛的兴趣和爱好

生活中有许多压力事件我们可能暂时无法很好地解决，可能在一段时间内，这些压力事件会始终伴随着我们。我们可以通过培养广泛的兴趣和爱好来减轻压力感。

### (三) 积极参与社会交往

心理压力很大时，尽量不要独处，要积极参与社会交往，这样可以减轻压力感。

### (四) 改变对压力事件的看法

改变对压力事件的看法，改变不合理的观念，换一个角度去看问题，有助于减轻压力感。

对考试压力的认知调整如表 13-2 所示。

**表 13-2　对考试压力的认知调整**

| 易产生压力的认知 | 调整后的认知 |
|---|---|
| (1) 考试成功是人生最重要的事情。 | (1) 考试成功不是人生最重要的事情。 |
| (2) 考试失败说明自己无能。 | (2) 失败是成功之母。 |
| (3) 如果考不好,就对不起父母。 | (3) 读书是自己的事,只要尽力就可以了。 |
| (4) 别人成绩比我好,我受不了。 | (4) 别人成绩比我好,我为他们感到高兴。 |

### (五) 放松训练

放松训练是指身体和精神状态由紧张变为松弛的过程。放松训练一般是在安静的环境中按一定的要求完成特定的动作,通过反复的练习,使人学会有意识地控制自身的心理和生理活动,以增强适应能力,调整因过度紧张而造成的生理、心理功能失调,起到预防和治疗的作用。放松主要是消除肌肉的紧张。在所有生理系统中,只有肌肉系统是我们可以直接控制的。放松可以通过呼吸放松、想象放松、静坐放松等方法进行。

### (六) 寻求专业人士的帮助

当你通过各种方式,仍然不能有效地缓解心理压力时,你就需要寻求专业人士(如心理咨询师、心理治疗师、精神科医生等)的帮助。

## 拓展阅读

### 管理好自己的时间①

现代人的生活节奏越来越快,压力也越来越大。如果你永远觉得时间不够,你就会感到持久的慢性压力。与此相反,如果你能有效地安排时间,你就会觉得比较轻松。你为完成了工作而感到满足,时间就不会像你感到痛苦时那样难熬。你有了成就感,压力也就得到了缓解。

善于管理时间,对在什么时间应该做什么事情都有很好的规划,压力自然会减小许多。相反,眉毛、胡子一把抓,时间无情地流逝了,该做的事情却都没做好,越是着急,事情就越是做不好,这样就会增加自己的压力。

(1) 善待时间

研究表明,人的正常体温在一天中的变化可达到 1.65 摄氏度。体温变化会影响工作效率、精神集中程度及心理状态。

我们可以检测一下自己的生物节奏,用工作效率高的时间处理复杂的事情,工作效率低的时间则用来整理文件、打扫卫生等。

(2) 做事要有计划

① 时间管理是指通过事先规划和运用一定的技巧、方法与工具实现对时间的灵活、有效运用,从而实现个人或组织的既定目标。

专家认为，事先花一点时间去制订计划，可以提高工作效率。事先花20分钟筹划，之后就不必花一个小时去考虑接下来该做什么事。不要把所有活动都记在脑子里，要把要做的事写下来，让脑子做更有创意的事情。

（3）凡事分清轻重缓急

当你面对一堆文件时，你可以将这些文件分成“处理”（需要处理的文件）、“阅读”（需要阅读的文件）和“存档”（将来可供参考的文件）三类，并把第一类文件放在办公桌上显眼的地方，其余两类文件则放在一旁，这样就可以避免分心而浪费时间。

（4）稍事休息

充分利用时间并不等于每一刻都埋头苦干。在日常工作中稍事休息，可以帮助我们做得更快、更好。中午打个盹有助于恢复体力，运动一下有助于放松身体，这样都有利于提高工作效率。

## 四、心理咨询

心理咨询可以帮助人们有效地缓解压力，提高生活质量。

### （一）心理咨询的含义和特点

心理咨询是指由受过专门训练的咨询者运用心理学的理论与技术，通过语言及非语言的交流，向来访者提供帮助和教育，使来访者改变认识、情感和态度，解决其在生活、学习、工作等方面遇到的问题，促进来访者人格的发展和社会适应能力的提高。

心理咨询具有以下特点。

（1）心理咨询是助人自助。心理咨询不仅是解决某些具体的心理问题，更多的是通过交谈等方式启发来访者全面地了解自己，找到自己身上的潜在力量，学会自己克服成长过程中的障碍。

（2）心理咨询是人际互动的过程。心理咨询既不依靠药物治疗，也不依靠理论说教，而是依靠咨询者与来访者之间的交流互动，实现咨询目标。

（3）心理咨询具有“心理性”。心理咨询是在心理学原理的指导下，按照心理规律进行辅导的过程。

（4）心理咨询有一个安全的心理空间。咨询者一般都会遵守为来访者保密的职业纪律，这样就可以为心理咨询提供一个独特的安全的心理空间，从而为心理问题的解决提供安全保障。

（5）心理咨询是一个过程。心理咨询要解决的可能不仅仅是某一个具体问题，而是各种原因所导致的各种困扰。同时，个体的心理成长、行为改变，也不是一蹴而就的。因此，心理咨询通常是一个或长或短的发展过程。

### （二）心理咨询的主要服务形式

#### 1. 咨询室个体咨询

说到心理咨询，大部分人脑海中浮现的是在一个安静的房间里，一位咨询者与一位来访者交谈的情景。的确，这是心理咨询主要的服务形式。咨询室通常设计得安静、温馨，不会受到外界的干扰，便于双方交流互动。咨询室个体咨询安全度高，有利于来访者自由倾诉，也有利于处理各类心理问题。

**2. 社区咨询**

社区咨询是在社区这种特定的情境下，通过咨询者与来访者或社区内有关成员之间的相互作用，帮助来访者克服障碍，解决问题，提高认识的过程。在社区咨询中，既可以将社区看作来访者，对这一个整体进行干预，也可以将社区看作心理治疗的环境。社区具有两重性，社区既可以成为心理干预的积极的资源、工具，也可以成为造成各种障碍的条件。社区咨询的一个重要任务在于预防。

社区咨询涉及的内容很广泛，如家庭问题、个体的心理健康与发展问题、社区中某一特定群体的问题等。社区咨询机构的形式也有很多种，如小型疗养所、智力障碍者的庇护所、随访中心等。社区咨询机构还会经常举办宣传活动，普及心理卫生知识。

**3. 医学心理咨询**

医学心理咨询是指许多大、中型医疗机构提供的心理咨询服务。医学心理咨询的主要服务对象是经医生诊断证实具有某种心理障碍，或自己认为有心理疾病而来请求咨询帮助的人。

医学心理咨询大多在医院内进行，包括综合性医院和专科医院。此外，有些康复医疗机构、疗养院、临床心理学研究机构等，也会提供心理咨询服务。

### （三）什么情况下需要寻求心理咨询？

对于大学生来说，遇到下列情况时可以寻求心理咨询。

**1. 学业迷茫**

许多同学在进入大学之前，没有很好地了解大学各专业的特点以及自己的兴趣，进入大学后通常会感到非常迷茫，找不到学习的方向，看不到就业的前景，整个生活陷入一种混乱、低迷的状态。出现这种情况时，可以寻求心理咨询。

**2. 人际交往困难**

在进入大学之前，同学们都忙于学习，想法相对比较单纯，再加上同学大部分都是本地人，生活习惯比较接近，所以同学之间相处矛盾相对较少。但到大学后，不仅同学来自四面八方，生活习惯差异大，而且想法复杂，个性差异明显，所以社会适应能力差的同学在人际交往过程中难免会感到困惑。在这种情况下，也可以寻求心理咨询，学习人际交往之道。

**3. 与父母沟通困难**

进入大学后，随着独立生活的开始，许多同学个性化的想法常常不能得到父母的认同，对于父母的许多要求，他们也不能完全满足。很多时候，他们会觉得与父母沟通非常困难。遇到这种情况，除了可以向亲戚和朋友寻求帮助以外，也可以向心理咨询师寻求帮助。

**4. 恋爱失败**

恋爱失败是大学生经常面临的状况。有些大学生恋爱失败后，会意志消沉，对生活失去希望。虽然心理咨询师不能为他们介绍对象，但是可以帮助他们找回自我，使其重燃希望。

**5. 家人出现意外**

部分同学在校读书期间，会遇到家人出现意外的情况，有的是父母生意失败，有的是父母离异，有的是亲人离世，这些都可能使当事人陷入无助的状态。这时，及时走进心理咨询室，是他们最佳的选择。

**6. 较长时间受到某种想法或情绪的困扰**

有些同学会感到，一段时间以来，有些想法总是困扰着自己，明知没有意义，却挥之不去，弄得自己心烦意乱，严重影响自己的正常学习和生活；有些同学会较长时间受到不良情绪的困扰，但是又找不到原因，不知道如何走出来。在这些情况下，都可以向心理咨询师寻求帮助。

**7. 突然出现某种自己不能调控的状况**

生活中总会出现许多意外情况，有的给我们带来惊喜，有的却使我们不知所措。无论事情是大还是小，关键在于自己怎么想。例如，一位同学去商店买东西，谁知刷卡时怎么也刷不成功，虽然收款员没有责备他，但他却觉得自己像一个故意拿没有钱的卡欺骗别人的骗子，他当时就感到无地自容，回到学校后很长一段时间都不敢正视别人，感到十分难受。在这种情况下，他应该及时寻求心理咨询。

**8. 身患疾病，心中茫然**

每个人都会生病，但每个人对疾病的感受不一样。有的人会因为生病而感到茫然，甚至绝望，这时，他可以寻求心理咨询师的帮助。

## 【课后思考】

1. 简述压力的定义和特点。
2. 谈一谈你最近面临的压力，并找出压力源。
3. 根据心理健康的标准，你觉得自己的心理是否健康？
4. 压力会导致哪些疾病？
5. 应对压力的方法有哪些？如何将这些应对压力的方法应用到生活中？

# 第十四章
# 积极心理

## 案例导入

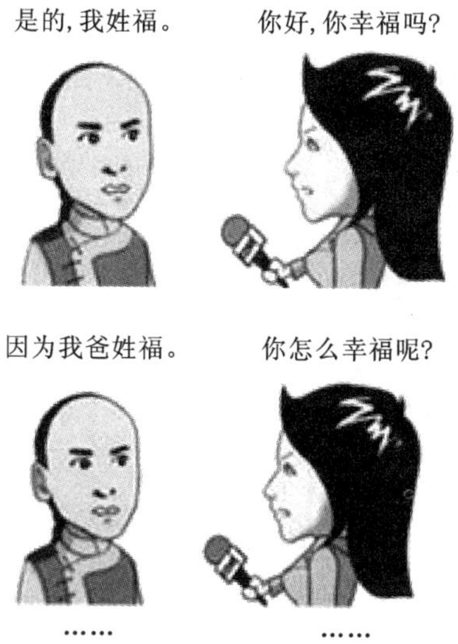


当有人突然问你“你幸福吗”这个问题时，你的第一反应会像上面漫画中的人一样，想到的是“姓福”而非“幸福”吗？在心理学领域，有一个非常重要的研究方向，它可以帮助我们了解人类有哪些优势，我们应该如何利用这些优势让自己变得更好。在本书的最后一章，让我们一起了解积极心理，看看心理学如何让我们变得更幸福。

# 第一节　积极心理概述

## 一、什么是积极心理?

不知道大家在刚接触心理学的时候，有没有过这样的想法：

什么？心理学？
那你岂不是可以知道我正在想什么？
那不就是一天到晚要跟精神障碍患者打交道？
好可怕！

如果有，这也不奇怪。很多不了解心理学的人都会有这样的误解。相信各位同学在学习完本书前面的章节后，已经对心理学有了比较清晰的认识。不知道大家有没有思考过，为什么一直以来，心理学给人的印象更像是一种药物，但凡知道自己身边的人去看过心理医生，难免会觉得这个人可能“有问题”。通过了解近现代心理学的发展史，我们可以发现，20世纪初，应用心理学和精神病学注重研究人类的弱点。抑郁、狂躁等是主要的研究对象。这种心理称为消极心理。进入21世纪后,有一个问题时常被人提起:“人类的优势是什么?”人们似乎已经意识到,除了消极心理之外,我们也应该关注与其相反的一面。其实在此之前,已有心理学家开始研究人类心理积极的一面,在1998年,塞利格曼等人正式创立了积极心理学,提出积极心理学是研究人类的优势的学科。积极心理和前面提到的消极心理有什么区别呢?图14-1可以帮助我们理解这个问题。

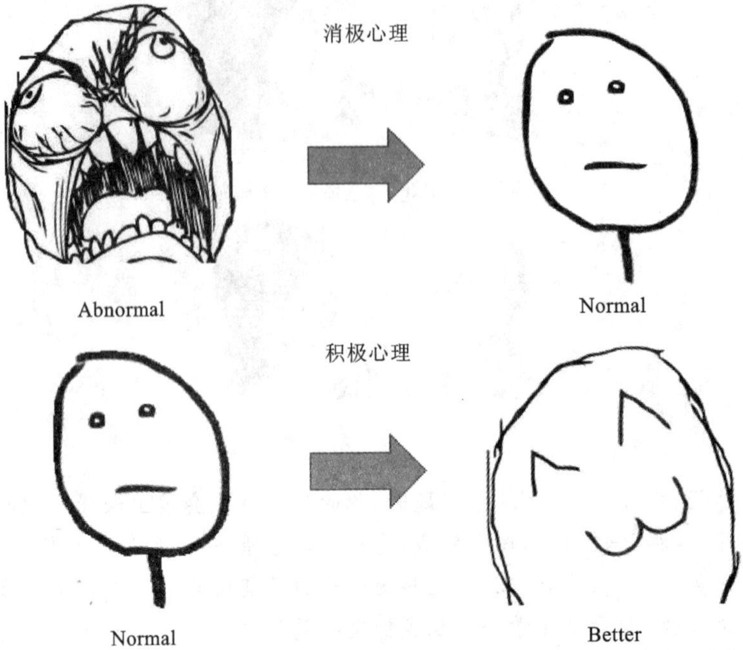


**图 14-1　消极心理与积极心理**

简单来说,研究消极心理的目的是让人从不正常的状态回到正常的状态,而研究积极心理的目的则是发掘人的潜能,找到人类的优势,让人从正常的状态进入更好的状态。需要注意的是,虽然从字面上理解,积极心理与消极心理是对立的,但是研究积极心理的一个重要前提是承认消极心理研究的贡献,人类确实存在着各种各样的心理问题,为了摆脱这方面的困扰,消极心理的研究起到了重要作用。

## 二、西方视角下的积极心理

在西方文化中,“希望”一词占据着非常重要的地位。在希腊神话中,潘多拉魔盒的故事包含着希望的成分。这个故事有两个版本。

在第一个版本中,宙斯创造了潘多拉,目的是报复普罗米修斯将盗取的火种带到人间。宙斯赋予了潘多拉惊艳的外表和撒谎、欺骗等恶习,并让她带着魔盒来到人间。宙斯警告潘多拉不要打开魔盒,当然他心里很清楚,这样一来,潘多拉是肯定会打开魔盒的。灾祸随着魔盒的打开降临到人间的每一个角落,唯一留在魔盒里的是希望,但这个故事并不是告诉人们要努力地寻找希望,而是告诉人们希望其实根本就不存在。

在另一个版本中,希望连同灾祸一起流入人间,最终,希望成为人们战胜灾祸的武器。

从这两个版本的故事中,我们可以看出希腊人对于希望的矛盾心态。

从本质上来讲，西方文明史就是犹太教和基督教的历史。早期的西方文明中包含着许多与希望有关的要素，在《圣经》中可以清楚地发现这一点："愿你的国度降临，愿你的旨意行在地上"[①]"受造之物仍然指望脱离败坏的辖制，得享神儿女自由的荣耀"[②]。这些内容反映出上帝带给人间美好的希望。今天，在医疗条件相对落后的地区，仍然有很多人信奉基督教，因为人们需要一种信念来战胜病痛，人们需要一种东西来展望未来，这就是希望。

在文艺复兴之前，愚昧和压迫充斥着各处，只有修道院和学校依然保持着对希望的追求。

文艺复兴时期，希望被定义为与人们的现世而非来世相关的概念，这也促使人们开始努力地为现世的生活设立目标，而非为来世修行。在某种程度上，宗教希望在文艺复兴时期显得不那么重要了。这个时期的焦点变成了对当下生活的预期。宗教希望逐渐淡出。Farley认为，宗教希望中愿望的被动性阻碍了人们对现世希望的追求，因为在宗教希望中，人们接收到的是这样的信息：所有的事物都将变好。宗教希望在某种程度上让人过度地关注美好的未来，阻碍了人们对现世希望的追求，导致个体的注意力无法集中在当下要做的事情上。

## 三、东方视角下的积极心理

在东方文化中，世间万物永远都在变化，没有什么事情是永远好的，也没有什么事情是永远坏的，好与坏往往是在永久的循环中相互渗透。如果说"希望"在西方文化的积极心理中占据着重要的位置，那么在东方文化的积极心理中，这个关键词就是"平衡"。好与坏的平衡在生活中无处不在，东方人对平衡的追求和渴望是东方人与西方人非常明显的一个区别。要想了解积极心理在东方文化中是以何种形式存在的，我们可以简单地了解儒家思想、道家思想、佛教教义。

### （一）儒家思想

儒家思想在中国传播了几千年，具有非常大的影响力。培养美德是儒家思想的核心。在儒家思想中，最重要的五种美德是仁、义、礼、智、信。仁之所以处于首位，是因为在孔子看来，仁可以概括其他四种美德。义强调恰当地对待他人，勇于承担责任。礼强调尊重他人。智指智慧。信指诚信。直到今天，我们的道德观依然受儒家思想的影响，我们依然将道德水平的提高视为个人发展的最高层次。

### （二）道家思想

"道"虽然只有一个字，但是是道家思想的重要概念。万物皆有道，却难以言传。人们要想悟道，必须亲自在生活中体验。道家崇尚自然，提倡与自然和谐相处。

### （三）佛教教义

在佛教教义中，四谛是指苦谛、集谛、灭谛和道谛。

---

① 莱尔：《〈马太福音〉释经默想》，梁曙东译，生活·读书·新知三联书店，2015年。

② 坎伯·摩根：《罗马书》，巩咏梅，于国宽译，上海三联书店，2014年。

(1) 苦谛。人生是由各种苦难组成的，人从出生到死亡在本质上都是痛苦的。

(2) 集谛。所有苦难都来自对现实本质的无知和由此造成的贪、嗔、痴。

(3) 灭谛。通过克服无知可以结束苦难。

(4) 道谛。从苦难中解脱的方法是八正道：①正见，指坚持佛教四谛的真理；②正思维，指根据四谛的真理进行思维；③正语，指不说谎；④正业，指一切行为都要符合佛教教义，没有杀生、偷盗等行为；⑤正命；⑥正精进，指努力地修行佛法；⑦正念；⑧正定。

在佛教的思想中，只要存在欲望，就会有苦难。只有达到涅槃的境界，苦难才会减轻。佛教非常重视美德，四无量心是其中最重要的，包括慈、悲、喜、舍。

# 第二节 积极心理的相关理论

## 一、快乐

David Watson 曾对消极情绪和积极情绪进行过研究，并编制了积极情绪和消极情绪量表(见表 14-1)。

表 14-1 积极情绪和消极情绪量表

| 情绪 | 分值 | | | | |
|---|---|---|---|---|---|
| | 很少或根本没有 | 有一点 | 中等 | 很多 | 非常多 |
| 很感兴趣 | 1 | 2 | 3 | 4 | 5 |
| 苦恼 | 1 | 2 | 3 | 4 | 5 |
| 兴奋 | 1 | 2 | 3 | 4 | 5 |
| 不快 | 1 | 2 | 3 | 4 | 5 |
| 坚强 | 1 | 2 | 3 | 4 | 5 |
| 内疚 | 1 | 2 | 3 | 4 | 5 |
| 恐惧 | 1 | 2 | 3 | 4 | 5 |
| 敌意 | 1 | 2 | 3 | 4 | 5 |
| 热情 | 1 | 2 | 3 | 4 | 5 |
| 自豪 | 1 | 2 | 3 | 4 | 5 |
| 易怒 | 1 | 2 | 3 | 4 | 5 |
| 警觉 | 1 | 2 | 3 | 4 | 5 |

续表

| 情　绪 | 分　值 | | | | |
|---|---|---|---|---|---|
| | 很少或根本没有 | 有一点 | 中等 | 很多 | 非常多 |
| 惭愧 | 1 | 2 | 3 | 4 | 5 |
| 激动 | 1 | 2 | 3 | 4 | 5 |
| 紧张 | 1 | 2 | 3 | 4 | 5 |
| 坚决 | 1 | 2 | 3 | 4 | 5 |
| 专心 | 1 | 2 | 3 | 4 | 5 |
| 焦虑 | 1 | 2 | 3 | 4 | 5 |
| 活跃 | 1 | 2 | 3 | 4 | 5 |
| 害怕 | 1 | 2 | 3 | 4 | 5 |

康奈尔大学的 Alice Isen 在积极情绪领域有多年的研究经验，她发现，当个体体验到适度的积极情绪时，会出现以下几种情况：①更愿意帮助他人；②思维更具有灵活性；③更容易想出解决问题的办法。

Fredrickson 提出了拓展-建构理论，该理论呈现了积极情绪促进个体向上发展的作用机制，其中，拓展功能和建构功能是该理论的核心部分。Fredrickson 在验证该理论时，发现快乐的情绪体验可以拓宽个体此刻想要做的事情的范围。Fredrickson 首先通过一组影片唤起被试不同的情绪（包括积极情绪、消极情绪和中性情绪），然后让被试列出此时此刻想要做的事情，实验结果如图 14-2 所示。实验结果表明，那些积极情绪被唤起的被试列出了更多想要做的事情，其状态表现为更多的快乐情绪的表达、更多的满足感，中性情绪或消极情绪被唤起的被试则倾向于不再去想接下来要做的事情，其状态表现为更多的消极情绪的表达。

简单来说，快乐可以让我们有许多新的思想和行动，而消极情绪则会抑制我们的思想和行动。快乐可以增加我们对他人做出积极行为的可能性，以及与他人发展更积极的关系的可能性。快乐引发的游戏活动是相当重要的，在进化的过程中，这样的游戏活动有助于个体获得更多的资源。儿童通过游戏可以发展出持久的社会和智力资源，并促进大脑的发育。

## 二、智慧和勇气

Niebuhr 曾说："愿上帝赐予我从容去接受我不能改变的，赐予我勇气去改变我能够改变的，赐予我智慧去分辨两者的区别。"有些哲学家把智慧和勇气看成是四大美德中的两种（另外两种是正义和节制），这些美德能促进个体发展，通过实践，它们可以引起社会资源的发展，从而促进其他人成长。智慧能让人从更加理性的视角去认识世界，勇气则可以帮助个

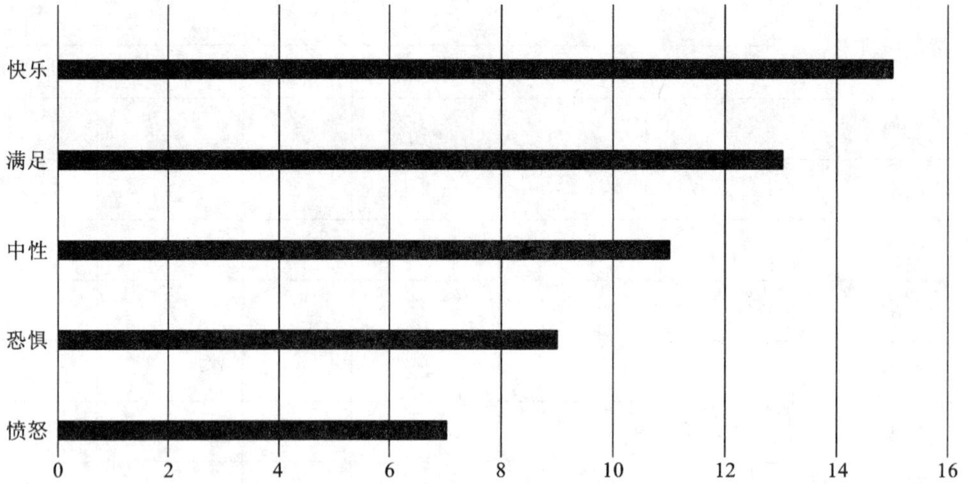


图 14-2　积极情绪的拓展作用

体克服困难，实现目标，完善自我。智慧和勇气都展示了人类的不凡之处，人类可以同时表现出这两种优秀品质。

## （一）智慧

最初，人们对于智慧的讨论主要集中在这样一个问题上：智慧究竟是世人普遍具有的品质，还是只有圣贤才具备的品质。1922 年，美国心理学会的创始人霍尔研究了人在衰老过程中获得智慧的问题，他的理论一直被认为属于宗教和哲学的范畴。直到 1975 年，心理学家才开始集中研究“智慧”一词，为这个对于人们来说并不陌生的词汇赋予了更加丰富的心理学意义。下面，我们将简单介绍与智慧有关的心理学理论。

**1. 智慧的内隐论**

Clayton 通过分析发现智慧具有三个维度：①情感的（同理心）；②反思的（知觉和内省）；③认知的（经验和智力）。Sternberg 认为智慧包括六个核心成分：推理能力、睿智、从不同环境中学习、判断能力、有效地利用信息、洞察力。

**2. 智慧的外显论**

智慧的外显论将目光聚集在智慧的行为表现上，强调知识在人们追求卓越的过程中的重要性。

著名的认知心理学家皮亚杰提出了认知发展理论。该理论认为，个体在儿童期的思维模式呈现出阶段性发展的特征。儿童在成长的过程中，会先后经历感知运动阶段（主要通过感官和行动来探索世界）、前运算阶段（通过使用简单的符号来进行思维）、具体运算阶段（通过逻辑思维理解经验）和形式运算阶段（根据假设进行逻辑推理）四个阶段。

在心理学领域关于智慧的理论中，Sternberg 的智慧平衡理论具有非常大的影响力。该理论认为，实践智力背后的隐性知识可以帮助我们平衡自己和他人的利益。在 Sternberg

看来，当存在利益冲突时，智慧可以帮助我们做出正确的判断，它能帮助我们权衡双方的利益，在不损害双方利益的前提下，选择最佳的应对方式。比如，中国家庭矛盾中常见的婆媳之间的矛盾，要想处理好此类矛盾，丈夫需要具有很高的智慧，一味地偏袒某一方，或者完全放任不管，都会让矛盾不断激化，丈夫需要在母亲和妻子之间不断地协调，这样才能使家庭变得和睦。

你可能会问，我们常说的智力和智慧是一回事吗？尽管二者在某些理论体系中比较相似，但我们可以根据它们在日常生活中所起的作用来对它们进行区分：智力提供基本知识，涉及个人的生存，而智慧则涉及个人的发展。

### （二）勇气

勇气也是一种美德。不同领域的学者对勇气的定义是不相同的。

海明威认为勇气是压力之下的优雅风度。亚里士多德认为勇气是在涉及恐惧和信心的情况下采取适当的行动的倾向。Peterson 和 Seligman 认为勇气包括英勇、真挚、兴趣、热情和毅力。还有一些学者则认为，勇气由身体勇气、道德勇气和生命力勇气组成。

身体勇气是指行动者不顾身体危险采取行动，例如，消防员在火灾现场奋不顾身地救人。

道德勇气是指在面对反对的声音时，依然能够冒着风险采取行动，例如，决策层为了企业能够更好地发展，在遭到许多人反对的情况下，依然坚持对企业内部做出结构性调整。有时候，道德勇气还表现为敢于说真话，听真话，哪怕这么做可能会给对方或者自己造成一定的痛苦。相对于身体勇气对特殊情境的要求，需要道德勇气的情境更容易出现在我们的日常生活中。

生命力勇气是指面对疾病，尤其是重大疾病时表现得非常坚强，例如，癌症患者能非常乐观地面对自己的病情，并积极配合治疗。在面对重大疾病时，除了相应的治疗手段外，病人自身的心态也是影响治疗效果的重要因素。对于身患重病的人来说，情感类的社会支持往往比信息类以及物质类的社会支持更加有效，这也从侧面证明了病人的心态对于病情恢复的重要性。

恐惧是人类的一种基本情绪，它的积极意义在于，能够帮助我们认清什么事是危险的，是威胁到我们的生命安全的。勇气和恐惧往往是相伴的，但这并不意味着挑战恐惧就是勇敢的行为表现。智慧指引人的行为，让我们做出正确的选择。智慧的人能经得住时间的考验。身体勇气和生命力勇气帮助个体延长寿命，道德勇气帮助维护公正、公平。

## 三、幸福和主观幸福感

本章开头的漫画反映出在某种程度上，我们很少考虑和幸福感有关的话题。实际上，人类对幸福的思考和追求从未停止过，只是不同类型的人，对于幸福的定义是不同的。关于幸福的理论可以分为以下三种类型。

（1）需要/目标满足理论。弗洛伊德认为，紧张感的减轻和需要的满足会带来幸福感。马斯洛也提出，当个体当前的需求得到满足时，个体就会获得相应的幸福感，并在此基础上寻找更高层次的追求。这种因为需要得到满足而产生的幸福感使幸福成为许多人追求的目标。

(2) 过程/活动理论。该理论认为，投入到特定的活动中会让人产生幸福感。有学者认为，在日常生活中体验到流畅感的人通常非常幸福。流畅感是指个体投入到自己感兴趣的活动中，这些活动会对个体的技能提出挑战，但这种挑战是比较适中的，过易或过难的活动都不利于个体体验到流畅感。

(3) 遗传/人格理论。在很早之前，研究者就发现，幸福基准线的变化一般都会处于一个相对稳定的状态，个体间幸福感的差异在一定程度上可以反映个体间人格的差异。

主观幸福感是指人们对其生活质量所做的情感性和认知性的整体评价。早期的研究表明，富裕国家的人的主观幸福感比贫穷国家的人的主观幸福感更高。那么，我们是不是可以说越有钱就越幸福呢？实际上，当人们不用再为基本的温饱问题发愁的时候，主观幸福感与收入并没有太大的关系。还有研究表明，婚姻状况与主观幸福感有着很大关系，通常情况下，已婚人士比单身人士有着更高的主观幸福感，另外，婚姻质量也会影响主观幸福感。

Lyubomirsky，Sheldon 和 Schkade 指出，个体长期的幸福水平受到三个因素的影响：遗传、个体成长的环境、与幸福相关的实践活动。

## 拓展阅读

### 神奇的“时光穿越”实验

著名心理学家 Ellen J. Langer 在 1979 年做了一个实验。在实验中，她邀请了一批七八十岁的老年男性作为被试。实验开始前，Ellen J. Langer 让所有参与这一实验的人测量了视力、记忆力等。她将这些老人随机分为两组，对其中一组（“时光穿越者”）说，这个实验研究的是回到过去生活对人的心理所产生的影响；对另一组说，这个实验研究的是回忆过去的生活对人的心理所产生的影响。此后，她安排车辆将准备回到过去生活的老人送到一个乡村疗养院。为了帮助老人们调整好情绪，Ellen J. Langer 在旅途中一直在播放 1959 年的广播，并且在整个实验过程中，她一直在鼓励老人们表现得仿佛自己年轻了二十岁一样。例如，当他们到达目的地后，下车时没有人会扶他们，也没有人会帮他们搬行李。疗养院的卧室里摆放着他们 1959 年时的照片，大厅中摆放的物品也是那个时代的。Ellen J. Langer 告诉他们，在接下来的一段时间，所有关于过去的对话都要使用现在时态，并且对话中不能提及 1959 年之后发生的事情。几天后，Ellen J. Langer 发现，这些老人们走路变快了，人也更有自信。几周后，有几位老人甚至决定以后走路不再拄拐杖。很显然，这种年轻感并非只是老人们的主观感受，Ellen J. Langer 在实验过程中对老人进行了多种身体以及心理测试，结果发现“穿越时光”的老人们在灵活度、行动速度、记忆力、血压、视力、听力等方面都有所进步。有趣的是，“穿越时光”的老人中，有 60% 的老人在智力测试中表现得比之前好，而在另一组中，表现变好的老人只有 40%。心理神经免疫学的相关实验结果也表明，主观意识可以影响机体免疫系统的运转，良好的心态不仅能让人更加快乐，也可以提高身体健康水平。

随着时代的发展，幸福的概念变得更加多元化，层次更加丰富，这也反映出影响幸福的因素是多方面的。读到这里，想必你对幸福感已经有了比较全面的认识，也许你现在更关心这个问题：既然幸福感如此重要，那么怎样才能提升幸福感呢？下面，我们将介绍提升幸福感的一些方法。

# 第三节　如何提升幸福感

## 一、通过自我效能提升幸福感

1977 年，心理学家 Albert Bandura 发表了题为“自我效能：关于行为变化的综合理论”的论文。此后，自我效能成为积极心理研究领域内最热门的主题。Albert Bandura 把自我效能定义为人们相信自己有能力完成某项工作。从这个定义我们可以看出，自我效能更强调个体对于自身能力的一种预期，而非对于结果的预期。实际上，愚公移山的故事在本质上是一种自我效能的体现，愚公坚信自己可以完成移山的任务，哪怕自己这辈子完不成，他的信念也会影响他的家人，直至最终完成这个在他人看来无法完成的任务，最终，山被成功地移走了。

自我效能是在社会认知理论的基础上提出来的，该理论强调人们要主动塑造自己的生活，而不是被动地对环境做出反应。我们可以通过以下几种方法来培养自我效能感。

### （一）回想之前在类似情境下获得成功的经历

自我效能在本质上是个体对于自身能力的一种预期，这种预期在很大程度上受早期经历的影响，因此，当我们遇到问题时，我们可以从自己的早期经历中寻找与当前情境相似，并且成功解决问题的经历，以增强我们对于自身能力的预期。如果没有相关的成功经历，我们可以调整心态，把解决问题的过程视为个体发展所必须经历的阶段，淡化对事情结果的预期。这样一来，如果问题能顺利解决，自我效能感将得到较大的提升；如果问题无法顺利解决，由于事前淡化了对事情结果的预期，所以自我效能感不会受到太大的冲击。

### （二）向有成功经历的榜样学习

在面对需要解决问题的情境时，我们可以试着想一下：“如果是×××面对这种情境，他会怎么做？”他人的成功经历无疑会起到促进作用，通过向有成功经历的榜样学习，个体获得成功的可能性会大大提高。需要注意的是，在这里强调获得成功，并不是为了告诉大家成功的结果本身有多重要，而是因为这种经验对个体自我效能感的培养有很大的促进作用。

### （三）唤醒积极情绪

消极情绪往往会破坏自我效能感，而积极情绪则会强化自我效能感。在学校教育过程中，教师应当遵循一个基本的教育法则：奖励与惩罚并用。教师在对学生进行奖励的时候，要让学生知道，他获得奖励是因为他是一个很棒的人，要肯定他的能力和品质；在对学生进行惩罚时，只能针对他的行为，不能否定他这个人，否则，会使他的自我效能感遭到破坏。

在日常生活中，我们应扬长避短，而非取长补短，我们并不否认取长补短所带来的积极影响，只是相对来说，充分发挥自己的优势，更有利于强化个体的自我效能感。

## 二、学会利他和感恩

### （一）学会利他

小时候，父母和老师都教育我们要热心地帮助他人。在我国，助人为乐一直被视为一种优秀品质。利他是一种让别人受益的行为。利他行为能被个体的利己性动机驱动。自从文艺复兴以来，一直有这样一种观点：利己性动机是利他行为的最佳解释，我们之所以会做出利他行为是因为这样做对我们自己有利。这么说并不是否定那些带有利己性的助人行为，相反，这种行为是应当受到赞扬的，因为这样可以增加利他行为发生的频率。

有研究者发现，除了利己性动机外，同理心也是人们做出利他行为的重要因素。在某些情况下，促使个体做出利他行为的并不是利己性动机，而是同理心。也就是说，有时候，人们会出于同理心去帮助他人，自己实际上没有获得任何好处。需要强调的是，无论是出于利己性动机，还是出于同理心，只要这种利他行为能真正让有需要的人得到帮助，就是值得赞扬的。

如何让人们学会利他呢？从利己性的角度来说，帮助别人的行为会让个体获得更高水平的自尊，当个体意识到这一点时，往往会更愿意做出利他行为。帮助个体产生这样的积极感受的方法有：让个体去敬老院做义工、让个体去帮助那些需要志愿者提供帮助的人群。

从同理心的角度来说，对他人的处境产生更高的同理心可以促进利他行为的发生。增强个体同理心的方法有以下几种：①让个体更频繁地与需要帮助的人接触，使其进一步了解需要帮助的人的态度和动机，从而将助人由外部动机转化为内部动机；②指出个体与他人的相似之处，共同的身份会促进同理心的产生，当我们能够将他人视为和自己有着共同身份的“自己人”时，更容易做出利他行为。

### （二）学会感恩

在《现代汉语词典》中，感恩被定义为对别人所给的恩惠表示感激。唐代诗人陈润在《阙题》中提到：“丈夫不感恩，感恩宁有泪。心头感恩血，一滴染天地。”在中国的传统文化中，感恩是非常重要的一种品质。哲学家 Hummo 认为，不懂得感恩是人类最可恶的一种行为。

如何学会感恩呢？许多心理学家针对这个问题进行了系统性的研究，发现增强感恩的干预手段往往能取得比较好的效果，比如经常记录那些让人感恩的事情。我们可以试着每天思考以下三个和感恩有关的问题。

（1）别人为我做了什么？

（2）我为别人做了什么？

（3）我给别人增添了什么烦恼和麻烦？

要想获得更好的生活，不妨拿起笔，或者在微博里写下你的生活中值得感恩的事情，哪怕是再小的快乐，也是值得珍惜的。

## 三、有效地利用情绪体验

在心理学发展的某个时期，情绪曾被贴上许多负面的标签，例如，情绪是内心的野兽，强烈的情绪体验是一种非理性的表现。随着时代的发展，人们逐渐意识到，灵活地处理不同的情绪体验，以一种能产生积极结果的方式去处理积极情绪和消极情绪可以提高我们的生活质量。

### （一）提高情绪智力

Salovey 和 Mayer 认为，人们需要认知能力和情绪智力来指引行为，从而适应生活环境。情绪智力由以下四个维度组成。

#### 1. 感知情绪

感知情绪也就是我们通常所说的察言观色，这是我们在日常生活中经常使用的一种社交技巧。一般来说，在与他人交流的过程中，我们可以通过对方语气和语调的变化来感知对方的情绪。情绪变化的线索是多维度的，如语气、语调、眼神等，我们只有具备了丰富的经验和敏锐的观察力，才能准确地感知他人的情绪。对于刚踏入社会的年轻人来说，在掌握察言观色的技巧前，最好的方法是“少说，多看，多做”。

#### 2. 利用情绪来促进思维

情绪智力较高的人能驾驭情绪，并能利用情绪来解决问题。每个人都有最适合自己的情绪状态，有些人在平静的状态下工作/学习效率最高，有些人在亢奋的状态下思维最活跃，当我们找到了相应的情绪状态时，就可以刻意地在工作/学习时投入相应的情绪，从而提高工作/学习效率。

#### 3. 处理复杂的情绪

这个维度所反映的是个体处理情绪与情绪之间、情绪和行为之间的关系的技能。情绪智力的第一个维度帮助个体知道对方产生了怎样的情绪，而这种情绪意味着什么，在当前情境下为什么会产生这样的情绪，则需要个体进行进一步的分析。正确处理情绪和行为之间的关系，能促使我们根据环境的需要，做出适当的反应。

#### 4. 管理情绪

情绪管理涉及很多心境调节技能。调节意味着个体需要在不同的状态之前进行平衡。调节心境应当遵循一个基本的准则，即以开放的态度对待自己的情绪状态。

### 拓展阅读

**发生在我身边的故事**

这是一个发生在我身边的真实的故事。故事的主人公是我的一个学生，在我刚入职当班主任时，为了了解班上每个学生的情况，我翻阅了学生的信息卡，以及他们申请奖学金、助学金时所填写的资料。当我看到这个学生的信息时，“父母双亡”几个字让我心里有一种说不出的感受，虽然平时看新闻经常看到类似的报道，但当这样的事情发生在自己身边时，感受是完全不同的。之后，我特别关注这个学生。

该生家境贫困，再加上失去父母，导致她比较内向、自卑，平时在班上比较安静。学院领导曾想慰问一下家境贫困的学生，当她知道我准备向学院上报她的名字时，她谢绝了。好在她并没有因为自己的不幸经历而变得意志消沉，她凭借自己的努力，顺利地考上了本院的硕士研究生。本想着一切已经开始好转，然而噩耗却在那一刻突然传来。我清楚地记得那是在2016年的暑假，系主任突然告诉我这个学生正在武汉协和医院住院治疗。听到这个消息后，我心里产生了一丝不安：该生不是本地人，一般外地人来武汉协和医院住院只有一种情况，那就是病情已经到了非常严重的地步。当我们去医院看望她时，只有她的妹妹陪着她，她看上去非常消瘦，脸上虽然挂着笑容，但依然能看出疲惫。我们去找她的主治医生了解病情，主治医生的话让我们所有人非常难过：这个学生得的是癌症，而且是晚期，不适合手术。

她的事情在网上传开了，报社、电视台等也开始报道她的事迹，很多热心人知道她的情况后，都以各种方式向她伸出了援手。在她接受化疗的期间，我经常去看望她，发现她的气色一天天变好。她告诉我，自从生了这个病之后，她的心态发生了很大的变化，过去她很自卑，一直不希望自己的事被别人知道，但当她得到许多热心人的帮助后，她感受到了前所未有的安全感。她还说，在住院期间，病友们也会相互鼓励，医生和护士也会不断地安慰他们，给他们信心。她经常收到来自好心的陌生人的捐款，大家都希望老天能眷顾这个苦命的孩子。她始终以乐观的心态面对着这一切，并积极配合治疗。

几个疗程结束后，医生带来了好消息：癌细胞得到了控制，可以进行手术。2017年3月，这个同学接受了手术，手术之后，她还需要继续接受化疗，一切都在往好的方面发展。

可能有人会认为是化疗起了作用，还有人会认为这是因为她年轻，抵抗力强，但我更愿意相信是她乐观、积极的心态起到了关键作用。在面对死亡的威胁时，乐观、积极的心态可以帮助我们渡过难关。还有什么是比死亡更可怕的呢？所以，在面对坎坷时，无论如何，都不要放弃希望，只要坚持，我们总能找到解决问题的方法。

（以上内容是经过这位同学同意后撰写的，在此向所有在她治疗期间帮助过她的人表示感谢）

### （二）讲述情绪性的事件

在经历一些可怕的事情后，有些人会在事情发生的当天向朋友或家人讲起这件事，还有一些人则选择闭口不谈，甚至希望这件事一辈子都不要再被提起。到底哪种处理方式更好呢？Pennebaker曾进行过相关研究，他对实验组被试提出以下要求：在接下来的四天里，写下你一生中最痛苦的经历，不必在意语法和拼写，在日记中，我希望你能谈谈自己对这些经历最深刻的想法和感受，你写的事情必须是对你有着深刻影响的事情，最好是一些你从未跟别人讲过的事。对控制组被试的要求是：连续四天，每天花十五分钟时间记录一些非情绪性的事件。结果，实验组被试在写日记的过程中表现得比控制组被试更加痛苦，但在实验结束两周后，实验组被试比控制组被试体验到了更多的健康收益，在接下来的一年内就医的次数更少。

如果你觉得上述方式过于“残忍”，可以尝试以分析的方式记录一件到目前为止最让你感到难过的事情，具体要求包括以下几点：①分析这件事为什么会让你如此难过；②分析这件事对你的发展有什么影响；③谈谈现在你对这段经历的看法和理解。

同时，写下一件到目前为止你觉得最快乐的事情，但是不要去分析这件快乐的事情，而是尽量去“重现”当时快乐的场景，并回味这种感受。

### （三）接受自己当前的状态

哈佛大学的幸福课程[①]是全球知名度最高的公开课之一，课堂上提到的正念冥想受到了广泛的关注。

正念冥想的关键在于接受自己当前的状态。有些失眠的人，越是想要睡着，却越是睡不着，越是告诉自己"我必须要睡着"，反而越清醒，这是因为他们拒绝接受自己当前的状态。形成积极心理的前提是承认消极心理的存在，要想过得开心，必须先正视那些会让我们不开心的事情，并采用合理的方法调整心态，解决问题。研究表明，在很大程度上，我们的幸福水平不会因为生活中的积极事件或消极事件而受到太大的影响，幸福水平总是随着时间的推移呈现出缓慢上升或下降的趋势。Rhonda Byrne 在《秘密》一书中提到了吸引力法则，该法则强调我们的生活是被我们自己"吸引"过来的，总是想着糟糕的事情不要发生，结果越怕什么越来什么；相反，如果我们一直憧憬美好的事物，并且不断地努力，这些美好的事物就会被我们"吸引"过来。

希望大家通过对本章的学习，能找到最适合自己的方法，获得属于自己的幸福。

## 【课后思考】

1. 什么是积极心理？它和消极心理有什么关系？
2. 积极心理在东、西方文化中有哪些理论基础？
3. 我们应该如何理解幸福？
4. 如何理解勇气与智慧在积极心理中的作用？
5. 我们要如何通过自我效能提升幸福感？
6. 利他和感恩的积极意义是什么？
7. 我们要如何利用我们的情绪体验？

① 具体内容可浏览网站：http://open.163.com/movie/2006/1/1/9/M6HV75506_M6HV8DF19.html。

# 参考文献


[1] [美]斯宾塞·A.拉瑟斯.心理学[M].宋振韶,等,译.北京:中国人民大学出版社,2012.

[2] 叶奕乾,何存道,梁宁建.普通心理学[M].4版.上海:华东师范大学出版社,2010.

[3] 卢家楣,魏庆安,李其维.心理学——基础理论及其教育应用[M].修订版.上海:上海人民出版社,2004.

[4] FRASSINETTI F, BOLOGNINI N, LADAVAS E. Enhancement of visual perception by crossmodal visuo-auditory interaction [J]. Experimental Brain Research, 2002, 147(3): 332-343.

[5] HAGMANN C E, RUSSO N. Multisensory integration of redundant trisensory stimulation[J]. Attention, Perception & Psychophysics, 2016, 78: 2558-2568.

[6] TALSMA D, SENKOWSKI D, SOTO-FARACO S, et al. The multifaceted interplay between attention and multisensory integration[J]. Trends in Cognitive Sciences, 2010, 14: 400-410.

[7] 王甦,汪安圣.认知心理学[M].重排本.北京:北京大学出版社,2006.

[8] 徐学俊,王文,刘启珍.心理学教程[M].3版.武汉:华中科技大学出版社,2015.

[9] 张春兴.现代心理学——现代人研究自身问题的科学[M].2版.上海:上海人民出版社,2005.

[10] [美]马克·杜兰德,戴维·巴洛.变态心理学纲要[M].4版.王建平,张宁,等,译.北京:中国人民大学出版社,2009.

[11] [美]戴维·迈尔斯.心理学[M].9版.黄希庭,等,译.北京:人民邮电出版社,2013.

[12] CHERRY E C. Some experiments on the recognition of speech, with one and with two ears[J]. Journal of the Acoustical Society of America, 1953, 25(5): 975-979.

[13] STICKGOLD R, JAMES L T, HOBSON J A. Visual discrimination learning requires sleep after training[J]. Nature Neuroscience, 2000, 3(12): 1237-1238.

[14] WALLACE R K. Physiological effects of transcendental meditation[J]. Science, 1970, 167: 1751-1754.

[15] 刘华山.教育心理学[M].北京:高等教育出版社,2001.

[16] 刘华山,程刚.高等教育心理学[M].武汉:湖北人民出版社,2011.

[17] 皮连生.教育心理学[M].3版.上海:上海教育出版社,2004.

[18] ATKINS M S, MCKAY M M, FRAZIER S L, et al. Suspensions and detentions in an urban low-income school: punishment or reward? [J]. Journal of Abnormal

Child Psychology，2002，30(4)：361-371.
[19] BANDURA A，ROSS D，ROSS S A. Imitation of film-mediated aggressive models [J]. The Journal of Abnormal and Social Psychology，1963，66(1)：3-11.
[20] BARTHOLOW B D，ANDERSON C A. Effects of violent video games on aggressive behavior：potential sex differences[J]. Journal of Experimental Social Psychology，2002，38(3)：283-290.
[21] BROOK J S，ZHENG L，WHITEMAN M，et al. Aggression in toddlers：associations with parenting and marital relations [J]. The Journal of Genetic Psychology，2001，162(2)：228-241.
[22] [美]罗伯特·费尔德曼. 心理学与我们[M]. 7 版. 黄希庭，等，译. 北京：人民邮电出版社，2013.
[23] GUPTA V B，NWOSA N M，NADEL T A，et al. Externalizing behaviors and television viewing in children of low-income minority parents [J]. Clinical Pediatrics，2001，40(6)：337-341.
[24] HUESMANN L R，MOISE-TITUS J，PODOLSKI C L，et al. Longitudinal relations between children's exposure to TV violence and their aggressive and violent behavior in young adulthood：1977-1992[J]. Developmental Psychology，2003，39(2)：201-221.
[25] KRCMAR M，COOKE M C. Children's moral reasoning and their perceptions of television violence[J]. Journal of Communication，2001，51(2)：300-316.
[26] RESCORLA R A. Pavlovian conditioning：it's not what you think it is[J]. American Psychologist，1988，43(3)：151-160.
[27] 朱滢. 实验心理学[M]. 3 版. 北京：北京大学出版社，2014.
[28] 邵志芳. 认知心理学——理论、实验和应用[M]. 上海：上海教育出版社，2006.
[29] [美]艾伦·帕斯托里诺，苏珊·多伊尔-波蒂略. 什么是心理学[M]. 陈宝国，等，译. 北京：中国人民大学出版社，2013.
[30] 鲁忠义，杜建政，刘学华. 工作记忆模型的第四个组成部分——情景缓冲器[J]. 心理科学，2008(1).
[31] 赵晋全，郭力平. 前瞻记忆研究评述[J]. 心理科学，2000(4).
[32] 陈幼贞，孟迎芳，袁宏，等. 一种混合型前瞻记忆的干扰效应的神经机制[J]. 心理科学，2014(5).
[33] 陈幼贞，黄希庭，袁宏. 一种混合型前瞻记忆的加工机制[J]. 心理学报，2010(11).
[34] BADDELEY A D. Exploring the cental executive[J]. The Quarterly Journal of Experimental Psychology，1996，49A(1)：5-28.
[35] REPOVS G，BADDELEY A D. The multi-component model of working memory：explorations in experimental cognitive psychology [J]. Neuroscience，2006，139：5-21.
[36] [美]墨顿·亨特. 心理学的故事——源起与演变[M]. 李斯，王月瑞，译. 海口：海南出版社，2002.

[37] 夏晓. 思维训练教程[M]. 北京:机械工业出版社,2004.
[38] 陈录生,马剑侠. 新编心理学[M]. 修订本. 北京:北京师范大学出版社,2002.
[39] 王家奇. 心理学基础与应用[M]. 哈尔滨:哈尔滨工业大学出版社,2006.
[40] 张积家. 普通心理学[M]. 广州:广东教育出版社,2015.
[41] 李红. 现代心理学[M]. 修订本. 成都:四川教育出版社,2010.
[42] 车文博. 当代西方心理学新词典[M]. 长春:吉林人民出版社,2001.
[43] 陈琦,刘儒德. 教育心理学[M]. 北京:高等教育出版社,2013.
[44] 董一英,童三红. 心理学教程[M]. 武汉:湖北人民出版社,2004.
[45] 张厚粲,孙晔,石绍华. 现代英汉-汉英心理学词汇[M]. 修订版. 北京:中国轻工业出版社,2006.
[46] 李伯黍,燕国材. 教育心理学[M]. 3 版. 上海:华东师范大学出版社,2010.
[47] 黄希庭. 心理学导论[M]. 2 版. 北京:人民教育出版社,2007.
[48] 戴维·迈尔斯. 社会心理学[M]. 8 版. 侯玉波,乐国安,张智勇,等,译. 北京:人民邮电出版社,2006.
[49] 陈琦,刘儒德. 当代教育心理学[M]. 北京:北京师范大学出版社,1997.
[50] [美]亚伯拉罕·马斯洛. 动机与人格[M]. 3 版. 许金声,等,译. 北京:中国人民大学出版社,2012.
[51] 周勇,董奇. 学习动机、归因、自我效能感与学生自我监控学习行为的关系研究[J]. 心理发展与教育,1994(3).
[52] 池丽萍,辛自强. 大学生学习动机的测量及其与自我效能感的关系[J]. 心理发展与教育,2006(2).
[53] 张亚玲,杨善禄. 中学生的学习动机与学习策略的研究[J]. 心理发展与教育,1999(4).
[54] 朱晓红. 回眸与前瞻:学习动机缺失研究[J]. 南京师大学报(社会科学版),2011(3).
[55] 夏凌翔,张世宇,王振勇,等. 高中生学习动机的因素结构分析[J]. 青年研究,2000(9).
[56] 雷雳,侯志瑾,白学军. 不同年级高师学生的学习动机与学习策略[J]. 心理发展与教育,1997(4).
[57] 周文霞,郭桂萍. 自我效能感:概念、理论和应用[J]. 中国人民大学学报,2006(1).
[58] 肖艳. 运用成败归因理论激发学生学习动机[J]. 湘潭师范学院学报(社会科学版),2008(4).
[59] 刘永芳. 归因理论及其应用[M]. 济南:山东人民出版社,1998.
[60] 何一粟,李洪玉. 成才始于动机[M]. 天津:百花文艺出版社,1999.
[61] 张志泉,庞辉. 心理学[M]. 武汉:华中科技大学出版社. 2016.
[62] 张述祖,沈德立. 基础心理学[M]. 北京:教育科学出版社,1987.
[63] [美]斯腾伯格. 超越 IQ——人类智力的三元理论[M]. 俞晓琳,吴国宏,译. 上海:华东师范大学出版社,2004.
[64] [美]斯腾伯格. 成功智力[M]. 吴国宏,钱文,译. 上海:华东师范大学出版社, 1999.
[65] 宋鹍,杨璐,杨涛,等. 以能力培养为核心的力学实验教学模式探索与实践[J]. 科教导

刊,2015(2).
[66] 郝宁,吴庆麟.创造力与能力、专长及胜任力关系评述[J].心理科学,2005(2).
[67] 吉峰.变态心理学[M].天津:南开大学出版社,2005.
[68] 王登峰,崔红.中国人人格量表(QZPS)的编制过程与初步结果[J].心理学报,2003(1).
[69] 江光荣.人性的迷失与复归:罗杰斯的人本心理学[M].武汉:湖北教育出版社,1999.
[70] [美]马斯洛.动机与人格[M].许金生,等,译.北京:华夏出版社,1987.
[71] 金盛华.社会心理学[M].2版.北京:高等教育出版社,2012.
[72] [美]R. A. 巴伦,D. 伯恩.社会心理学[M].10版.黄敏儿,王飞雪,等,译.上海:华东师范大学出版社,2004.
[73] [美]埃利奥特·阿伦森.社会性动物[M].郑日昌,等,译.北京:新华出版社,2002.
[74] 沙莲香.社会心理学[M].北京:中国人民大学出版社,2002.
[75] [美]斯科特·普劳斯.决策与判断[M].施俊琦,王星,译.北京:人民邮电出版社,2004.
[76] 王沛.刻板印象的理论与研究[M].兰州:甘肃教育出版社,2002.
[77] HOVLAND C I, JANIS I L, KELLEY H H. Communication and persuasion: psychological studies of opinion change [M]. New Haven: Yale University Press, 1953.
[78] [英]M.艾森克.心理学——一条整合的途径[M].阎巩固,译.上海:华东师范大学出版社,2001.
[79] 韦有华,汤盛钦.几种主要的应激理论模型及其评价[J].心理科学,1998(5).
[80] 赵国秋.心理压力与应对策略[M].2版.杭州:浙江大学出版社,2007.
[81] 于肖楠.心理应激理论透视及教育应用[J].现代教育科学,2002(8).
[82] 王登峰,崔红.心理卫生学[M].北京:高等教育出版社,2003.
[83] 乔玲,王学.心理健康[M].天津:天津大学出版社,2011.
[84] 李蔚.心理健康与教育[M].太原:山西教育出版社,2004.
[85] 林崇德,杨治良,黄希庭.心理学大辞典(下)[M].上海:上海教育出版社,2003.
[86] [美]理查德·沙夫.心理治疗与咨询理论:概念与案例[M].董建中,译.北京:中国人民大学出版社,2009.
[87] 林孟平.小组辅导与心理治疗[M].上海:上海教育出版社,2005.
[88] 梁宝勇.心理卫生与心理咨询百科全书[M].天津:南开大学出版社,2002.
[89] 张玲,等.心理健康研究与指导[M].北京:教育科学出版社,2001.
[90] 王群.大学心理健康教育[M].上海:复旦大学出版社,2005.
[91] 黄希庭,郑涌.大学生心理健康教育[M].2版.上海:华东师范大学出版社,2009.
[92] 叶奕乾,何存道,梁宁建.普通心理学[M].修订2版.上海:华东师范大学出版社,2008.
[93] 成素梅.幸福生活的哲学思考——全面建成小康社会进程中的幸福观[J].毛泽东邓小平理论研究,2013(6).
[94] 彭凯平,窦东徽,刘肖岑.幸福科学:问题、探索、意义及展望[J].清华大学学报(哲学

社会科学版),2011(6).

[95] 邢占军.测量幸福:主观幸福感测量研究[M].北京:人民出版社,2005.

[96] 邢占军.我国居民收入与幸福感关系的研究[J].社会学研究,2011(1).

[97] 王岩."幸福悖论"的积极心理学思考:我们如何更加幸福[J].首都师范大学学报(社会科学版),2013(6).

[98] 吴伟炯,刘毅,路红,等.本土心理资本与职业幸福感的关系[J].心理学报,2012(10).

[99] AHUVIA A. Well-being in cultures of choice: a cross-cultural perspective[J]. American Psychologist, 2001, 56: 77-78.

[100] [美]克里斯托弗·彼得森.积极心理学[M].徐红,译.北京:群言出版社,2010.

[101] [美]丹尼尔·吉尔伯特.哈佛幸福课[M].2版.张岩,时宏,译.北京:中信出版社,2011.

[102] [美]马丁·塞利格曼.活出最乐观的自己[M].洪兰,译.沈阳:万卷出版公司,2010.

[103] [美]马丁·塞利格曼.真实的幸福[M].洪兰,译.沈阳:万卷出版公司,2010.

[104] [美]马丁·塞利格曼.认识自己,接纳自己[M].任俊,译.沈阳:万卷出版公司,2010.

[105] [美]马丁·塞利格曼.持续的幸福[M].赵昱鲲,译.杭州:浙江人民出版社,2012.

[106] [澳]朗达·拜恩.秘密[M].谢明宪,译.长沙:湖南文艺出版社,2013.